提高耕地质量

确保粮食安全和农产品质量安全

蒋国玉

2014年2月

【甘肃省耕地质量评价系列丛书】

景泰县 JINGTAIXIAN

耕地质量评价

GENGDIZHILIANGPINGJIA

姚学竹　樊胜祖　杨天军　主编

甘肃科学技术出版社

图书在版编目（CIP）数据

景泰县耕地质量评价 / 姚学竹，樊胜祖，杨天军主
编. -- 兰州：甘肃科学技术出版社，2014.10
ISBN 978-7-5424-2045-9

Ⅰ.①景… Ⅱ.①姚… ②樊… ③杨… Ⅲ.①耕地资
源–资源评价–景泰县 Ⅳ.①F323.211

中国版本图书馆CIP数据核字（2014）第 248571 号

出 版 人　吉西平
责任编辑　刘　钊（0931-8773274）
封面设计　苏　静
出版发行　甘肃科学技术出版社(兰州市读者大道 568 号　0931-8773237)
印　　刷　甘肃北辰印务有限公司
开　　本　787mm × 1092mm　1/16
印　　张　12.5
字　　数　335 千
插　　页　16
版　　次　2015 年 4 月第 1 版　2015 年 4 月第 1 次印刷
印　　数　1~1 000
书　　号　ISBN 978-7-5424-2045-9
定　　价　28.00 元

景泰县行政区划图

宁夏回族自治区

内蒙古自治区

靖 远 县

平 川 区

靖 远 县

白 银 区

皋 兰 县

永 登 县

古 浪 县

天祝藏族自治县

图 例

制图单位：甘肃省农业节水与土壤肥料管理总站
白银市景泰县农业技术推广中心
甘肃农业大学资源与环境学院

制图日期 二0一二年十月十八日

0 1.5 3 6 9 12

1:400,000

景泰县地貌类型分区图

景泰县土壤图

宁 夏 回 族 自 治 区

内 蒙 古 自 治 区

靖 远 县

平 川 区

靖 远 县

白 银 区

皋 兰 县

古 浪 县

永 登 县

天祝藏族自治县

N

制图单位：甘肃省农业节水与土壤肥料管理总站
白银市景泰县农业技术推广中心
甘肃农业大学资源与环境学院

制图日期　二〇一二年十月十八日

1:400 000

0 1.5 3　6　9　12 km

景泰县耕层土壤有机质含量分布图

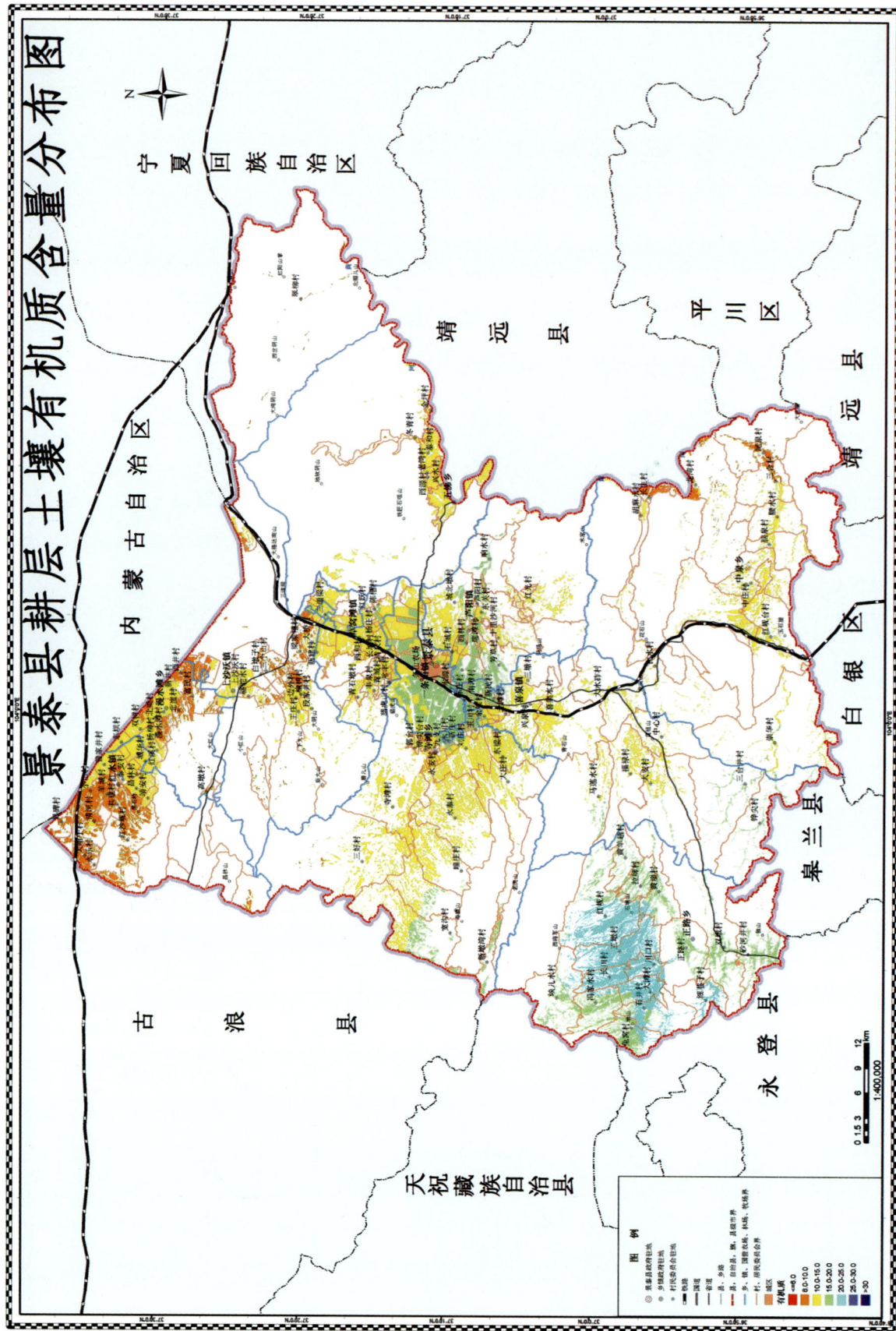

制图单位：甘肃省农业节水与土壤肥料管理总站
白银市景泰县农业技术推广中心
甘肃农业大学资源与环境学院

制图日期 二〇一三年十月十八日

宁夏回族自治区

内蒙古自治区

靖远县

平川区

靖远县

白银区

皋兰县

永登县

天祝藏族自治县

古浪县

N

1:400,000

0 1.5 3   6   9   12 km

图　例

有机质
0.0-10.0
10.0-15.0
15.0-20.0
20.0-25.0
25.0-30.0
>30

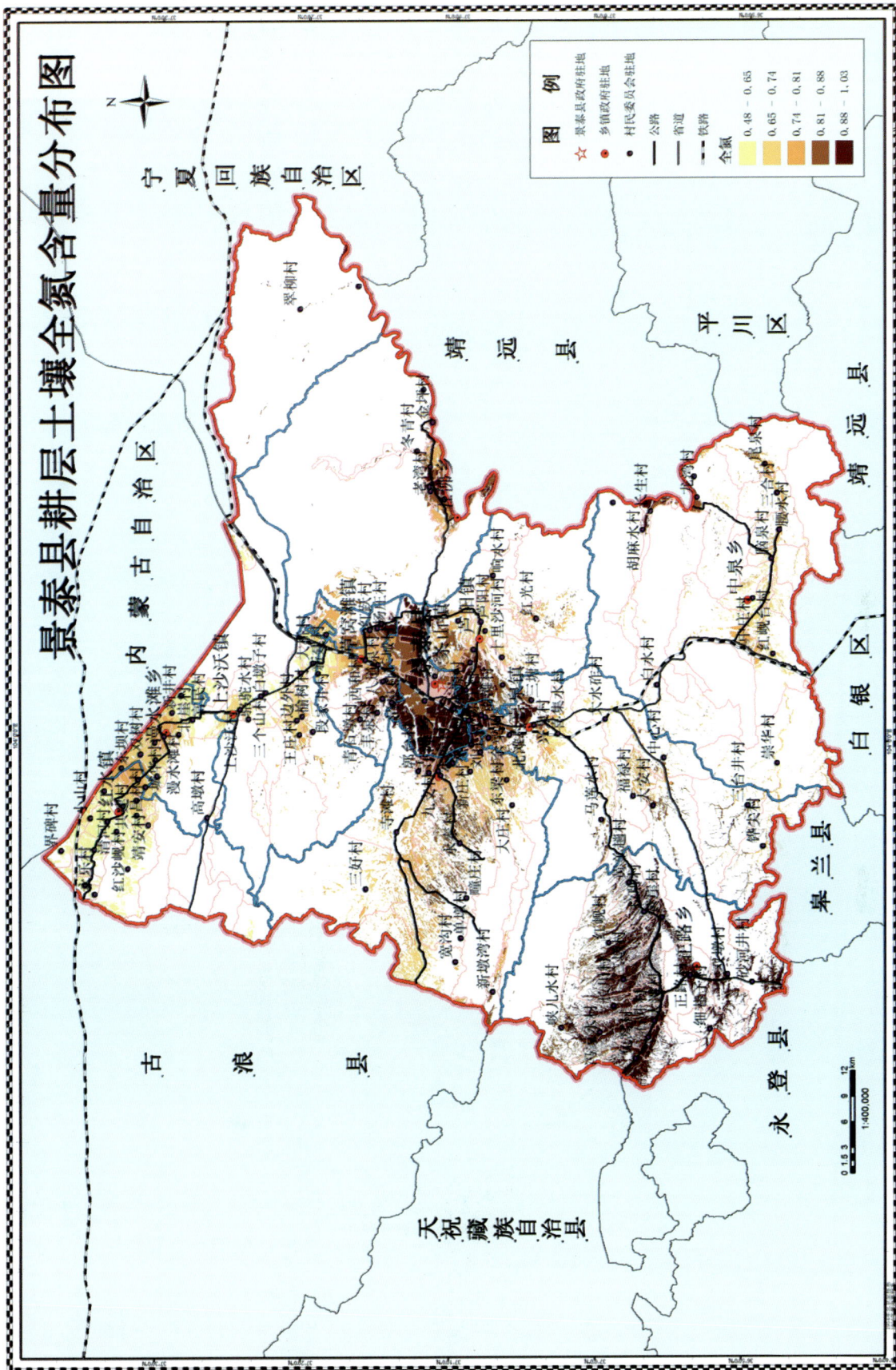

景泰县耕层土壤全氮含量分布图

制图单位：甘肃省农业节水与土壤肥料管理总站
白银市景泰县农业技术推广中心
甘肃农业大学资源与环境学院

制图日期　二〇一二年十月十八日

图　例

☆　景泰县县政府驻地
●　乡镇政府驻地
·　村民委员会驻地

公路
省道
铁路

全氮
0.48－0.65
0.65－0.74
0.74－0.81
0.81－0.88
0.88－1.03

宁　夏　回　族　自　治　区

内　蒙　古　自　治　区

靖　远　县

平　川　区

靖　远　县

白　银　区

古　浪　县

皋　兰　县

永　登　县

天祝藏族自治县

翠柳村

1:400,000
0 1.5 3　6　9　12 km

景泰县耕层土壤碱解氮含量分布图

N
宁夏回族自治区

内蒙古自治区

靖远县

平川区

靖远县

白银区

皋兰县

古浪县

永登县

天祝藏族自治县

0 1.5 3   6   9   12
km
1:400,000

图例

制图单位：甘肃省农业节水与土壤肥料管理总站
白银市景泰县农业技术推广中心
甘肃农业大学资源与环境学院

二〇一三年十月十八日

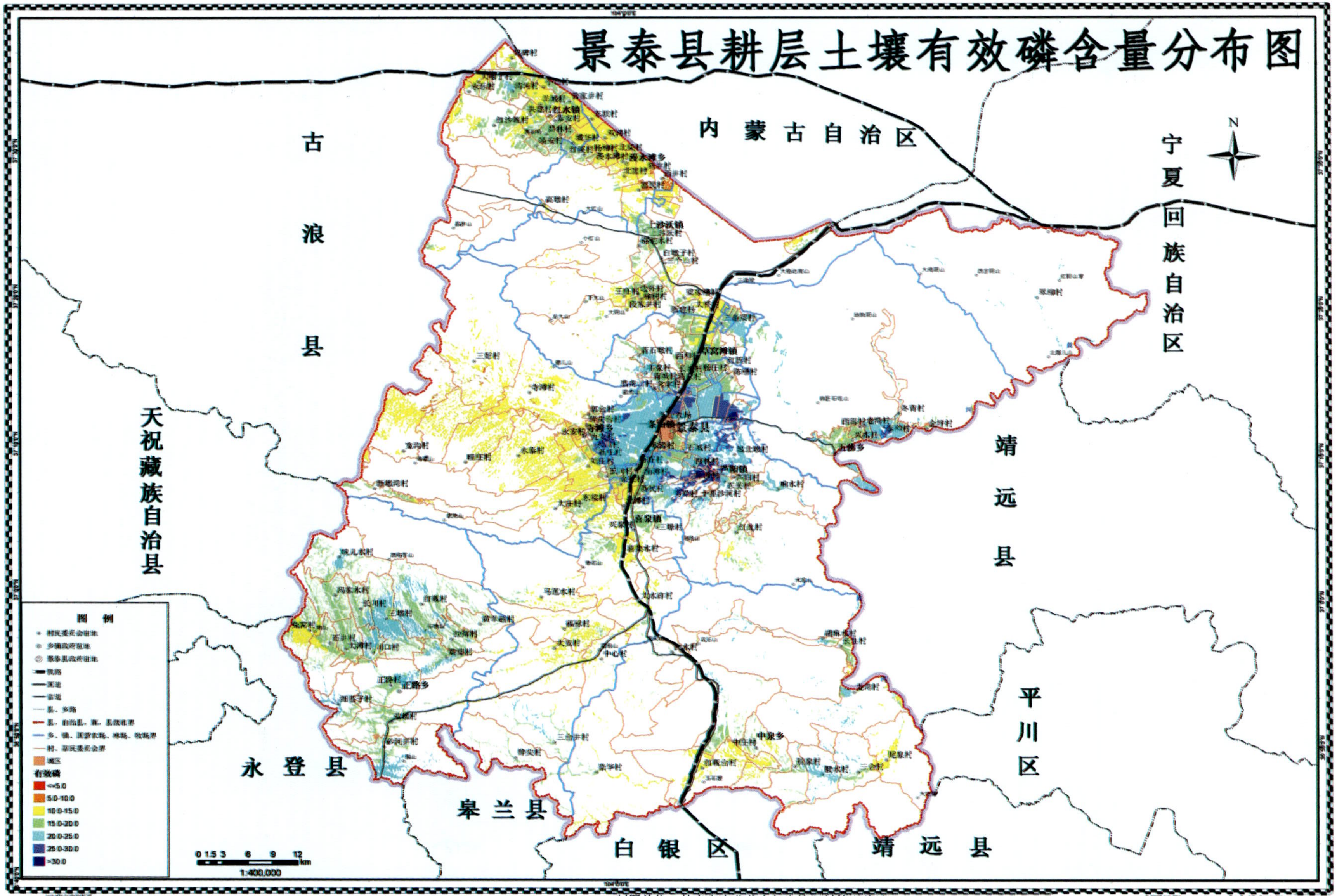

景泰县耕层土壤有效磷含量分布图

附图07

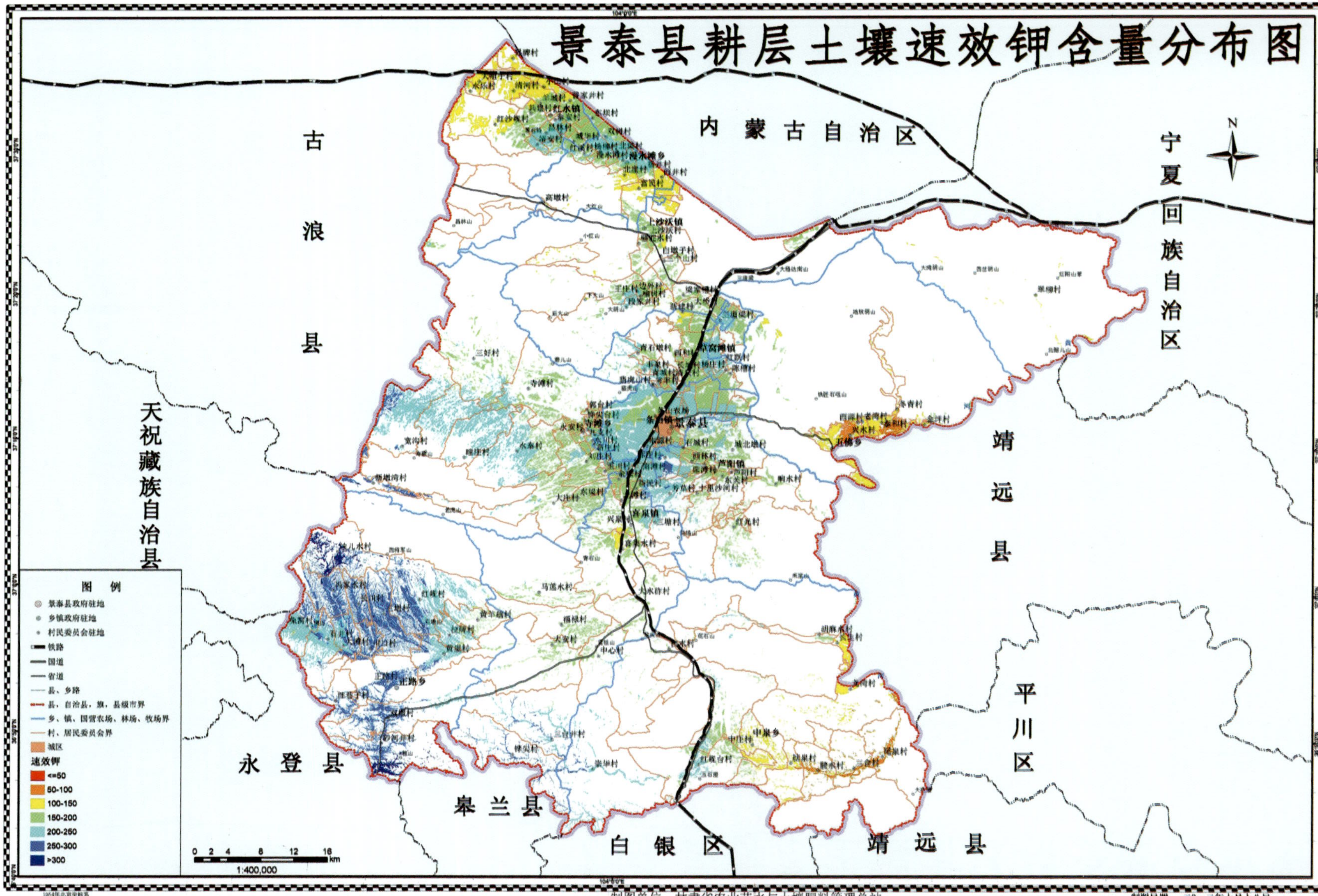

景泰县耕层土壤速效钾含量分布图

附图08

宁夏回族自治区

内蒙古自治区

靖远县

平川区

靖远县

古浪县

天祝藏族自治县

永登县

皋兰县

白银区

制图单位：甘肃省农业节水与土壤肥料技术推广中心
白银市景泰县农业技术推广中心
甘肃农业大学资源与环境学院

1:400,000

0 2 4   6   12   18 km

图例

◎ 景泰县政府驻地
● 乡镇政府驻地
• 村民委员会驻地
━ 铁路
━ 国道
━ 省道
━ 县、乡道
─── 县、自治县、县、县级行政界
─── 乡、镇、国营农场、林场、牧场界
··· 村、居民委员会界
城区

速效钾
<=50
50-100
100-150
150-200
200-250
250-300
>300

景泰县耕层土壤有效铁含量分布图

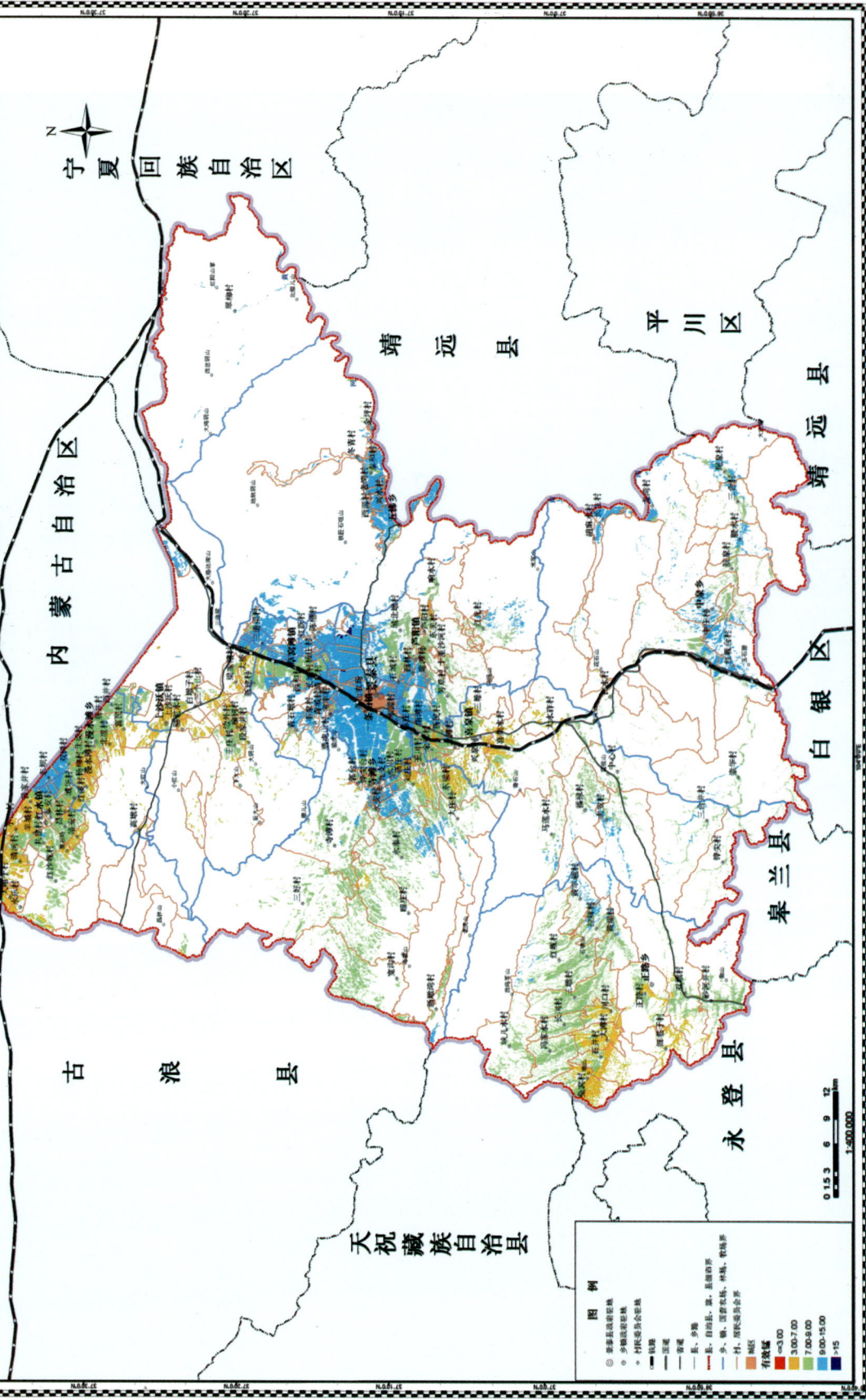

景泰县耕层土壤有效锰含量分布图

附图10

景泰县耕层土壤有效铜含量分布图

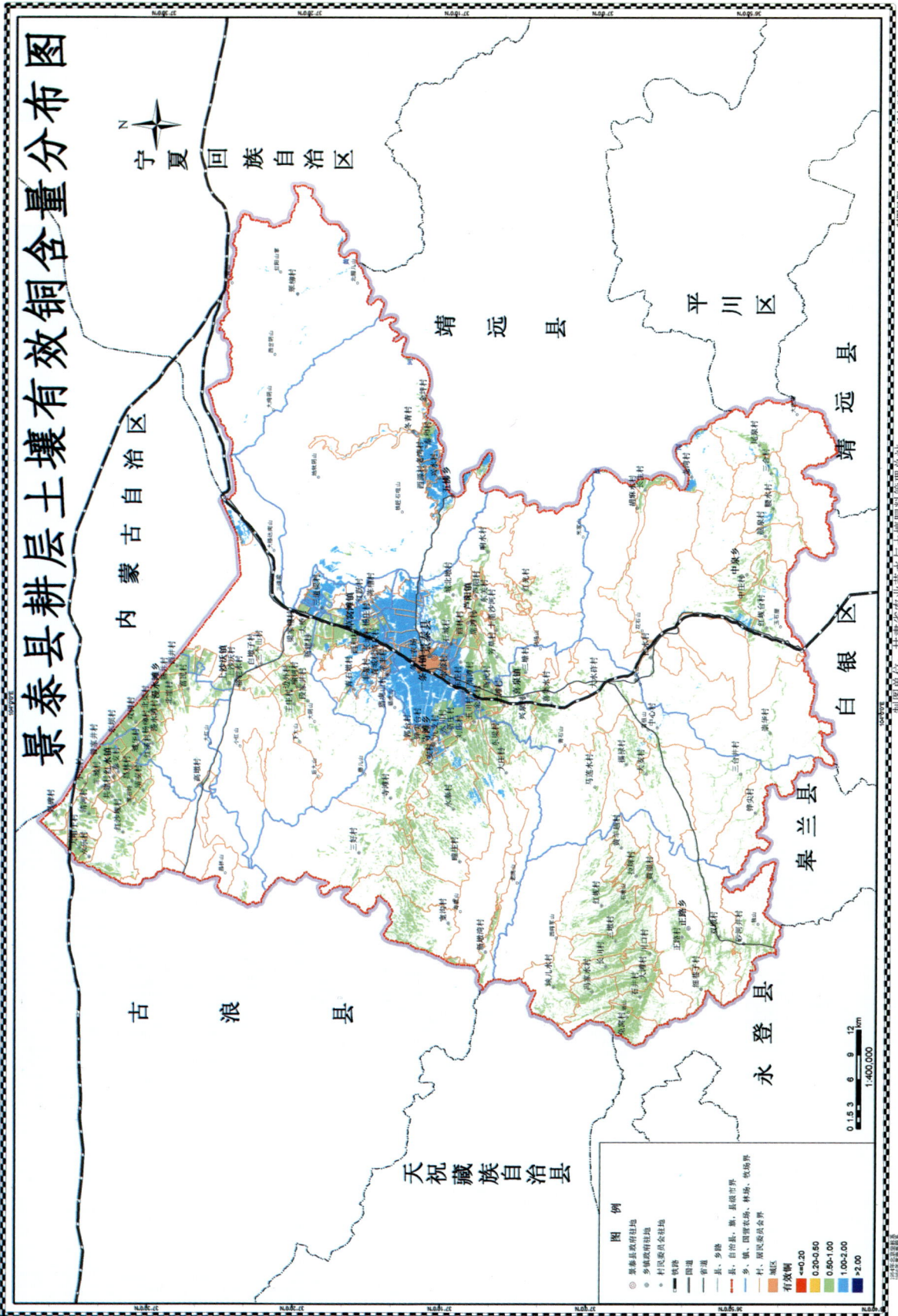

宁夏回族自治区

靖远县

平川区

靖远县

内蒙古自治区

白银区

皋兰县

古浪县

天祝藏族自治县

永登县

N

1:400,000

0 1.5 3   6   9   12
km

制图单位：甘肃省农业节水与土壤肥料管理总站
白银市景泰县农业技术推广中心
甘肃农业大学资源与环境学院

制图日期 二〇一二年十月十八日

图 例

集镇政府驻地
乡镇政府驻地
村民委员会驻地
铁路
国道
省道
县、自治县、旗、县级市界
乡、镇、国营农场、林场、牧场界
村、居民委员会界
城区

有效铜
≤0.20
0.20-0.50
0.50-1.00
1.00-2.00
>2.00

景泰县耕层土壤有效锌含量分布图

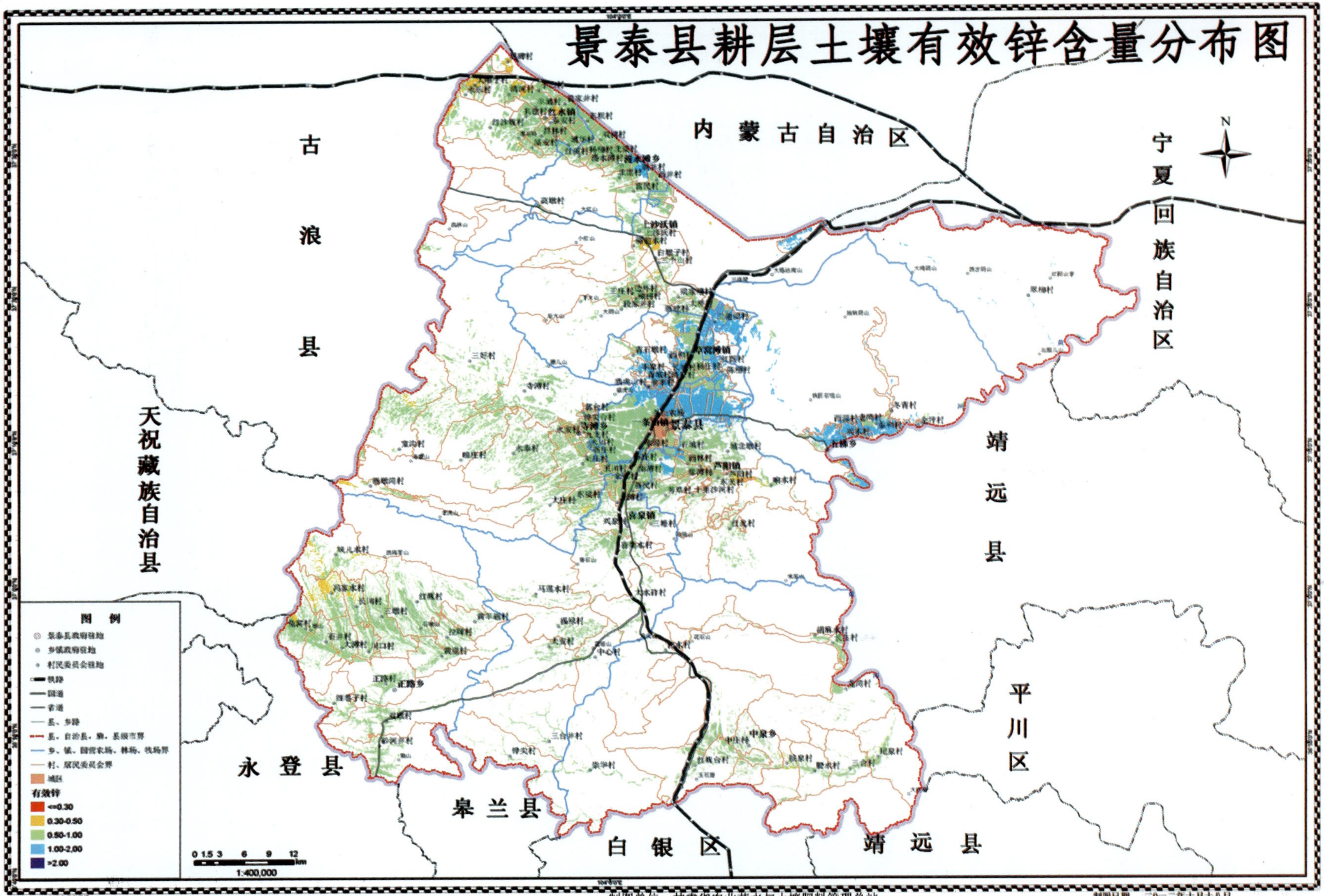

附图12

图 例

制图单位：甘肃省农业节水与土壤肥料管理总站
白银市景泰县农业技术推广中心
甘肃农业大学资源与环境学院
二○一三年十月十八日

附图13

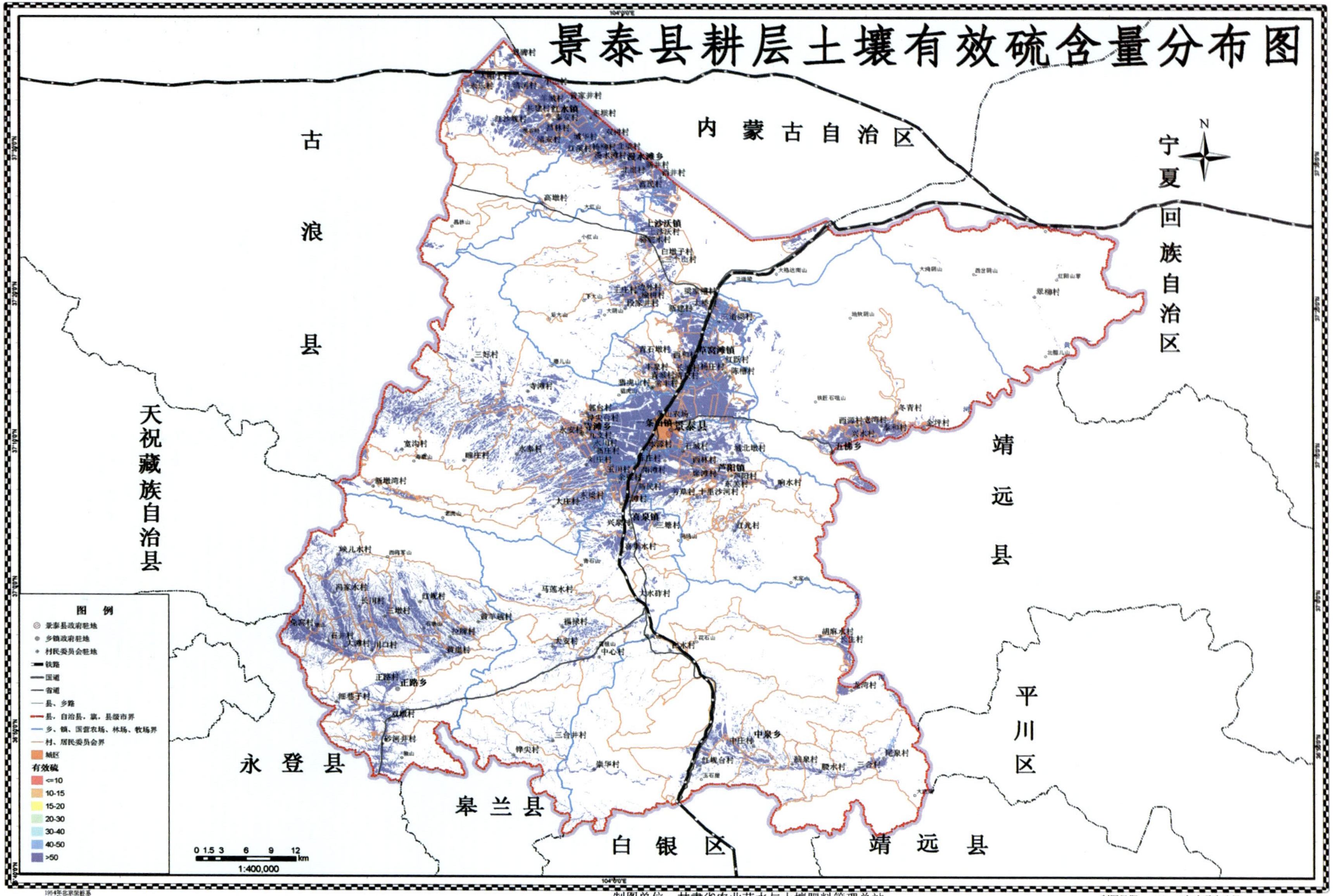
景泰县耕层土壤有效硫含量分布图
内蒙古自治区
宁夏回族自治区
古浪县
天祝藏族自治县
靖远县
平川区
永登县
皋兰县
白银区
靖远县
景泰县
图例
景泰县政府驻地
乡镇政府驻地
村民委员会驻地
铁路
国道
省道
县、乡路
县、自治县、旗、县级市界
乡、镇、国营农场、林场、牧场界
村、居民委员会界
城区
有效硫
<=10
10-15
15-20
20-30
30-40
40-50
>50
0 1.5 3 6 9 12 km
1:400,000
制图单位：甘肃省农业节水与土壤肥料管理总站
白银市景泰县农业技术推广中心
甘肃农业大学资源与环境学院
制图日期 二〇一二年十月十八日

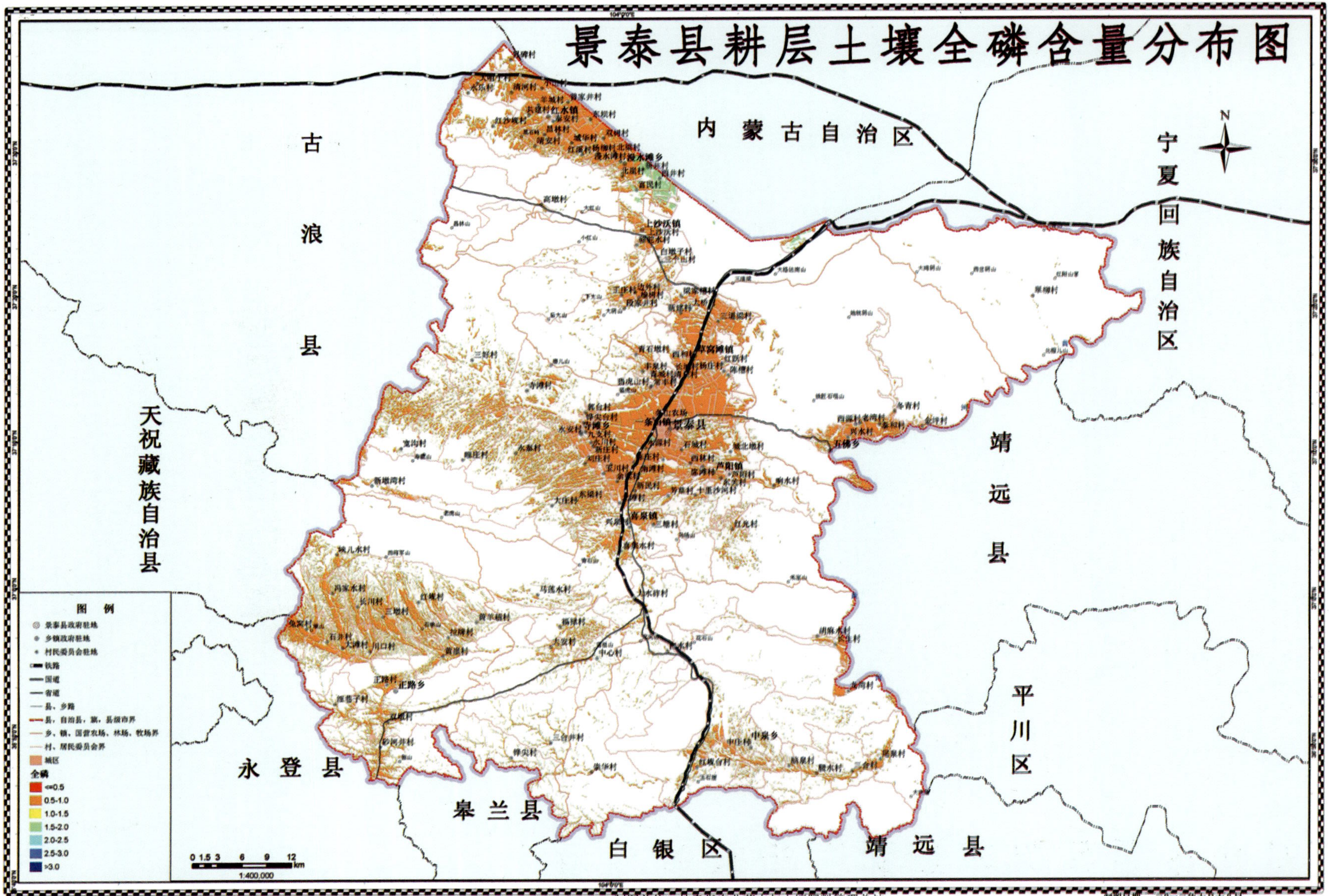

景泰县耕层土壤全磷含量分布图

附图14

景泰县耕层土壤全钾含量分布图

景泰县耕层土壤pH值分布图

附图16

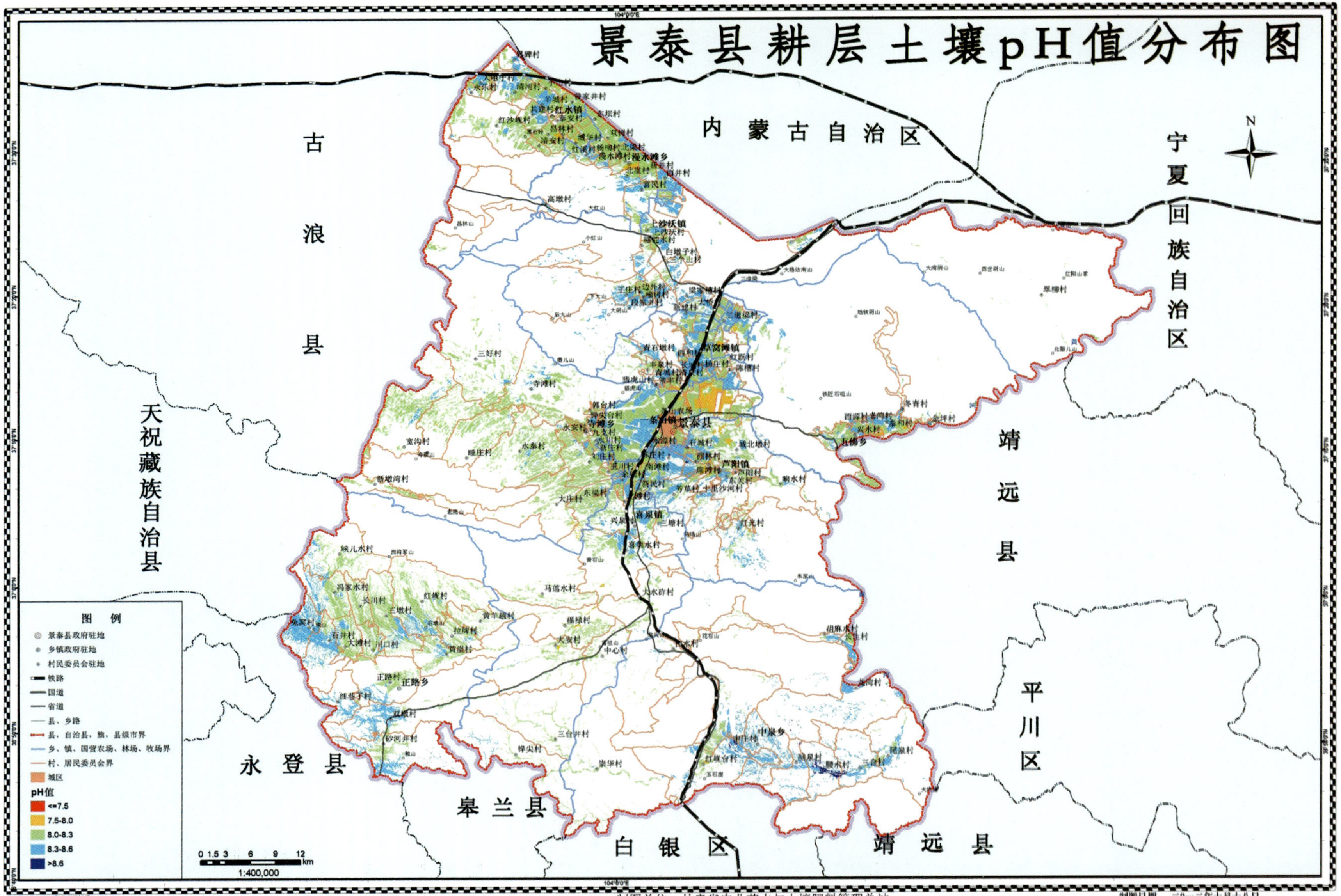

制图单位：甘肃省农业节水与土壤肥料管理总站
白银市景泰县农业技术推广中心
甘肃农业大学资源与环境学院

编制日期　二○一三年十月十八日

宁夏回族自治区

内蒙古自治区

靖　远　县

平川区

靖远县

白银区

皋兰县

永登县

天祝藏族自治县

古浪县

N

1:400,000

0 1.5 3　6　9　12
km

图　例

景泰县政府驻地
乡镇政府驻地
村民委员会驻地
铁路
国道
省道
县、乡路
县、自治县、旗、县级市界
乡、镇、国营农场、林场、牧场界
村、居民委员会会界
城区

pH值
<=7.5
7.5-8.0
8.0-8.3
8.3-8.6
>8.6

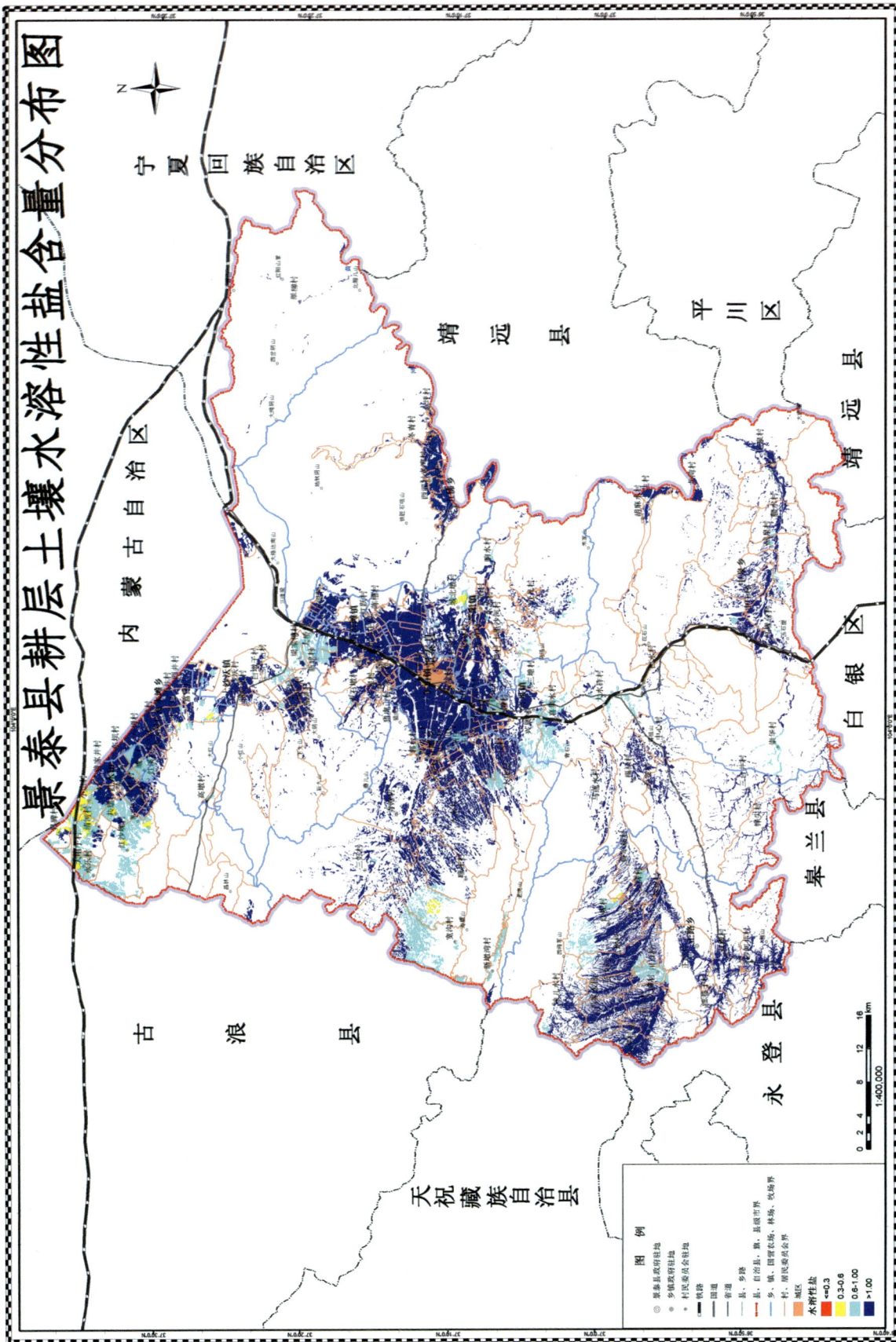

景泰县耕层土壤水溶性盐含量分布图

制图单位：甘肃省农业节水与土壤肥料管理总站
白银市景泰县农业技术推广中心
甘肃农业大学资源与环境学院
制图日期：二〇一三年十月十八日

宁夏回族自治区

内蒙古自治区

靖远县

平川区

靖远县

白银区

皋兰县

古浪县

永登县

天祝藏族自治县

图例

1:400,000

水溶性盐
<=0.3
0.3-0.6
0.6-1.00
>1.00

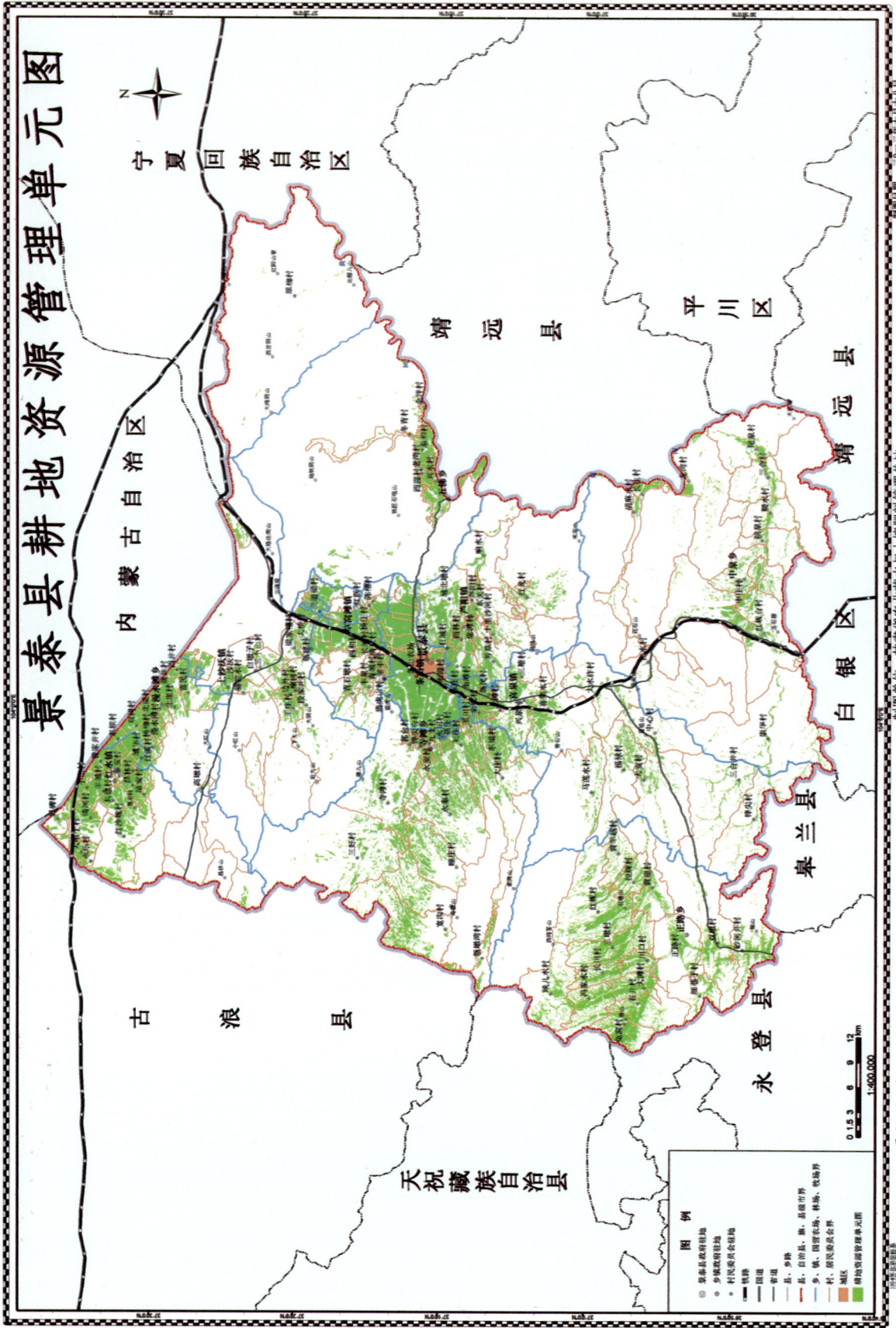

景泰县耕地资源管理单元图

宁夏回族自治区

内蒙古自治区

靖远县

平川区

靖远县

白银区

皋兰县

永登县

古浪县

天祝藏族自治县

N

1:400,000

0 1.5 3   6   9   12 km

图例

制图单位：甘肃省农业节水与土壤肥料管理总站
白银市景泰县农业技术推广中心
甘肃农业大学资源与环境学院

附图19

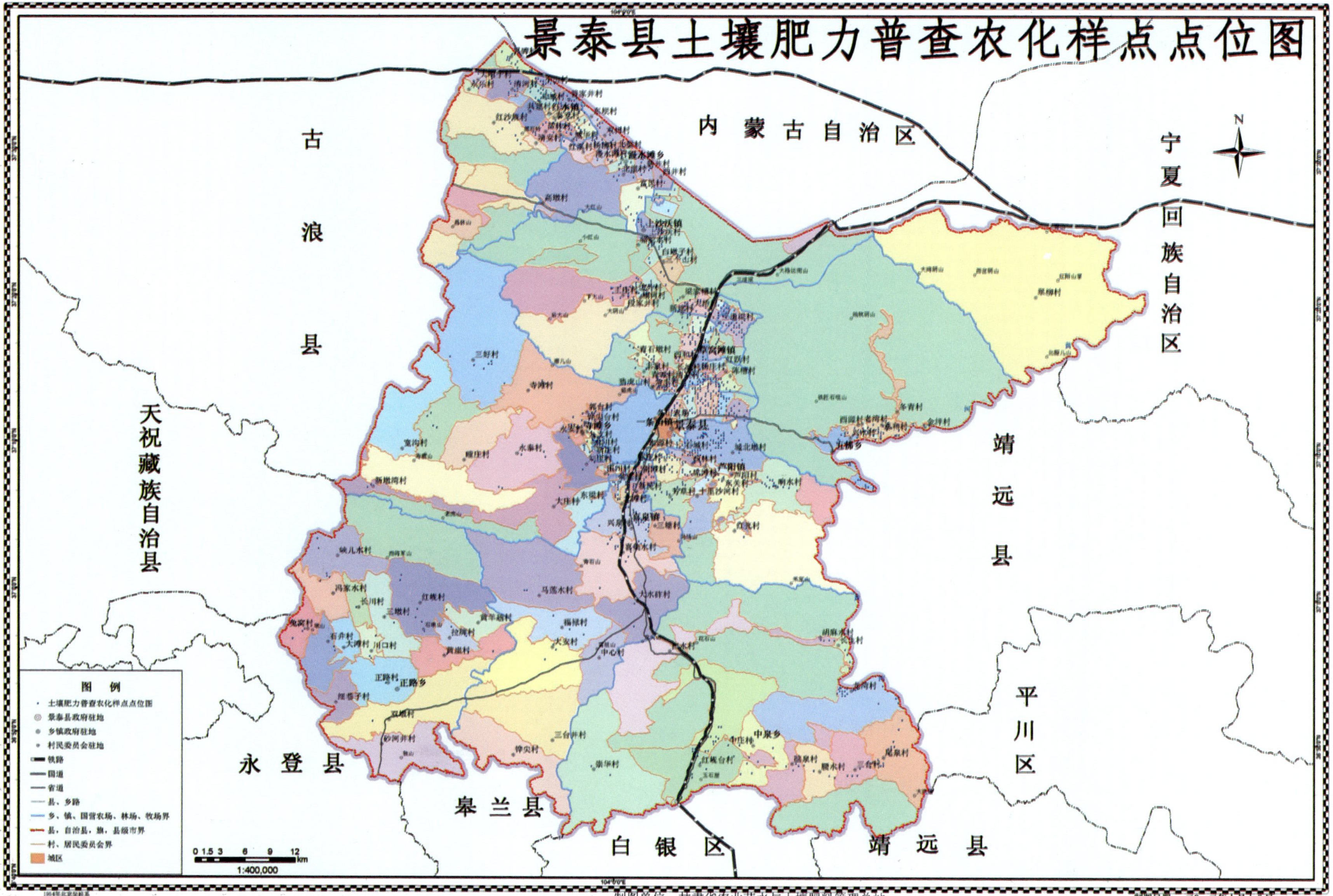
景泰县土壤肥力普查农化样点点位图
内蒙古自治区
宁夏回族自治区
古浪县
天祝藏族自治县
靖远县
平川区
永登县
皋兰县
白银区
靖远县
图例
土壤肥力普查农化样点点位图
景泰县政府驻地
乡镇政府驻地
村民委员会驻地
铁路
国道
省道
县、乡路
乡、镇、国营农场、林场、牧场界
县、自治县、旗、县级市界
村、居民委员会界
城区
0 1.5 3 6 9 12 km
1:400,000

制图单位：甘肃省农业节水与土壤肥料管理总站
白银市景泰县农业技术推广中心
甘肃农业大学资源与环境学院

制图日期 二〇一二年十月十八日

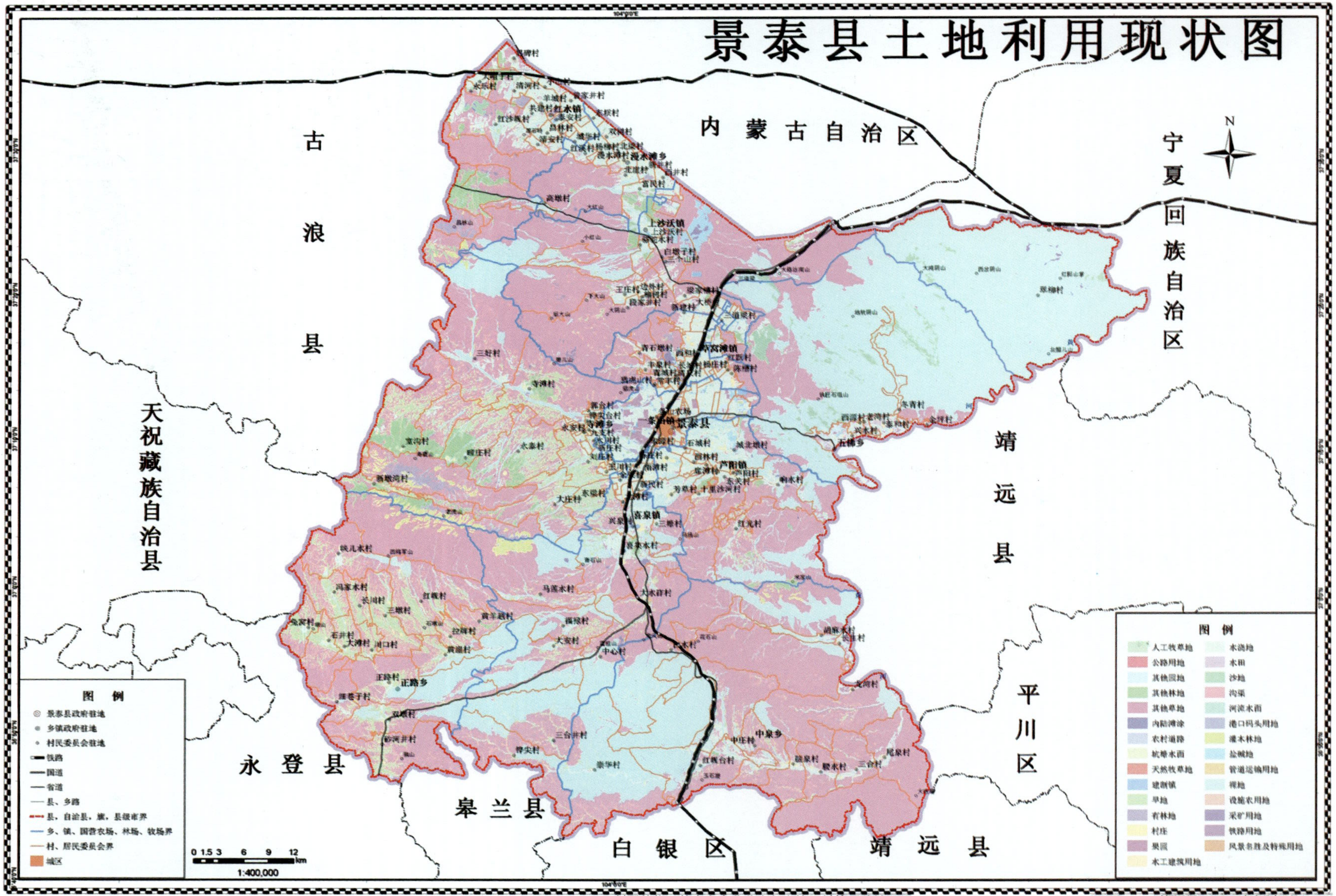

景泰县土地利用现状图

附图20

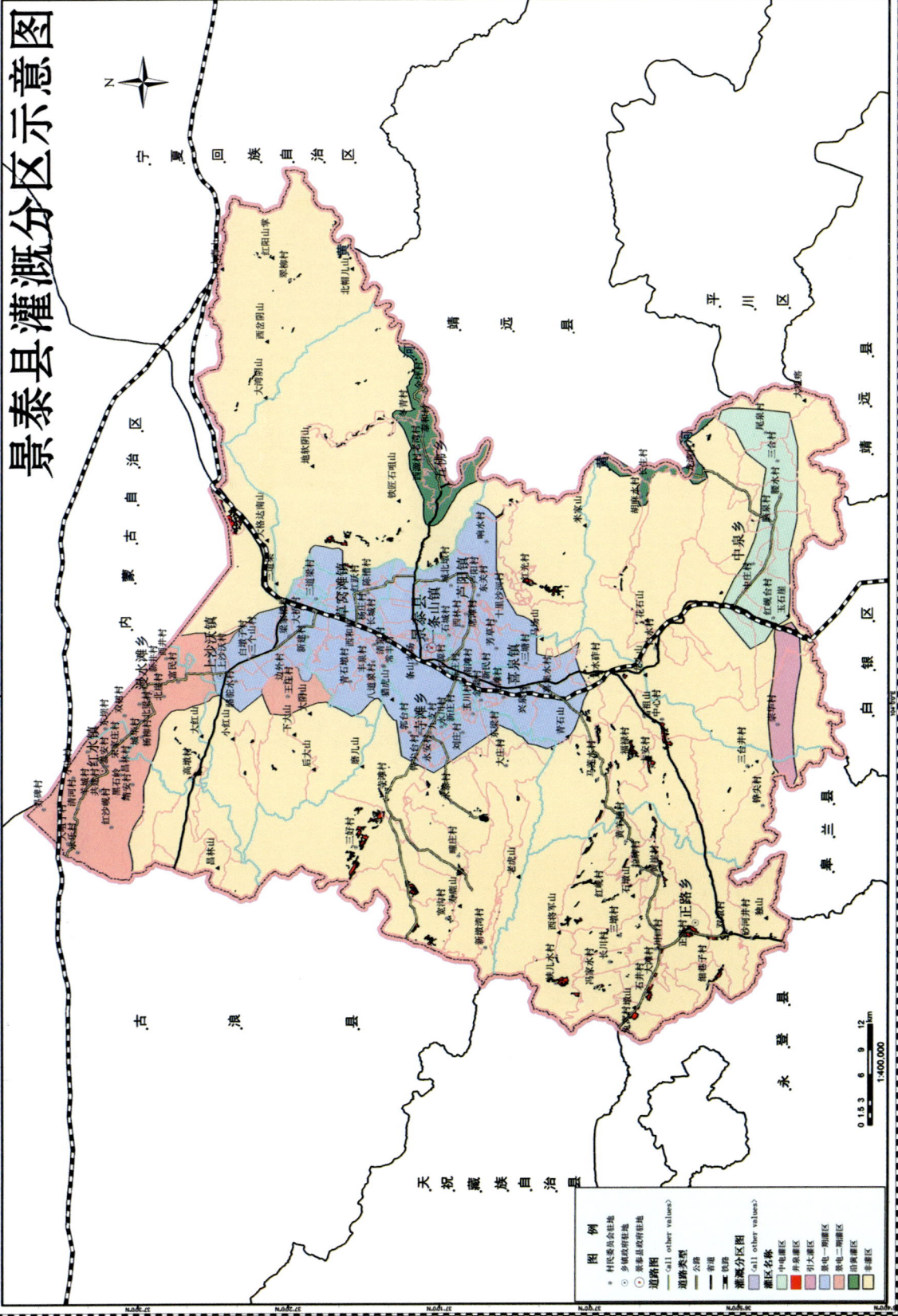

景泰县灌溉分区示意图

宁　夏　回　族　自　治　区

内　蒙　古　自　治　区

古　浪　县

天　祝　藏　族　自　治　县

永　登　县

皋　兰　县

白　银　区

靖　远　县

平　川　区

靖　远　县

N

制图单位：甘肃省农业节水与土壤肥料管理总站
白银市景泰县农业技术推广中心
甘肃农业大学资源与环境学院

制图日期　二〇一二年1月18日

图　例

村民委员会驻地
乡镇政府驻地
景泰县政府驻地

道路类型
道路类型
省道
主要道路

灌溉分区图
（all other values）

灌区名称
中电灌区
井泉灌区
引大灌区
景电一期灌区
景电二期灌区
沿黄灌区
丰富区

0 1.5 3　　6　　9　　12 km
1:400,000

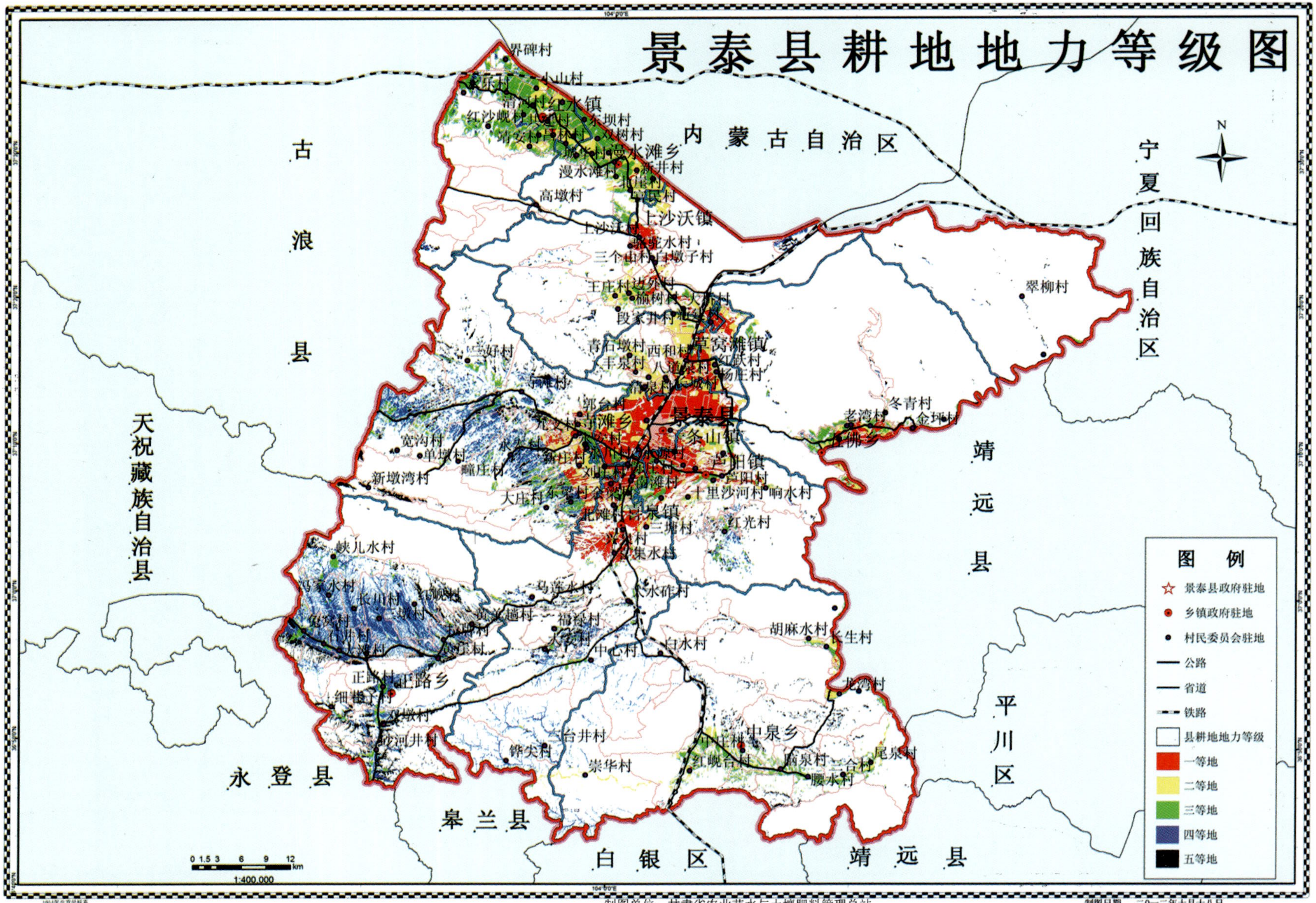

景泰县耕地地力等级图

制图单位：甘肃省农业节水与土壤肥料管理总站
白银市景泰县农业技术推广中心

制图日期：二〇一二年十月十八日

图 例

图例	
☆	县级县政府驻地
●	乡镇政府驻地
•	村民委员会驻地
	公路
	省道
	铁路
	县耕地地力等级
	一等地
	二等地
	三等地
	四等地
	五等地

宁夏回族自治区

内蒙古自治区

靖 远 县

平 川 区

靖 远 县

白 银 区

皋 兰 县

永 登 县

古 浪 县

天祝藏族自治县

1:400,000

0 1.5 3 6 9 12 km

附图22

景泰县中低产田分布图

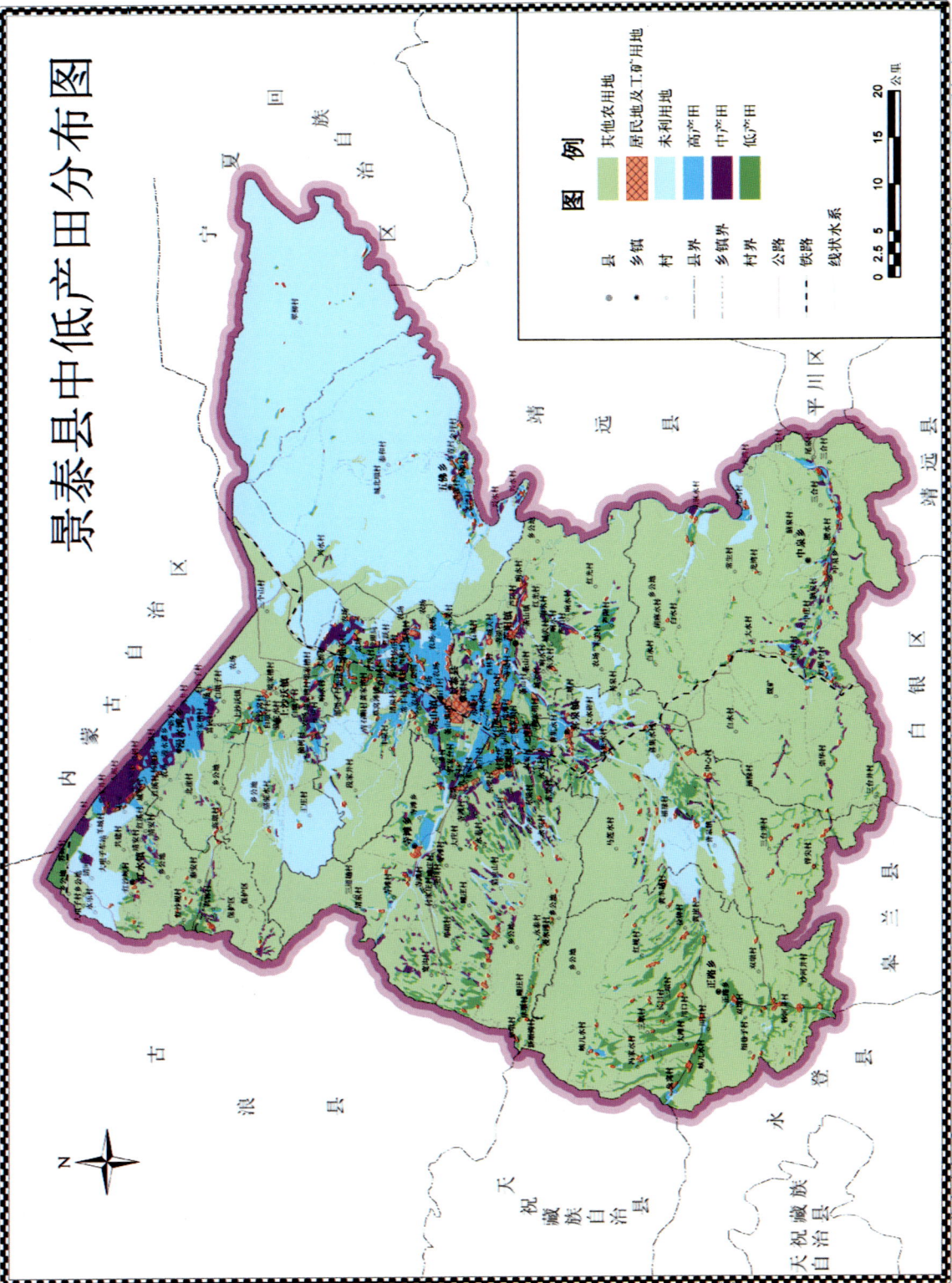

图 例

县
乡镇
村
县界
乡镇界
村界
公路
铁路
线状水系

其他农用地
居民地及工矿用地
未利用地
高产田
中产田
低产田

0 2.5 5 10 15 20
公里

制图时间：二零一零年十二月

附图23

制图单位：甘肃省农业节水与土壤肥料管理总站
白银市景泰县农业技术推广中心
甘肃农业大学资源与环境学院

1954 北京坐标系
1956 黄海高程系
高斯-克吕格投影

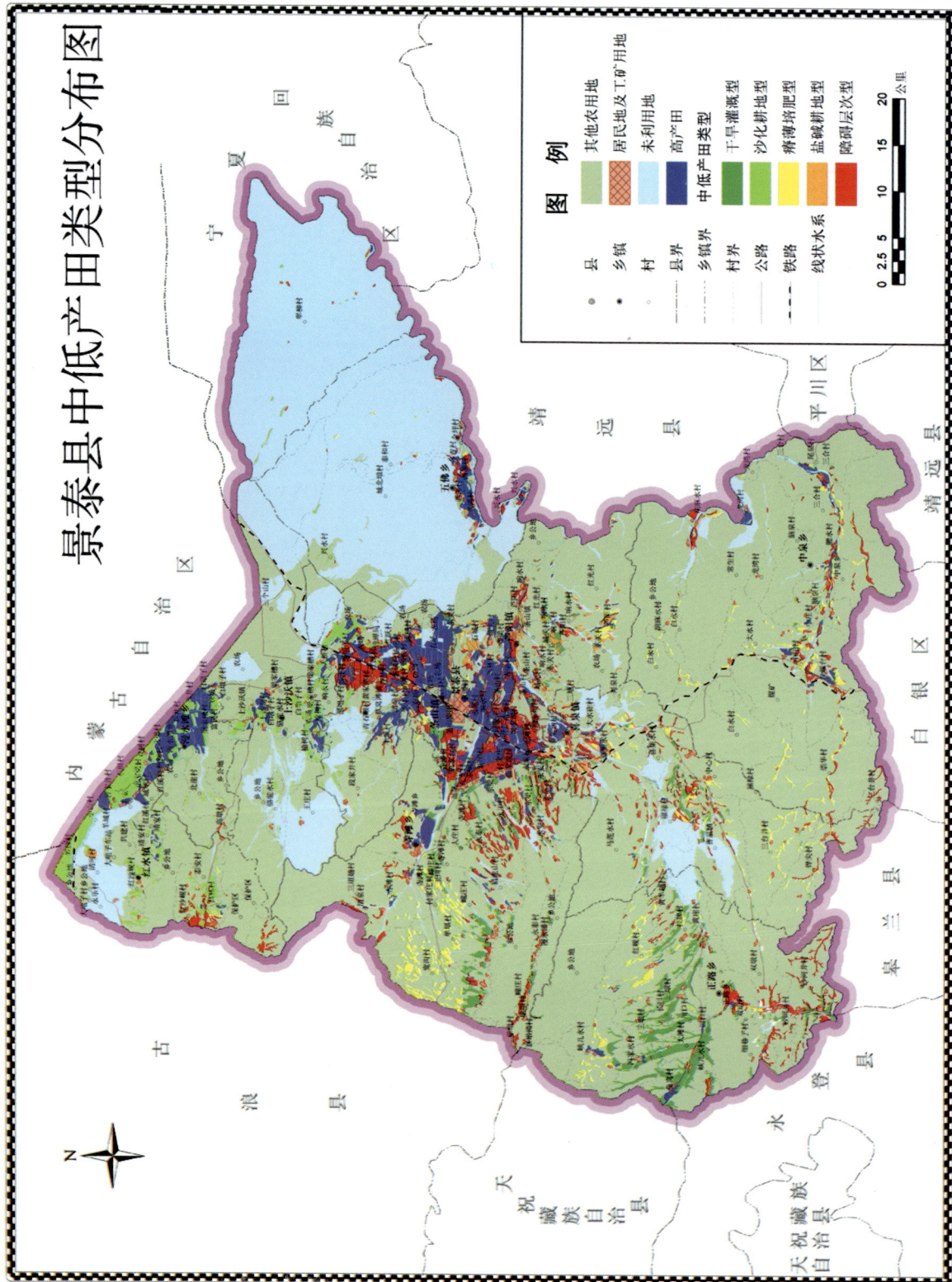

景泰县中低产田类型分布图

制图单位：甘肃省农业节水与土壤肥料管理总站
　　　　　白银市景泰县农业技术推广中心
制图时间：二零一零年十二月

附图24

1954 北京坐标系
1956 黄海高程系

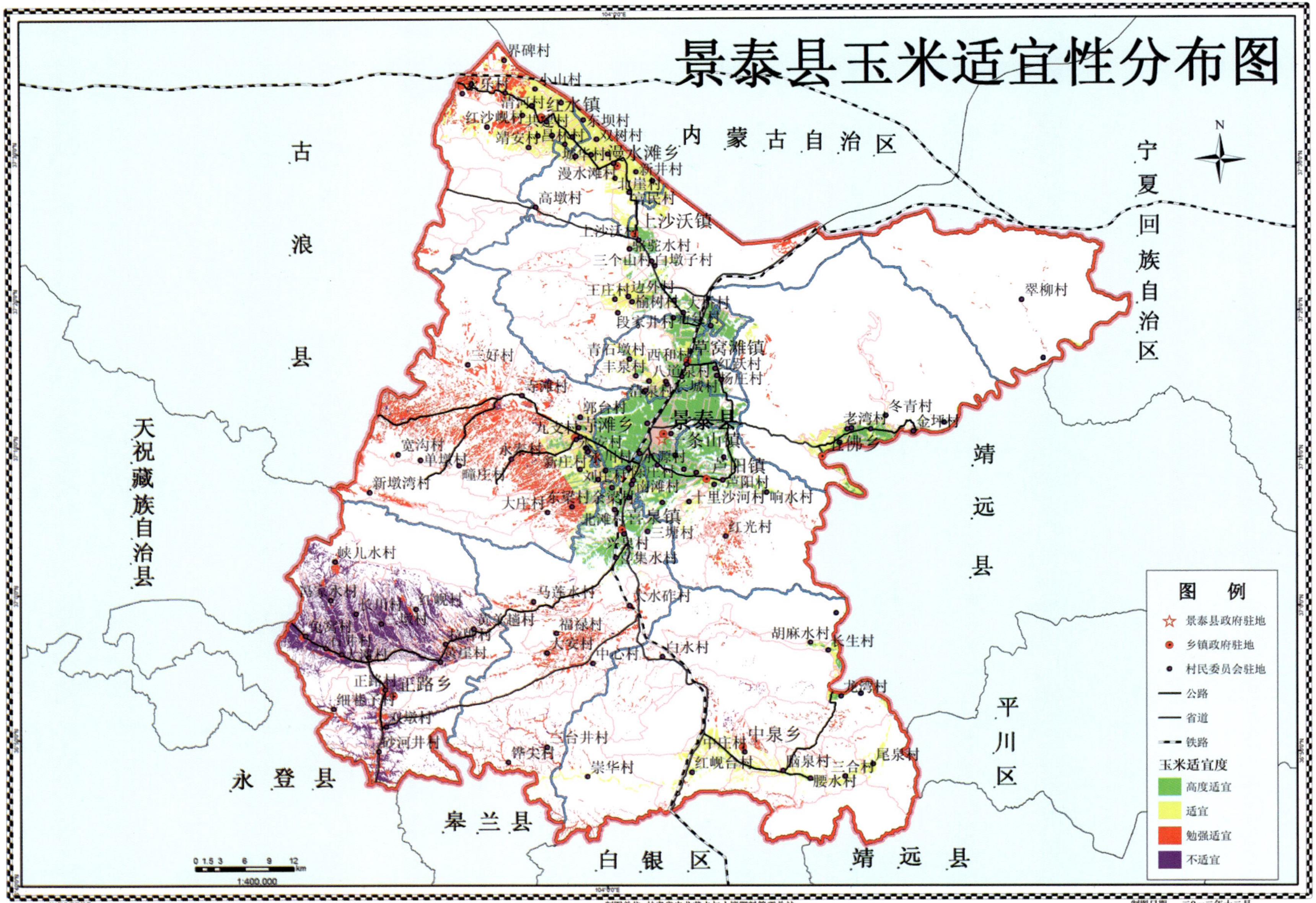

景泰县玉米适宜性分布图

附图25

序　言

　　粮食安全问题关系到民众福祉、国家富强和社会稳定。耕地的数量和质量是决定粮食综合生产能力的两大关键因素。当前我省耕地资源与社会发展的矛盾十分突出。因为,随着人口逐渐增加和城镇化、工业化、现代化进程的加快及生态环境建设,耕地数量减少的趋势将不可逆转,社会发展对粮食需求将呈刚性增长。加之我省耕地质量总体偏低,中低产田占总耕地面积的三分之二以上,而且耕地质量退化趋势明显,土壤养分失衡,抗灾能力减退,土壤污染加重,严重影响着粮食单产的提高和农产品质量安全。因此,在耕地数量减少趋势不可逆转、社会经济发展和人们对农产品需求不断增加的形势下,实现农业的可持续发展,保障粮食安全,确保谷物自给平衡,必须加强耕地质量建设与管理,提高耕地综合生产能力。

　　耕地质量建设与管理是《中华人民共和国农业法》、国务院《基本农田保护条例》、《甘肃省耕地质量管理办法》等规律法规赋予农业部门的一项重要职责,开展耕地地力评价是加强耕地质量建设与管理的重要手段。通过耕地地力监测与评价,利用GIS技术和现代化手段,建立县域耕地资源管理信息系统,科学划分耕地地力等级和中低产田类型,确定影响耕地质量的主要障碍因子和改良措施,有针对性地开展主要作物及特色优势作物适宜性评价,对于建立我省耕地质量预警体系,准确掌握耕地生产能力,因地制宜加强耕地质量建设与管理,指导农业结构调整和科学施肥,实现耕地资源的可持续利用,确保粮食安全具有重要的意义。

　　我省耕地质量评价工作依托农业部耕地地力调查与质量评价项目和测土配方施肥补贴项目于2007年正式启动实施,是第二次土壤普查之后,规模最大、范围最广、技术含量最高的一次土壤调查与评价工作。工作启动以来,在省农业节水与土壤肥料管理总站的指导下,在甘肃农业大学、甘肃省农科院、兰州大学等科研院所的协助下,对全省14个市(州)86个县(市、区)耕地及各企事业单位农场所有耕地的气候、立地条件、土壤剖面、土壤理化性状、农田管理设施等进行了详细的调查,收集整理了土地利用资料、地貌地形资料、行政区划资料、第二次土壤普查资料,以县(市、区、场)为单位,利用GIS技术及现代化的科学技术,建立了耕地资源基础数据库和空间数据库,完成了各县(市、区、场)的耕地资源管理信息系统,对耕地地力等级和中低产田类型进行了科学划分,摸清了全省土壤类型、分布、数量、质量及土壤肥力变化趋势,掌握了耕地基础生产能力,明确了耕地的主要障碍因子,提出了具体的改良措施,并对小麦、玉米、马铃薯、油菜、棉花等主要种植作物及苹果、中药材、蔬菜等特色优势作物耕地适宜性进行了评价,形成了一大批针对性强、特色鲜明的专题报告,绘制了土壤图、土壤养分分布图、施肥分区图、种植业区划布局图、中低产田类型分布图等系列图件。以上成果的取得,将对我省耕地质量建设与管理工作提供重要的科学依据,将会对甘肃农业的可持续发展和现代农业的发展做出积极的贡献。

2013年12月

前　言

　　景泰县位于甘肃省中部,黄河西岸,是甘肃省主要粮食生产基地之一。全县共辖6镇5乡,2010年底全县总人口23.9985万人, 其中农业人口占78.1%。国土资源总面积5485.21km²,耕地4.68万hm²(县统计局数据),其中水浇地2.53万hm²,旱地2.15万hm²。主要农产品有小麦、玉米、啤酒大麦、马铃薯、亚麻、向日葵等;特色产品有沙漠枸杞、大红枣、蜜瓜、大接杏、早酥梨、蜂蜜等。农作物总播种面积3.57万hm²,农业产值78 056万元,农民人均纯收入3938元。景泰县地形复杂,人口较多,人均水浇地少,干旱少雨是制约全县农业生产发展的主要限制因素。

　　景泰县于1958年、1984年先后两次开展了土壤普查工作,查明了土壤的类型、数量和分布情况,基本掌握了全县土壤养分含量和地力水平,对全县平衡施肥、土壤改良等农业生产起到了积极作用。1978年以来,我国农村经济体制、耕作制度、作物品种、种植结构、产量水平、肥料和农药使用等均发生了很大变化,原有的耕地信息已不能满足农业生产和经济发展的需要,有必要对全县耕地地力进行新的、全面的调查和评价。通过耕地地力评价,摸清县域耕地地力状况,对加强耕地保护与管理,指导农民科学施肥,促进农村经济和农业可持续发展均具有十分重要的现实意义。

　　2007年开始,景泰县通过实施国家测土配方施肥项目,获得了大量的农户施肥情况、采样地块信息、田间试验、土壤测试、植株样测试、田间示范等调查成果和技术数据,建立了标准化的数据库和信息管理系统。按照《甘肃省2007年测土配方施肥补贴资金项目实施方案》和2007年《农业部办公厅关于做好耕地地力评价工作的通知》(农办〔2007〕66号)精神,在2007~2009年测土配方施肥工作的基础上,景泰县于2009年下半年启动了耕地地力评价工作,通过搜集资料、建立数据库、建立耕地地力评价指标体系、编写技术总结四个阶段,于2010年12月底完成了耕地地力评价的技术报告。2011年1月5日,"甘肃省耕地资源管理信息系统建立与耕地地力评价"验收专家组对景泰县耕地地力评价进行了验收,经综合评审通过了验收。

　　本次耕地地力评价是按照《全国测土配方施肥技术规范》和《耕地地力评价指南》的要求开展。基本程序和方法为:

　　1.全面系统地收集景泰县第二次土壤普查的成果资料,测土配方施肥项目的田间试验数据、农户调查数据、土壤样品分析化验数据,景泰县志(1996版),景泰年鉴(2010),景泰县农业区划资料汇编(1986),景泰县第二次全国土地调查等基础资料(2009)。

2.利用地理信息系统(GIS)、全球定位系统(GPS)和计算机技术,进行数据的整理和数据库的建立。

3.利用农业部提供的"县域耕地资源管理信息系统"平台进行数据管理,构建我县耕地资源管理信息系统,并开展耕地地力评价。

通过耕地地力评价,探明了景泰县耕地地力情况,取得了以下主要成果:

1.建立了景泰县耕地资源管理信息系统,系统主要功能包括图形数据管理和属性数据管理、信息查询、专题图生成、空间信息和属性信息检索、图数互查。

2.撰写了"景泰县耕地地力评价技术报告"、"景泰县中低产田类型划分与改造"和"作物适宜性评价"等专题报告。

3.对第二次土壤普查报告及相关历史资料进行了系统整理、修正。

4.制作了景泰县土地利用现状图、土壤图、土壤养分图、耕地地力等级图和作物适宜性分布图等图件25套。

5.奠定了基于GIS技术的咨询、指导和服务的基础。

6.为农业领域内利用GIS、GPS、计算机技术,开展资源评价,建立农业生产决策支持系统奠定了基础。

这些成果为景泰县今后农业生产的发展提供了较为翔实的基础资料,对于有效保护与合理利用现有的耕地资源、加快农业结构调整、发展无公害农产品生产、实现农业生产标准化、保证粮食和食品安全,都将起到十分重要的作用。

在耕地地力评价工作和本书的编写过程中,我们得到了甘肃省农田节水与土壤肥料工作总站、甘肃农业大学资源与环境学院、县国土资源局、县志办、县水利局、县统计局、县民政局、县档案局等单位的大力支持和帮助,在此表示衷心的感谢。

此次耕地地力评价工作量大、涉及面广、技术难度大,耕地资源建立数字化信息后还可以逐步修改完善。因时间仓促,水平有限,书中不足乃至差错在所难免,敬请广大读者批评指正。

编　者

2012年11月

目 录

第一章　景泰县农业生产与自然资源概况

第一节　地理位置与行政区划

　　景泰县位于甘肃省北部，黄河西岸。东经103°33′~104°43′，北纬36°43′~37°38′之间。南北长70~102km，东西宽56~84km，总面积5485km²。东邻黄河，与靖远县隔河相望，南连永登县、皋兰县和白银区，西靠天祝藏族自治县与古浪县，北与内蒙古阿拉善左旗、宁夏回族自治区中卫县接壤。

　　全县地形呈西南高，东北低。西北是祁连山延伸的两支山脉（寿鹿山、昌林山），南接黄土高原，北临腾格里沙漠，因而属黄土高原与沙漠的过渡地带。海拔在1275~3321m之间，垂直高差2046m。

　　据2010年《景泰年鉴》，全县辖6镇5乡，分别是一条山镇、草窝滩镇、红水镇、芦阳镇、漫水滩乡、上沙沃镇、寺滩乡、五佛乡、喜泉镇、正路乡、中泉乡。有136个行政村，7个社区，788个村民小组，县境内还有国营条山农场（即条山集团）、省农牧业良种场和省级厂矿单位机关农场54个，68 899户，总人口23.9985万人，其中农业人口18.75万人，占总人口的78.1%。景泰县行政区划见附图01。

第二节　农村经济与农业生产

一、农村经济情况

　　农业是景泰县的主要经济成分之一，农村人口居多。近年来，全县人民在县委、县政府的领导下，坚持以经济建设为中心，不断深化改革，努力扩大对外开放，促进了国民经济和社会事业的迅速发展，大力推进农业和农村经济结构的战略性调整，农村面貌发生了显著变化，农民生活水平不断提高。

　　以2010年《景泰年鉴》为准，2010年在农、林、牧、渔等第一产业产值中，农业产值78 056万元，占69.33%；林业产值5570万元，占4.57%；畜牧业产值33 209万元，占27.22%；渔业产值93万元，占0.08%；农林牧渔服务业产值5063万元，占4.15%（图1-1）。

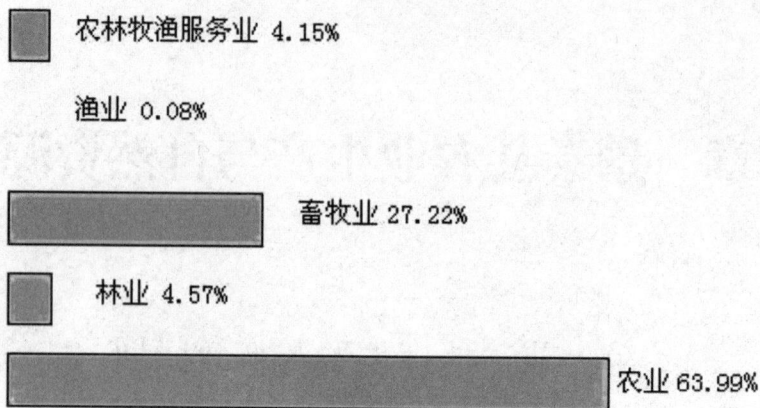

图1-1　景泰县农林牧渔在第一产业中的比重

2010年农林牧产业化情况：啤酒大麦、早熟马铃薯、优质玉米、蔬菜、药材等特色种植面积1.56万hm²,占农作物总播面积的43.7%。在"三个五万亩"林果基地中,枸杞、红枣和优质梨面积分别达到0.38万hm²、0.22万hm²和0.24万hm²。在"四大规模养殖"产业中,各类养殖小区累计达84个,羊、猪、鸡、牛饲养量分别达到120万只、35.4万头、98.5万只和7200头,肉、蛋、奶产量分别达到1.96万t、0.36万t和0.42万t。条农公司、三福粮油2家龙头企业年销售收入超过亿元,年销售收入过500万元的龙头企业有13家;35家生产企业被市政府命名为白银市农业产业化重点龙头企业,其中四家被评为省级农业产业化重点龙头企业;龙头企业与农民结成稳定的利益关系,带动农户4.44万户。全县各类农民专业合作经济组织达到179个,成员总数为14 320人,带动非成员农户10 024户。

2010年全县农村住户年人均纯收入3938.11元,其中,工资性收入1314.97元、家庭经营收入2346.64元、财产性收入18.15元、转移性收入258.35元。

2010年农村用电量6718万kwh,农村人均358kwh,其中人均生活用电96.8kwh。

二、农业生产概况

(一)农业发展简史

景泰县的农业生产,因受干旱少雨等自然条件的限制,历史上主要沿袭发展山、川旱地、洪漫地和铺压砂田为主的旱农耕作。栽培作物以小麦为主,其次为糜谷、马铃薯、豆类。1949年后,在党和人民政府的领导下,全县人民在向干旱等自然灾害的斗争中,积累了丰富的经验,采取以打井为主的水利建设,扩大水浇地面积;并利用运输工具不断发展的有利条件,大规模铺压砂田,促进了农业生产的发展。

景电一期高扬程提灌工程(1969.10.15至1974.5)、景电二期高扬程提灌工程(1984.7.5至1990.10)、中电工程(1966至1981年)及沿河小提灌工程(1956至1981)的逐步建成和效益发挥,彻底地改变了景泰县农业生产的基本条件。全县耕地面积由1949年的2.37万hm²,增加到2010年的4.68万hm²,增加了97.5%。水浇地迅猛增长,有效灌溉面积由1949年的0.13万hm²,增加到2010年的2.53万hm²,增加了18.5倍(图1-2)。

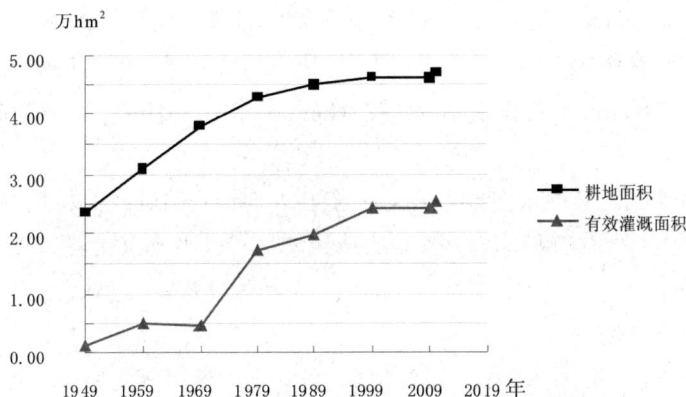

图1-2　景泰县耕地及有效灌溉面积变化趋势

　　1982年改革开放以来，实行家庭联产承包责任制和景电二期高扬程提灌工程全面建成使用，是这一时期的两件最重要标志。我县粮食总产量在1949年1.83万t的基础上，分别在1988、1992、1994、1997、2001先后跨上6万t、8万t、10万t、12万t、14万t五个新台阶（图1-3），目前粮食生产能力基本稳定在13.5万t~14.7万t水平，满足了本县日益增加的消费需求，实现了年均提供商品粮1万吨的可喜局面，为经济社会发展和深化改革奠定了物质基础。

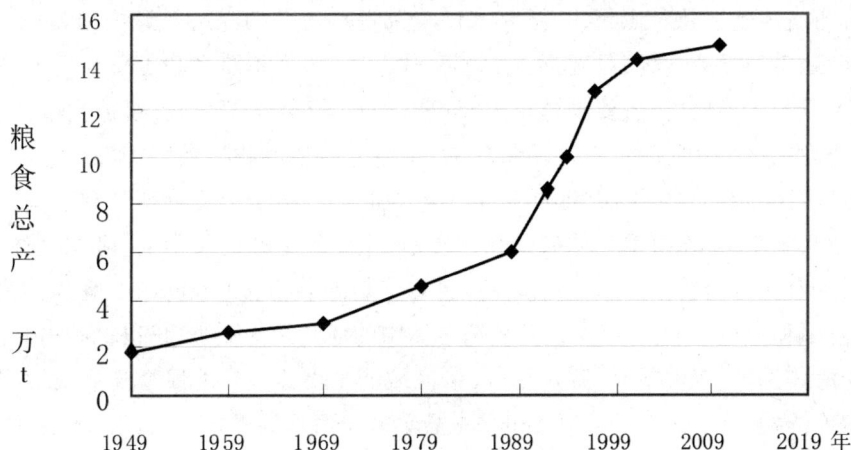

图1-3　景泰县粮食总产量增长趋势

(二)农业生产现状

　　截至2010年，全县总耕地面积4.68万hm²，其中有效灌溉面积2.53万hm²，占54.0%；旱地面积2.15万hm²，占46.0%。在有效灌溉面积中，景电高扬程提灌灌溉面积占81.2%。没有景电工程就没有景泰这一沙漠绿洲，就没有景泰县的灌溉农业。景电工程的运行状况及性能指标对全县的耕作制度、农业效益和农业发展方向均具有直接和深刻的影响。

　　全年农、林、牧、渔等第一产业实现总产值12 1991万元，占全县总产值的14.7%。种植的农作物主要有春小麦、玉米、马铃薯、啤酒大麦、亚麻、向日葵、油菜、蔬菜、豆类、瓜类，饲草主要有紫花苜蓿、箭舌豌豆，经济林果有苹果、梨、桃、杏、枸杞、红枣。特色农产品有沙漠枸杞、大红枣、蜜瓜、大接杏、早酥梨、蜂蜜等。主要畜牧产品有羊、猪、鸡、牛。

农作物总播面积3.57万hm²,其中粮食作物2.79万hm²,经济作物0.58万hm²,其他作物0.20万hm²。水浇地农作物总播面积2.57万hm²,其中粮食作物1.96万hm²,经济作物0.44万hm²,其他作物0.17万hm²;主要作物小麦0.72万hm²,玉米0.78万hm²,马铃薯0.14万hm²,亚麻0.15万hm²。

粮食总产14.65万t,其中水浇地占97.4%,全县人均粮食610kg;油料总产0.8万t,其中水浇地占89.3%,全县人均油料34kg。常年水地亩产水平:小麦380kg、玉米660kg、马铃薯2250kg、亚麻150kg。

(三)农业生产分区

根据气候、土壤条件和农业生产布局情况,景泰县大致可分为三个农业生产区:

1.中西部山地旱作农业区

土地面积为46.28万hm²,占总面积的84.37%;耕地面积2.15万hm²,占耕地面积的45.9%。含亚高山草甸土、灰褐土、黑钙土、栗钙土和灰钙土等土壤类型,包括正路乡全部、喜泉镇西部、中泉乡西部、寺滩乡的大部和芦阳镇西南部。以旱作雨养农业为主,海拔高且差别较大,土壤类型复杂。根据海拔高度和土壤类型,可分为4个区域:其一,在寿鹿山、昌林山海拔2650m以上地区分布有亚高山草甸土、森林灰褐土和黑钙土,主要用于林、牧业生产,分布有少量的耕种黑钙土,近年来已全部退耕还林。其二,在海拔2200m到2650m之间的山前地带和丘陵地区,是栗钙土的主要分布区,包括正路乡和寺滩乡沿山一带,是我县旱作农业的主要地区,主要种植小麦、青稞、豌豆、马铃薯等作物。耕地类型以旱砂田和洪水漫地为主。由于气候冷凉、降雨量较大,土壤有机质的积累较多,含量在全县较高。其三,在海拔2200m到1760m的山前冲积扇和沟谷阶地,主要分布在寺滩乡和喜泉镇西部,土壤类型为灰钙土,耕地类型为旱砂田和洪漫地。主要种植和尚头小麦、扁豆、马铃薯、胡麻等作物,永泰川是全县旱砂田籽瓜的主要产区。其四,在海拔1760m以下地区,主要包括芦阳镇西南部和中泉一带,土壤类型为灰钙土类中的淡灰钙土亚类,仍以旱砂田和洪漫地为主,由于海拔降低,气温较高,降水量少,该区域的土壤养分状况属全县最低。主要种植小麦、胡麻等作物,芦阳镇十里沙河周边是全县旱砂田西瓜的主要产区。

2.灌溉农业区

本区是我县农业生产的主要区域,土地面积为7.48万hm²,占总面积的13.64%;耕地面积2.46万hm²,占总耕地面积的52.6%,占有效灌溉面积的92.9%。主要指景电一、二期灌区、中电灌区和引大灌区,包括一条山镇、芦阳镇、草窝滩镇、喜泉镇、上沙沃镇、中泉乡、寺滩乡、漫水滩乡和红水镇,土壤类型绝大部分为淡灰钙土。本区海拔1500~1800m,年平均气温7.3℃~9.3℃,≥0℃活动积温3430℃~3970℃,≥10℃活动积温2860℃~3450℃,无霜期140~150d,年降雨量180~200mm,属一季有余两季不足地区。在芦阳、中泉等地的原古老灌区有小面积的灌漠土,在景电二期灌区的北部地区分布灌溉风沙土。

小麦种植比例由1980年的70%下降到2010年的28.0%;玉米种植比例由1980年的2%上升到2010年的30.4%;马铃薯种植面积在1995年前后十年间最高达0.33万hm²,比例达12.8%;枸杞种植面积由1999年的3.33hm²发展到2010年的3900hm²。

3.东部沿黄灌溉农业区

土地面积1.09万hm²,占总面积的1.99%。耕地面积0.07万hm²,占总耕地面积的1.50%,占有效灌溉面积的2.8%。主要包括五佛乡大部分和中泉乡、芦阳镇小部分地区,土壤类型有灌淤土、潮土和水稻土。该区海拔1300~1500m,为全县最低处,年平均气温9.3℃~10.6℃,≥0℃活动积温3970℃~4330℃,≥10℃活动积温3450℃~3850℃,年均降水量160~180mm,无霜期150~160d。热量条件好,灌溉便利,农业生产条件优越,精耕细作程度高,土地生产能力在全县属最高等级。主要种植作物有蔬菜、水稻、瓜类、红枣、苹果等,其中2010年蔬菜种植比例达50%,占全县蔬菜面积的60.2%。是全县唯一的水稻产区,粮食作物为一年两熟,特色产业红枣种植面积0.17万hm²。

第三节　气候资源

根据景泰县农业区划资料(1986.10),景泰县地处欧亚大陆中心,远离海洋,根据我国气候区划,属温带大陆性干旱型气候。其特点是干旱少雨、蒸发强烈、日照充足、温差大、风沙多。气候特点对土壤荒漠化、盐渍化的形成具有直接影响。境内地形高差悬殊,气候特点地域差异明显。各地主要气象要素见表1-1。

表1-1　景泰县各地主要气象要素

项　目		一条山	五佛	正路	红水	中泉
年平均气温 ℃		8.2	10.7	3.5	6.6	8.6
极端最高温度 ℃		36.6				
极端最低温度 ℃		-27.3				
气温最大日较差℃		25.2				
气温平均日较差℃		12.2				
≥0℃	起止日期	3.13~11.12	3.2~11.20	4.3~10.28	3.26~11.6	3.10~11.19
	天数	247	278	209	225	256
	积温	3614.8	4295	2382	3148.7	3890.6
≥10℃	起止日期	4.24~10.6	4.2~10.15	5.22~9.11	52~9.25	4.19~10.5
	天数	166	205	112	148	171
	积温	3038.2	3868.1	1707.1	2607.1	3286.4
无霜期	初终日期	5.11~9.30				
	天数	141	156	111	130	146
日照时数 h		2725.9				
太阳总辐射 kJ/cm²		618.3				
年降水量 mm		184.9	156.6	211.7	212.8	193.1
年蒸发量 mm		3038				
干 燥 度		3.53	4.51	2.33	2.74	3.79

一、日照

全年日照时数2725.9h,日照百分率为62%,2月最少为203.3h,6月最多为264h,平均每天实照7.5h(表1-2)。年太阳总辐射量618.3kJ/cm²,是全国除青藏高原外,光能资源最丰富的地区之一。

表1-2 景泰县各月日照时数、日照百分率

月 份	1	2	3	4	5	6	合计	平均
日照时数 h	217.2	203.3	219.2	223.4	249.3	264.0		
日照百分率%	71	66	59	57	57	60		
月 份	7	8	9	10	11	12		
日照时数 h	251.8	243.1	203.9	222.2	209.4	219.1	2725.9	
日照百分率%	56	58	55	64	69	74		62

二、温度

1.气温

据气象资料,景泰县海拔高度每上升100m,年平均气温下降0.66℃,回归关系式为:

$$T=19.22-0.0066H \qquad r=0.99*$$

式中,T为年平均气温(℃),H为海拔高度(m)。

由于地形条件,景泰县年平均气温自东北向西南逐渐降低。条山地区海拔1600m,年平均气温8.2℃,最高8.8℃(1977年),最低7.1℃(1976年),最大年际变量为1.7℃。极端最高气温36.6℃(1966年6月20日),极端最低气温-27.3℃(1958年1月15日)。平均日较差12.2℃,最大日较差25.2℃(图1-4)。年日平均气温7月最高(五佛25℃,条山22.7℃,正路16.6℃),1月最低(五佛-5.8℃,条山-7.7℃,正路-11.4℃)。

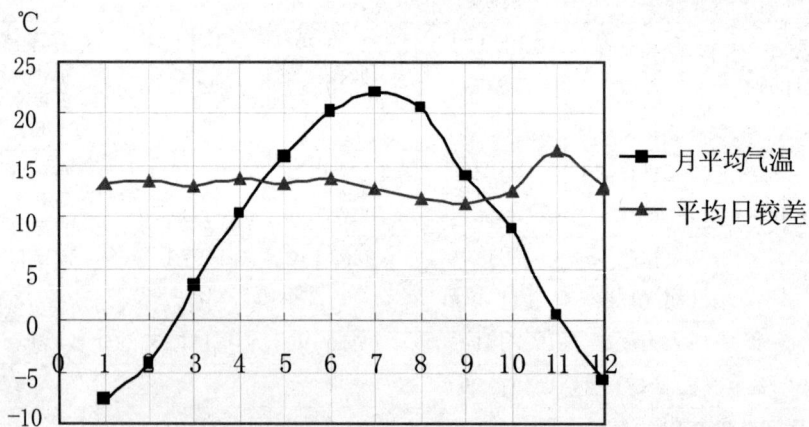

图1-4 景泰县条山地区各月平均气温和日较差

2.地温和冻土

年平均地面温度10.5℃,最热月平均地温25.4℃,最冷月平均地温-7.6℃;极端最高地

温68.2℃(1974年7月9日),极端最低地温-29.4℃(1975年12月12日和14日)。

冻土最大深度99cm,正路达150cm。冻结日期:深度10cm为11月27日、深度30cm为12月9日,解冻日期分别为2月27日和2月26日。冻结期:10cm为93d,30cm为80d。

三、降水量、相对湿度和蒸发量

1.降水量

据气象资料,景泰县海拔高度每上升100m,年降水量增加5mm,回归关系式为:

$$R=103.62+0.050H \qquad r=0.877*$$

式中,R为年降水量(mm),H为海拔高度(m)。

年平均降水量,五佛157mm,正路212mm,条山地区185mm。最多年降水量299mm(1961年),最少年降水量104mm(1957年)。降水分配不均,主要集中在4~9月,占全年降水量的90%。7~8月降水量多,12月最少。年平均降雪日数10d,最多达23d,最少只有4d,最大积雪深度11cm。

2.蒸发量

年平均蒸发量为3038.1mm,是降水量的16倍之多,蒸发量6月最大为431.2mm,12月最小为64.0mm。

3.相对湿度

相对湿度以8、9月最大,为57%~80%,3~4月最小为37%,年平均44%。

4.干燥度

条山地区3.53,五佛4.51,正路2.33,均属干旱、极干旱地区。

5.风

景泰以西风为主,其次是北风,年平均风速3.9m/s,月平均最大风速出现在4月为4.2m/s,月平均最小出现在12月为2.8m/s。春季(3~5月)风速最大,冬季(11至元月)风速最小,日最大风速出现在6月为21.7m/s。

四、灾害性天气

主要是旱灾,其次是大风、霜冻、冰雹、干热风等。

旱灾 发生频繁而且程度严重,1957~1980年的24年中,大旱频率46%,轻旱频率25%,雨水较好频率29%。

大风 7、8级大风年平均出现27.7次,4月出现最多,为4.4次,9月最少,为0.8次,大风次数最多年是1974年,出现70次之多,最少年是1961年和1965年,各为5次。历年瞬时最大风速28m/s,相当于11级大风。

霜冻 晚霜主要危害时段出现在5月份,频率为41.7%,尤以5月中下旬出现的危害严重。早霜冻主要危害时段是9月份,频率为4%,9月上旬出现的危害最为严重。

冰雹 主要发生在寺滩、正路、红水三乡镇的山区,年平均2次。

干热风　主要发生在海拔2000m以下的平川地区，出现在6~7月份，危害即将成熟的小麦。1957~1980年的24年中，出现频率12.5%，其中在干旱年份的发生频率为35.%。

第四节　水资源

一、地表水

1.降雨

景泰地处温带干旱型大陆性气候带，年均降雨量185mm，降雨日数平均54.2d，而且分布很不均匀，多集中在7、8、9三个月，占年降雨量的64%。由于降雨少，蒸发渗漏大，所以县境内没有长年地面径流。昌林山、寿鹿山森林植被较好，属于水源保护区，主要供补给地下水源。洪水漫地面积年均约400hm²，按毛灌水定额7500m³/hm²估算，则洪水总流量为300万m³。

2.黄河过境水

景泰县唯一的地面径流就是过境黄河，黄河通过境内110km。年平均流量为993~1040m³/s，最大(1964年)6700m³/s，最小300m³/s，年径流量315亿m³~328亿m³。水质为淡水，矿化度小于0.4g/L，水化学类型为HCO_3^-—Ca^{2+}—Mg^{2+}型。无其他较大支流，主要以脑泉沟、胡麻水沟、冬青沟和响水沟等间歇性洪流直接与黄河相连。全县各类提灌和自流灌溉总用水量为2.16亿m³。

二、地下水

境内地下水资源不丰富，分布不均，水质较差。因受自然、地理、地貌、地质构造和岩性等条件的控制，大部分地下水分布在山前第四纪凹陷盆地和河谷冲积层中。地下水总资源量为8720.84万m³/a。其存在形式以潜水为主，承压水分布不广，根据赋存条件可分为：

1.坚硬岩石类裂隙水

基岩裂隙水，主要分布在基岩山区，地势高，雨量较充沛，沟谷深切，裂隙水处于交替循环状态，因而富水性差别大，水质也有较大差异。老虎山单泉流量为0.01~0.88L/s，矿化度0.3~0.5g/L，属HCO_3^-—SO_4^{2-}—Ca^{2+}—Mg^{2+}型水；昌林山单泉流量0.01~0.44L/s，矿化度0.6~1.5g/L，其中小于1g/L的水属HCO_3^-—SO_4^{2-}—Ca^{2+}—Mg^{2+}型，大于1g/L的水属SO_4^{2-}—HCO_3—Mg^{2+}—Ca^{2+}型。虎南山—三台井、宋家梁一带矿化度0.7~13g/L。

碳酸盐岩类溶洞裂隙水，赋存于下石碳系厚层灰岩中，分布在正路堡、福绿村、寺滩、三眼井、红水等地。因溶洞、裂隙发育极不均匀，故富水性也不均匀，单泉流量为0.01~3.81L/s。一般为微咸水和咸水，泉水矿化度为1~4g/L。

碎屑岩类孔隙水，分布五佛北山、脑泉尾泉、红岘台及正路红岘、芦阳、红光等地，赋存在上古生界—新生界的砂岩、砾石、页岩组成的层状沉积岩中，但大部分地区富水性微弱，矿化度高，水质差。

2.松散岩石类孔隙水

分布于老虎山、昌林山前(山间)、第四系洪积平原和凹陷盆地的洪积层和河谷阶地的冲积层内,是我县含水量最丰富的含水层之一。这一地区地下水的形成与分布,显示了我县干旱地区山前洪积倾斜平原区特有的自南向北分带现象,老虎山、昌林山是地表水的主要形成区,而山前中、上更新统砂砾石层,渗透性极强,导致地表水大量转化为地下水,成为地下水的主要补给区。靠近永泰、井子川等山区地带水位埋藏很深,一般在100m以下,矿化度小于1g/L,兴泉滩地下水位埋深在11~66m之间,以兴泉村一带最浅,为10~30m,向南一般为50m左右,水质一般较好,大部分为淡水及微咸水。

东部条山、秀水、芳草一带,由于基岩隆起形成数条东西向的垄岗,将这一地区分成三条沟槽,地下水分布于沟槽中,在蓆滩—芦阳一带沟槽汇集成为地下水的出口,至响水一带大量渗出。条山、芳草一带水位埋深小于20m,矿化度1.3~2.4g/L;蓆滩一带矿化度4~4.6g/L,离子组成为$CO_3^- - SO_4^{2-} - Mg^{2+} - Na^+ - Ca^{2+}$;芦阳一带水位埋深小于3m,在响水、麦窝、东新等沟谷中,潜水呈泉溢出,矿化度7.8~9g/L,离子组成以$Cl^- - SO_4^{2-} - Na^+ - Mg^{2+}$为主。

草窝滩为南北长14~16km,东西宽5~7km的狭长地带。地势由西北向南倾斜,地表为亚砂土或粉砂,厚度一般小于3m,以下为砂砾石,底部有一层2~5m的半胶结砂砾岩,其东半部第三系广泛分布,盆地的基地大部为第三系。地下水来源系山区沟谷潜流及灌溉渗入补给,潜水埋深一般为10~20m,部分地段大于20m,水力坡度1%~2%,径流条件较差,运动迟缓。地下水流向东南,经娃娃水流入响水一带溢出地表,注入芦阳沙河,最终泄入黄河。地下水水质较差,矿化度一般4~8g/L,属$Cl^- - SO_4^{2-} - Na^+ - Mg^{2+}$型水。

白墩子盆地,属断陷盆地,地下水的来源主要由昌林山区的沟谷潜流补给,其次由红墩子沟、骆驼水沟、井子沟、小营盘水沟、三眼井沟、大尖沟、回地沟、大格达沟、前黑山沟等沟谷潜流、降水及雨洪的渗入补给,最终流入盆地。盆地地下水均消耗于蒸发,再无其他排泄通道,地下水位中心小于3m,部分地段溢出地表,且地下水矿化度很高,中部为3~10g/L,中心高达50g/L,最高237g/L,形成大片草甸盐土。

漫水滩,无常年性的地表水流,只有源于昌林山区的暂时性洪流。洪流成散流,最终消失在腾格里沙漠中。地下水的来源主要靠沟谷潜水、基岩裂隙水和洪水补给,水位埋深一般为25~45m,山前地带小于25m。

黄河河谷孔隙水,分布在五佛、龙湾、常生一带,地下水主要赋存于Ⅰ、Ⅱ级阶地的冲积砂砾层中,含水层五佛一带厚10~15m,五佛苗圃水位埋深0.5~2m,后缘为5m左右。

第五节　植　被

植被与土壤有着极为密切的关系。不同的土壤类型就有相应的植被类型,我县自然植被受气候、地形等自然环境因素的综合影响,其生长和分布具有明显的地带性和地域性。

(一)地带性植被

1.亚高山草甸群落

分布在老虎山、中山地区,海拔2940~3313m。区域内的山体坡地和浑圆坡顶,面积约为0.72万hm²,占总面积的1.32%。植物种类较多,由草本层和灌木层共同组成,平均总盖度92%,草本群丛,矮嵩草+线叶嵩草+珠芽蓼。平均高度16.4cm,灌木高度22.8cm,由金露梅、银露梅、鬼见锦鸡儿、大叶杜鹃、小叶杜鹃、裂香杜鹃、花皮柳等组成。并在其地表附生大量的苔藓。

2.针叶木本群落

分布在老虎山(海拔2650~2940m)、昌林(海拔2490~2954m)两座山体的阴面山坡。种群单一,面积约为0.09万hm²,占0.16%,均为青海云杉,仅寿鹿山西沟之阴坡有少量祁连山圆柏分布,林间亦有喜湿耐阴的灌丛及草本生长,盖度较小,伴有大量的苔藓附生于地表,组成木本—灌木—草本—苔藓的群落结构。

3.干燥草本群落

分布在海拔2200~2650m的广大地区,即寺滩杨家庄以西至寿鹿山森林下限,正路柏家川口、犁桦山、峡儿水、白篱子掌等山麓坡地及丘陵地带。总面积约为6.78万hm²,占总土地面积的12.46%,植被组成以旱生、中旱生草本植物为主,主要有短花针茅、大针茅、本氏针茅、克氏针茅等针茅属植物,其次为冷蒿以及散生的驴驴蒿、栉叶蒿,为短花针茅+冷蒿群丛。

4.荒漠化草原群落

为干草原与荒漠草原的过渡带,海拔1900~2200m,总面积10.26万hm²,占总面积的18.86%,主要分布在寺滩马家场子以西,昌林山东端低山坡麓地带,米家山、魏家梁等地。植被由旱生草本和小灌木、小半灌木组成,结构单调,草丛稀疏且矮小,总盖度30%左右,主要植被有短花针茅、驴驴蒿、合头草、珍珠、红沙等。草本高度0.5~22cm,平均3.4cm,灌木高度1~35cm,平均10.7cm。

5.干荒漠群落

分布于猎虎山、梧桐山、大安等丘陵地带及丘间低地,海拔1300~1900m,是面积最大,分布最广的地区,总面积约4.12万hm²,占总土地面积的7.57%。由于本区域内气候干旱、蒸发强烈、降水量少,植物种类较少,多为珍珠、红沙、盐爪爪、合头草、假木贼、刺叶柄棘豆、唐古特白刺、霸王等小灌木和小半灌木,其次有散生的戈壁针茅、沙生针茅、荒漠细柄茅、多根葱等草本。

(二)地域性植被

1.盐生荒漠群落

主要分布在花壁堂滩、白墩子滩和漫水滩等洪积倾斜平原区,面积为3.45万hm²,占总面积的6.35%。主要受土壤等因子的影响,其植被群丛有不同的分布,白墩子为封闭盆地,地下水位较高,群丛为细枝盐爪爪+芦苇;漫水滩、花壁堂滩,地下水位较深,群丛为圆叶盐爪爪+角果碱蓬+珍珠。

2.流沙荒漠群落

主要分布在大咀子车站,冰草湾煤矿周围,营盘水一带亦有分布,总面积约1.84万hm²,占总面积的3.38%,植被有唐古特白刺、黑沙蒿、驼绒藜、猫头刺等沙生植被,群丛为唐古特白刺+黑沙蒿。

3.砾石荒漠群落

基质为石块，只形成稀疏的荒漠植被。在裸露的岩石和粗骨性土壤上，植被群丛主要有合头草、刺旋花、木本铁线莲、红沙等组成，群丛分别为红沙+珍珠+垫状矮包菊合头草+珍珠+木本铁线莲。

(三)人工植物群落

面积约为10.05万hm²，占总面积18.47%。人工防护林主要在景电、中电和沿河灌区的公路渠道两旁、农田林网等地，属防沙林带，主要树种有箭杆杨、小叶杨、新疆杨、二白杨、大官杨、加拿大杨、胡杨、青杨、银白杨、毛白杨、河北杨、北京杨等杨属12种，龙爪柳、山柳、沙柳4种，另有白榆、桑、复叶槭、臭椿等。

经济林木：苹果、梨、杏、桃、大枣、枸杞、沙枣等。

农作物：小麦、玉米、谷子、糜子、大麦、马铃薯、豌豆、小扁豆(扁豆)、大豆、蚕豆、油用亚麻(胡麻)、向日葵、油菜、甜菜，瓜菜类有西瓜、籽瓜、黄瓜、白菜、番茄、辣椒、结球甘蓝(莲花菜、卷心菜)、花椰菜、茄子、芹菜、韭菜、葱、蒜等，绿肥类有草木栖、毛苕子、箭舌豌豆，牧草有紫花苜蓿等。(注：括弧内指当地常见俗名)

农田杂草：野燕麦、藜(灰条)、萹蓄(扁珠子、铁链子)、稗草、小蓟(刺甲盖)、灰绿碱蓬、冰草、芦苇、苍耳子、龙葵、狗尾草(谷莠子)、虎尾草等。(注：括弧内指当地常见俗名)

第六节　农业机械

实行改革开放以来，农村实行家庭联产承包责任制后，农机经营形成国家、集体、联户和个人多种经营方式并存、竞争发展的格局，农业机械总动力大幅增加，各种机引配套农具及排灌、植保、脱粒、加工、运输等其他农业机械也有大幅度增加，农业机械应用范围由种植业扩大到农、林、牧、副、渔各业。

2000年以来，农机经营以农机企业、个体经营为主，随着我国工业化、城镇化、农业现代化深入推进，农村劳动力结构和农民劳动观念发生了深刻变化，农业生产对农机应用的依赖越来越明显。2004年党中央国务院的部署，财政部、农业部共同启动实施了农机购置补贴政策，截至2010年景泰县农业机械总动力47.05万kw，拖拉机拥有量达15 070台；各类配套农机具4.34万台部(大中型机引农机具1.32万台部，小型机引农机具3.02万台部)，其中播种机械4400台部，收获机械118台。机耕面积4.02万hm²，机播面积3.07万hm²，机收面积1.97万hm²，机械化水平分别达到87.9%、75.7%、47.4%。此外，农副产品加工、运输机具、植保机具等具有了一定的规模，基本实现了配套。

第七节　农业生产施肥

景泰县历史上仅施用农家肥,1950年开始,各地先后开始施用化肥和腐殖酸肥,种植绿肥,施用微肥和植物生长调节剂等。

一、有机肥

以农家肥为代表的有机肥,20世纪50~60年代施用水平较高,70年代中期以后总体呈下降趋势,主要原因是,耕地面积迅速扩大、伴随机械化发展出现牲畜养殖减少、养殖专业户增多而散户养殖减少。农家肥秋季深施比例整体呈上升趋势,目前春季耙施依然存在。今后一段时期,随着秸秆还田集成技术的推广应用,将对地力保养、化肥节本增效、农产品品质提升等发挥越来越重要的作用。

农家肥　主要是人、畜粪尿和炕土等,且多在沿河和部分泉水灌区,在春播、复种时每亩施1.5~2.5t土杂肥。1970年中期以来,景电灌区水地猛增,县上提出"羊粪下山,城粪下乡"以及高温堆肥、种植绿肥等措施以补肥料不足。1989年开始,大力推广了农家肥与磷肥的混合秋施技术,1989~1992年累计推广面积1.33万hm^2。当前农家肥平均亩用量为523kg,秋季犁施和春季耙施比例约为6:4,养殖专业户秋季深施农家肥的比例较高。

腐殖酸铵肥　1974年初,景泰县根据外地资料在黑山煤矿试制成功了腐殖酸铵肥料,此肥以含有腐殖酸类成分的煤做原料,加氨水制作而成。经在芦阳公社响水队小麦地实验,增产效果较好。至1975年5月,共生产腐肥13 197t,夏田施用面积4503hm^2。此后,由于生产质量差,拉运困难,数量逐年减少,直至停产。

绿肥　绿肥种植始于1976年,经过试种、示范,在灌区逐步推广种植箭舌豌豆、紫花苜蓿、毛苕子、草木樨等绿肥作物,以解决有机肥的不足。种植方法有套种、复种等。1985年种植面积达0.25万hm^2,平均每公顷产鲜草11.250t。1990年小麦套种草木樨0.21hm^2,复种箭舌豌豆0.04万hm^2。目前,部分沙化地、盐碱地、经济林果套种草木樨、箭舌豌豆0.2万hm^2。

旱地豆田轮作　主要用于旱田,主要模式为小扁豆或豌豆轮作小麦、青稞、马铃薯等,豆类常年播种面积0.4万hm^2。

秸秆还田　景泰县秸秆丰富,年产量约20万t。主要作物麦类的秸秆,以留高茬还田形式普遍存在,还田率约达到20%,重要意义在于,其足够的深度、新鲜度、广泛性和低成本,决定了它的有效性和长效性,在全县培肥地力的贡献和可靠性不低于农家肥。但目前麦类秸秆的大部分被用作造纸、饲料、燃料,或就地焚烧。玉米秸秆单产最高,总量超过麦类,部分秸秆被用作燃料,部分作为饲草过腹还田和作厩肥还田。近年玉米联合收获及碎草机械的运用,带动了玉米秸秆的直接还田。

二、化肥

景泰县种植业的迅猛发展得益于耕地面积扩大、开发黄河灌溉、新品种、化肥施用等因素。其中化肥施用使得农户的自主性和主观能动性得到了充分体现。

化肥施用在种类、施肥量、施肥技术等方面经历了一系列明显演进,技术推广部门在小麦、玉米等作物上已建立了单因子、多因子的产量数学模型,形成了基本技术体系。目前施肥的试验、研究主要侧重于产量目标,对农产品品质涉及不多。

(一)化肥施用历史

粮食历来是化肥等投入的优先和重点保证对象,表1-3以历史资料反映了全县粮食单产与平均化肥用量的同步增长的宏观趋势。图1-5反映了景泰县化肥施用总量的变化趋势。

表1-3 1949-2010年景泰县粮食生产及化肥施用统计

年 份	面 积	总 产	单 产	化肥施用总量	化肥施用水平
	hm²	t	kg/hm²	t	kg/hm²
1949~1969	469 813	456 912	973	0	0
1970~1979	301 593	427 830	1419	33 246	110
1980~1989	286 067	532 074	1860	49 175	172
1990~1999	320 193	1 046 452	3268	135 301	423
2000~2009	272 027	1 371 640	5042	255 589	940

化肥施用总量 t

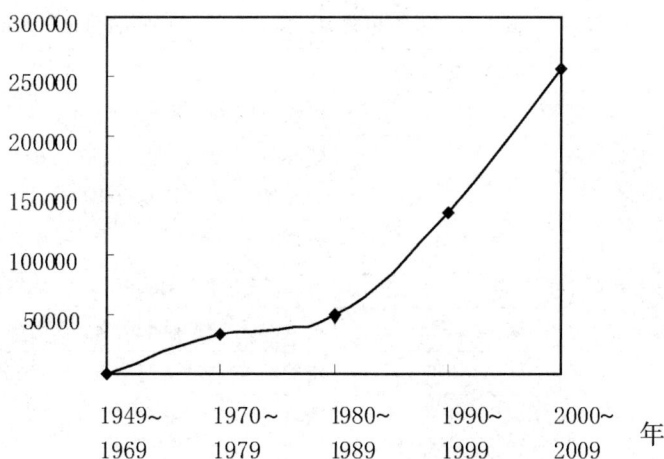

图1-5 景泰县分阶段化肥施用总量变化趋势

20世纪50年代中期,景泰县开始引进以硫酸铵为主的氮素化肥在沿河地区施用,增产效果显著,深受农民欢迎。20世纪60年代施用氨水、碳酸氢铵和过磷酸钙,化肥施用量逐年增加。20世纪70年代中期以后,河灌区普遍施用硝酸铵、尿素,磷二铵复合肥也在一些地方开始施用,用量较小。灌区小麦施用化肥面积80%以上,平均每亩增产25.6%。1980年前后八年间麦类作物施用硝铵作种肥,是当时化肥施用的典型方法,每公顷用量150~225kg。20世纪80年代后期,灌溉地区以磷肥、复合肥作底肥,苗期追施尿素、硝铵等氮素肥料,化肥用量逐渐增加,开展了初级配方施肥。1981年以后,先后使用的微肥有稀土、硫酸亚铁、锌、锰、钼、铜、硼砂等;植物生长调节剂有30烷醇、丰产素、植物动力2003、芸苔素内酯、多效唑、矮壮素、乙烯利等;小麦以补锰肥、玉米补锌肥为主。

根据第二次土壤普查的成果,按照土壤有机质、全氮、速效磷等养分状况,对全县耕地土壤分区划片,形成了一套以地力分区为主的氮、磷、钾初级配方施肥技术。20世纪90年代中后期,尿素和磷二铵流行;相继进行了各种作物的多因素肥料效应试验,研究了不同作物的肥料效应函数,开展了以目标产量为重点的平衡施肥技术。经过多年积累,技术内容更加丰富,技术应用不断扩展。

麦类等密植作物的氮肥施用方法经历了剧烈变化,从20世纪80年代前后的施用硝铵作种肥为主,至20世纪90年代起演变为以随水撒施尿素为主。目前,施用化肥技术的研究和农业机械的配套,直接促进了化肥施用方法的革新进步。化肥基施以机械化深施或集中条施为主,麦类等密植作物开始使用垂直、水平双隔离的机械施肥,可以安全足量地用尿素作基肥;稀植作物瓜菜、玉米、向日葵、马铃薯等追肥以开沟施、穴施为主,兼有滴灌水肥一体化追施。

(二)当前化肥种类与施用总量

2010年全县农用化肥施用量3.34万t,大宗化肥共计12个品种,涉及的大量元素有氮、磷、钾等,使用历史和普及程度依次为氮–磷–钾,微量元素包括锰、锌、硼、铜等。景泰县化肥市场各种营养元素对应的化肥品种见表1-4,各类化肥施用量见表1-5。

表1-4 景泰县主要施用营养元素及形态与化肥品种对应关系

元素	形态分类	对应主要化肥品种
N	硝态氮	硝酸磷肥 **、硝铵磷 *
	铵态氮	碳酸氢铵 **、硝铵磷 *、硝酸磷肥 **、磷酸二铵 ***、磷酸一铵 *、硫酸钾复合肥 **
	酰胺态	尿素 ***
P	磷酸氢根	磷酸二铵 ***、硝酸磷肥 **、硫酸钾复合肥 **
	磷酸二氢根	过磷酸钙 ***、硝酸磷肥 **、磷酸一铵 *
K		硫酸钾 **、硫酸钾复合肥 **、硝酸钾(钾宝)**
Ca		硝酸钙 *
Mn		硫酸锰 *
Zn		硫酸锌 **
B		硼酸 *、硼砂 *
Cu		硫酸铜 *

* 表示普及程度:普及 ***,中等 **,新兴 *

表1-5　2010年景泰县农用化肥施用量统计

化肥种类	农用化肥施用实物总量(t)	农用化肥施用折纯总量(t)	实物用量(kg/hm²)	折纯用量(kg/hm²)
氮肥	10 232.68	4391.78	286.32	122.89
磷肥	11 556.84	1436.67	323.37	40.20
钾肥	3003.37	1496.04	84.04	41.86
复合肥	8618.54	4226.59	241.16	118.26
合计	33 411.43	11 551.08	934.89	323.21

(三)主要作物推荐施肥与实际施肥

按照甘肃省土肥站《2007年测土配方施肥项目实施方案》的要求,2007~2010年景泰县针对小麦、玉米等主要作物开展了多年份多试点的"3414"施肥试验,试验涉及氮磷钾三个营养元素,建立了多套回归方程,初步确定了推荐施肥方案,同时对农户施肥情况进行了反馈调查。表1-6显示,农户的小麦氮、磷、钾肥实际施肥量接近于推荐施肥,但追肥氮肥比例明显偏高;农户的玉米氮、磷肥实际施肥量接近于推荐施肥,但钾肥用量较少,氮肥追施比例偏高。

表1-6　景泰县小麦玉米推荐施肥与实际施肥　　　　kg/hm²

作物	施肥量	施肥总量			基肥			追肥	氮肥基追比例
		N	P₂O₅	K₂O	N	P₂O₅	K₂O	N	
小麦	推荐	150~180	75~90	0	120~135	75~90	0	30~45	7.7:2.3
	实际	180	84	0	60	84	0	120	3.3:6.7
玉米	推荐	300~330	120~150	45~75	120~135	120~150	45~75	180~195	4.0:6.0
	实际	300	125	29	60	125	29	240	2.0:8.0

三、施肥中存在的主要问题

1)有机肥源单一,用量偏少。

近年随着养殖专业化的发展,养殖户有机肥施用充足,非养殖户有机肥施用严重不足。对土壤质地、作物抗逆性、作物品质、肥料利用率都有不利影响。

2)农作物秸秆作为数量巨大的有机肥源,还田面积增加缓慢,潜力亟待挖掘。

3)主要农作物的氮、磷平均用量与作物需求基本一致,微肥施用量和施用范围较少,玉米钾肥和供需矛盾较大。施肥技术上存在化肥表施或浅施、追施氮肥过猛过多的现象。种肥作为一项先进技术,在1980年前后比较流行,目前受化肥种类和机械的影响,这项技术被普遍忽视,甚至遗忘。

4)当前施肥技术以提高产量为核心目标,而以提高农产品品质为目标的施肥技术仍为薄弱环节,与社会公众对农产品品质的需求日益不相适应。

5)由于资金、技术手段和分散农户经营模式的限制,测土配方施肥技术的推广应用与精准农业生产的要求还存在一定的差距。

第八节　农田基础设施状况

1949年以来,景泰县水利工程建设取得了显著成效,特别是20世纪70、80年代相继建成的景泰川电力高扬程提灌大型工程(简称景电工程),号称"中华之最"、人民的"救命工程"。1969年10月15日一期工程正式开工,李培福(原中共甘肃省委常委、副省长)为总指挥,领导工人、农民、军垦战士发扬自力更生、艰苦奋斗的精神,同心协力,无私奉献,1974年5月主体工程基本建成。工程总投资6600万元,总扬程472m,设计流量10.56m³/s,最大流量12m³/s,年出水量1.48亿m³,共装机组102台(套),装机容量6.7万KW,提灌泵站13座,渠道200km,灌溉耕地2.0万hm²,移民12万人。景电二期工程于1984年开工至1994年完工,工程总投资4.88亿元,总扬程712m,设计流量18m³/s,最大流量21m³/s,年出水量2.66亿m³,共装机组204台(套),装机容量19.27万KW,提灌泵站30座,渠道400km,灌溉耕地3.33万hm²,从景泰、古浪、天祝、东乡、会宁、永靖移民15.4万人。

截至2010年年底,全县建成黄河小提灌、井灌、泉灌及自流灌43处,发展有效灌溉面积2.53万hm²,保灌面积2.37万hm²。其中万亩以上自流灌区有1处,分布于五佛乡,面积0.07万hm²;景电一期提灌工程有效灌溉面积1.3万hm²,占全县总有效灌溉面积的53%。景电二期灌溉工程,有效灌溉面积0.76万hm²。建成机井提灌若干处,提灌面积0.11万hm²。还有泉灌面积0.11万hm²,黄河小提灌0.06万hm²,中电灌溉0.12万hm²,配合灌溉。

第九节　农业生产上存在的主要问题

(一)水土资源紧缺

我县常年人均水资源量约1320m³,为全国人均占有量的3/5,为世界人均占有量的1/3;水资源时空分布不均,年内降水主要集中在7~9月;6~7月期间灌区农田灌溉用水的供需矛盾十分突出。灌溉仍采用大水漫灌,农田用水浪费严重。随着工业化和城镇化进程加快,人增地减的矛盾长期存在,耕地减少。

(二)土壤盐渍化

景电灌区上水灌溉后,基本解决了干旱缺水问题。但是土壤盐渍化长期以来成为影响农业生产的主要限制因素之一。

景电灌区土壤母质富含有盐分,大陆性气候特征极为明显,干旱缺雨,春季多风,夏季酷热,年蒸发量大,来自含盐沉积物的土壤水分经过蒸发,则必然导致土壤耕层大量积盐。与此同时,由于不合理的灌溉、地下弱透水性岩层、排水设施不配套、耕作粗放等原因,致使灌区普遍存在次生盐渍化现象。据2009年调查结果,现有盐碱地1.26万hm²,其中轻度0.53万hm²、中度0.57万hm²、重度0.16万hm²。草窝滩、上沙沃、芦阳、五佛等乡镇14个村的盐碱危害最严重,受害人口3.27万人。

(三)土壤沙化、风蚀

景泰县位于腾格里沙漠南缘,盛行西北风,土壤沙化现象由南向北或由一期灌区向二期灌区递增,典型的沙化区域包括建工局农场、兰炼农场、兰化农场、上沙沃镇、漫水滩乡、红水镇。全县有0.67万hm²严重沙化耕地,年内约有半年时间裸露,裸露期又多值风季,被耕作破碎的疏松地表,暴露于强劲风力之下,每年耕层风蚀在1~5cm,使耕层粘粒和有机质漂移,造成耕层瘠薄,加之沙化地有机质矿化作用强,加剧了土壤肥力下降。

(四)有机肥源不足,配方施肥技术应用不够

有机肥料短缺,质量差(不腐熟,露天堆放,黄土搬家等),用量少。秸秆还田技术普及不够,绿肥种植面积小。近年来,技术部门虽然在配方施肥的作用与技术上做了大量的工作,但仍然有部分农民盲目施肥,重施氮肥、磷肥,不施钾肥和微肥,超量追施氮肥等问题依然存在。

(五)经营管理粗放

农村青壮年劳动力大多外出务工,留守的劳动力为妇女和老人,这样势必影响作物田间管理质量。虽然国家给农民种地许多优惠政策,加大了各种补贴力度,减免了税收,刺激了农民的种粮积极性,但由于农业的相对效益较低、风险大、生产周期长等因素,部分农民投入仍然偏少、管理粗放。平田整地、精细耕作不够,农作物病虫害防治意识跟不上,不能统防统治,达不到有效防治效果,影响了作物产量和品质,给生产造成不必要的经济损失。

(六)农田基础设施不完善

我县农业水利设施有了很大发展,但是仍有部分设施薄弱,农田灌排设施老化失修、工程不配套、水资源利用率不高,抗御自然灾害的能力差。现有耕地中,中低产田面积达0.73万hm²,粮食单产低而不稳,年际间波动大。

(七)农业服务体系不健全

乡镇农技推广人员不足或很少从事业务工作,很多村没有技术人员,造成农业技术推广网络不完善,不能将农业技术及时高效地送到农民手中。

(八)气候不确定性增加

我县是旱灾频繁的地区,降水年际年内变化大,加上近年来温室效应,极端性天气引发气候事件增多,农业生产面临旱、寒、风沙、干热风等灾害发生的概率增加,由此带来的损失将加大。

第十节　农业生产发展趋势

1.种植结构不断优化

玉米、小麦两大粮食品种结构逐渐适应消费市场变化,玉米占粮食总产量的比重由1978年的6%提高到2010年的44%,增加了38个百分点,保证了饲料及加工用粮的需要,同

时也是当前发展高效节水农业的主要粮食作物。小麦的比重由82%减至33%,降低了49个百分点。今后小麦随着单产的提高,种植面积缓慢下降,将维持自给自足的种植规模。玉米将承载粮食、饲料、经济作物和节水、秸秆有机肥源等多种功能,在杂交种、地膜覆盖、垄膜沟灌、配方施肥等技术的支持下,单产水平将持续增加,种植面积稳步增长。

2.农业生产集约化水平提高

随着农业高产、优质、高效集成技术的普及应用,粮食生产水平不断得到提高。劳动力价格上升,资本替代劳力趋势明显,化肥、农膜、除草剂使用量、施用合理性增加,农业机械化水平不断提高。

3.农业新技术推广深度广度进一步加大

农田节水技术全面覆盖玉米、瓜菜等稀植作物,在此基础上向麦类等密植作物扩展,并集成覆膜、垄作、旧膜利用、秸秆覆盖、设施农业、滴灌等技术措施。秸秆还田集成技术和农磷肥混合秋施等土壤培肥技术将逐步被越来越多的农户所认识和接受。以玉米为代表的作物新品种更新换代加快。全社会农产品安全意识将逐步增强,农作物产量和品质并重的栽培技术将不断兴起。

4.农艺与农机相结合

农业机械将会更多地体现新型实用农业技术,成为农业技术推广的重要载体和推动力。如近年研制的小麦隔行分层施肥播种机,玉米施肥覆膜一体机,固化了先进农业技术的积淀,改变了传统化肥的撒施表施为机械化深施,大大减轻了劳动强度,发挥了节本增效作用。

5.农艺与农企相结合

农资企业量大面广,与农民群众朝夕相处,农资企业从业人员将会成为农技推广部门的重要人力补充和农业技术推广的直接参与者。农艺与农企将在更大范围和更高层次上开展合作,实现技术推广与经济效益的"双赢"。

第二章 土壤与耕地资源

第一节 耕地立地条件

一、地质地貌

景泰县地质构造属祁连山褶皱系的东端,北抵阿拉善地块南缘。本区自寒武纪以来,不同程度地发育了各个时期的地层,并经受了加里东、海西、印支和喜马拉雅等多次构造运动,其中,加里东运动最为强烈,海西、印支运动次之。新生代以来,喜马拉雅运动使本区山区周期性上升和平原区相对沉降,并伴随轻微的褶皱、断裂。因此,境内地层较全,同时,塑造了不同的地貌轮廓。随着后期水文、气候条件的变化,地表不断遭受到侵蚀、搬运、堆积过程,从而形成了不同的地貌类型。

(一)侵蚀构造中山

分布于老虎山、昌林山两座山体,为祁连山系毛毛山东延部分,面积 3.41 万 hm^2,占全县总面积的 6.27%。主峰老虎山海拔 3321m,相对高差 400~1000m;昌林山为2954m,相对高差 300~800m,两座山体均为古生界变质岩及加里东期闪长岩、辉长岩等火成岩构成。山势陡峻,沟谷深切,呈"V"形谷,阴坡植被生长良好,并呈现垂直分带现象。

(二)剥蚀构造丘陵

分布于寺滩以北的猎虎山、五佛以北的荒草垴山、正路堡—三台井、龙湾—周家砟—脑泉等地的广大地区,面积 34.67 万 hm^2,占总面积的 63.76%,海拔高度 1350~2000m。岩石组成,除正路堡—三台井为志留纪变质岩组成外,其余地区为古生界—中生界的砂岩、砾岩、砂砾岩、片岩、粉砂岩、灰岩以及下古生界变质岩构成,并且基岩大部裸露、沟谷开阔、植被稀疏,呈现荒山秃岭的自然景观。

(三)剥蚀堆积类型

面积约为 16.29 万 hm^2,占总面积的 29.96%。又分为山前洪积倾斜平原、构造堆积盆地、河谷堆积阶地、剥蚀堆积黄土、风成沙地。

1.山前洪积倾斜平原

主要分布在老虎山山前、寺滩、草窝滩、兴泉滩和昌林山东北麓的漫水滩、方家井滩等地,面积约为 11.04 万 hm^2,占总面积的 20.3%。其地质结构:

寺滩、草窝滩属山前洪积亚砂土平原,海拔 1550~2200m,地势平坦,地面由西南向东北倾斜，上覆全新统亚砂土，厚0.5~3m不等。其下为砂或碎石，地面并有三迭系、二迭系砂岩构成的残丘甚多，多数呈孤岛状，也有条带状分布。

昌林山北麓的漫水滩一带，海拔1600~2000m，地形由西北向东南倾斜，山前地带上覆砂碎石，平原区地表覆盖全新统亚砂土，厚度大部分在1.5m左右，最厚可达3m多。其下为砂或砂砾石。部分地段有高约0.5~1.5m的风积沙丘，并有许多泥盆纪—三迭纪砂岩、砾岩、灰岩等构成的岛状残丘，呈现具有残丘的山前倾斜洪积亚砂土、碎石平原景观。

白墩子以南至三个山一带和上沙窝以北的白石头梁、边外滩、独山子等地为具有残丘的山前倾斜洪积碎石平原地区。海拔高度1600~1800m，坡度1°~2°，为近代洪积砂碎石所覆盖，大部分地段亚砂土层上覆较薄。

2.构造堆积盆地

主要是白墩子盆地，面积0.29万hm²，占总面积的0.53%。白墩子盆地东南面为二迭系、三迭系构成的低山丘陵，南面为长岭山，北面为黑山。由于盆地南北断层所限，第四纪以来盆地不断沉陷，堆积了巨厚的洪积物，形成地貌上封闭的凹陷盆地。盆地中心距白墩子东北约3~5km，海拔1550m左右。从地质构造来看，盆地边缘主要分布洪积碎砂石，如上沙窝村至红水一带，表层以碎石为主，以下为巨厚的砂碎石夹亚砂土层，东部地表以含砾中粗砂为主，白墩子村周围堆积了近代风积沙。盆地中部海拔1546~1580m，地表主要由全新统亚砂土、亚黏土所组成，地表呈龟裂状态，地下水接近地表，且富含可溶性盐类，中心几乎无植被覆盖，向外渐有耐盐植物生长。

3.河谷堆积阶地

主要分布于黄河沿岸的龙湾、常生、车木峡、五佛等地，为小型宽谷，唯五佛滩最大，长约10km，宽2.5~3km，面积约为0.60万hm²，占总面积的1.1%，属内迭阶地，表层具水平层理的压砂土，以下为交错层理的砂砾石，多有二元结构。五佛滩近山前沟口处的泰和等地分布有小型洪积堆。此外，在脑泉沟、响水沟也存在较大的沟谷阶地，呈长条带状沿沟分布。表层为亚砂土，下部为砂砾石，二元结构明显。

4.剥蚀堆积黄土

分布在米家山、马昌山山顶以及与靖远接壤的宋家梁、荒草梁等地，共有面积约为2.58万hm²，占总面积的4.75%。另外，脑泉以南也有黄土覆盖，这些地段主要在山顶堆积了较厚的黄土，呈梁峁状，具黄土地貌景观。

5.风成沙地

分布在方家井滩的林家沙子、大咀子、二咀子、冰草湾煤矿、白墩子车站、营盘水一带，是我县主要的风沙地区。在冰草湾煤矿周围，地面常形成流动沙域或新月形沙丘链，其余大部分地区为大小不等的固定、半固定沙丘，密度40%左右，高度一般1.3m，最高2.5m。在白墩子车站一带、营盘水、五佛兴水靠近山麓地段，亦有沙丘分布。共计面积1.78万hm²，占总面积的3.28%（地貌类型见附图02）。

二、成土母质

成土母质是土壤形成的物质基础,同时,直接影响着土壤的发生、组成、水热状况、肥力水平及土壤的改良利用方向。我县的成土母质,受地质地貌因素的制约和干旱荒漠气候的影响。按其母质来源可分为以下四种:

(一)残积—坡积物

在中山及低山丘陵地带的顶部和坡面,岩石原地遭受风化后的砂粒和碎石具有明显的棱角,并且无分选和层理。除老虎山和昌林山山顶及斜坡面形成薄土层外,其余低山丘陵地带都保留了原生母岩的特性。

(二)冲积—洪积物

分布于洪积倾斜平原区。由于受线状洪流的搬运、堆积作用,所以,洪积倾斜平原区自上而下,土壤质地由粗变细,土层由薄逐渐变厚,且有层理,土层以下为有一定磨圆度的砾石层或砂石层。

(三)冲积物

主要分布在五佛等地的河谷内迭阶地地区,其特点是砾石磨圆好,分选好,层理明显。

(四)风积物

我县北部的冰草湾等地受风力搬运堆积形成的风积沙丘,其特点是分选性明显,却没有水平层理,呈交错层理。另外在米家山、马昌山等地的黄土亦属风成作用的产物,质地均匀,以粉砂粒为主,有垂直节理发育等黄土母质特点。

三、耕地坡度、土壤侵蚀

景泰县耕地绝大部分分布在洪积平原和河流沟谷阶地,少部分分布在老虎沟、峡儿水、昌林山等山坡地,因此,坡度对我县耕地地力状况的影响较小。耕地结构中,水浇地和洪漫地占56.22%,坡度均为小于2°的平坦地;旱砂地占34.3%,坡度一般在2°~5°;坡度较大的旱土地只有9.48%,目前已大部分退耕还林。

土壤侵蚀类型主要有风蚀和水蚀,因坡地面积小、降雨少,水蚀对耕地土壤的影响较轻。但是,由于地处腾格里沙漠南缘,加之西北风盛行,年内耕地约有半年时间裸露,常有大风和沙暴。据气象资料,1981年至2010年间,大风次数最多年出现16次(1984年)之多,历史瞬时最大风速达25.1m/s,相当于10级大风。土壤受风蚀影响较大,耕层黏粒和有机质漂移,造成耕层瘠薄,土壤肥力下降。

第二节　土壤类型

一、土壤类型

（一）土壤分类系统

根据景泰县第二次土壤普查报告（1984.08 至 1987.03），景泰县总土壤面积 54.38 万 hm²，土壤划分为亚高山草甸土、灰褐土、黑钙土、灰钙土、栗钙土、灌漠土、灌淤土、潮土、水稻土、新积土、石质土、粗骨土、风沙土和盐土 14 个土类，23 个亚类，37 个土属，77 个土种。

（二）土壤的分布规律

土壤的形成是各种自然因素综合作用的产物，土壤的分布则与生物气候、地形等成土因素密切相关。我县南接黄土高原，北与腾格里沙漠连壤，西部有毛毛山延伸的两座山体老虎山（海拔 3313m）、昌林山（海拔 2954m）插入县境，东部又是黄河过境之地。因此，地貌、生物气候、水文地质条件差异较大，形成的土壤类型较多。其分布既有垂直地带性的规律，也有地域性差异。

1.地带性土壤的垂直分布

老虎山、昌林山两座山体由于海拔高度不同，引起生物气候带差异明显。首先在于随海拔高度的增加，在一定高度范围内，其温度下降，湿度增加，植被类型发生相应变化。由高海拔到低海拔，呈现下列生物气候带（图 2-1）：亚高山草甸，针叶林（阴坡）草甸草原（阳坡）→干燥草原→荒漠，与这些生物气候带相一致的土壤类型：亚高山草甸土→灰褐土（阴坡）、黑钙土（阳坡）→栗钙土→灰钙土（图 2-2）。

2.地域性土壤的分布

在地带性土壤（灰钙土）区域内，由于地形、水文地质条件与人为耕作活动因素的影响，又发生了土壤类型的区域性变化及其组合（图 2-3）。

（1）沿河灌区土壤的分布为：灌淤土，主要是公路以北地区，潮土分布于兴水、五佛苗圃等沿河一带，水稻土分布于老湾、泰和等处的封闭洼地，另外，兴水以北的山麓地段有少量风沙土分布。

（2）平川灌区土壤的分布与组合情况：不仅有芦阳——响水一带的灌漠土，而且也有白墩子盆地的盐土、冰草湾一带的风沙土，同时大面积的石质土、粗骨土、新积土亦分布于这一地区。

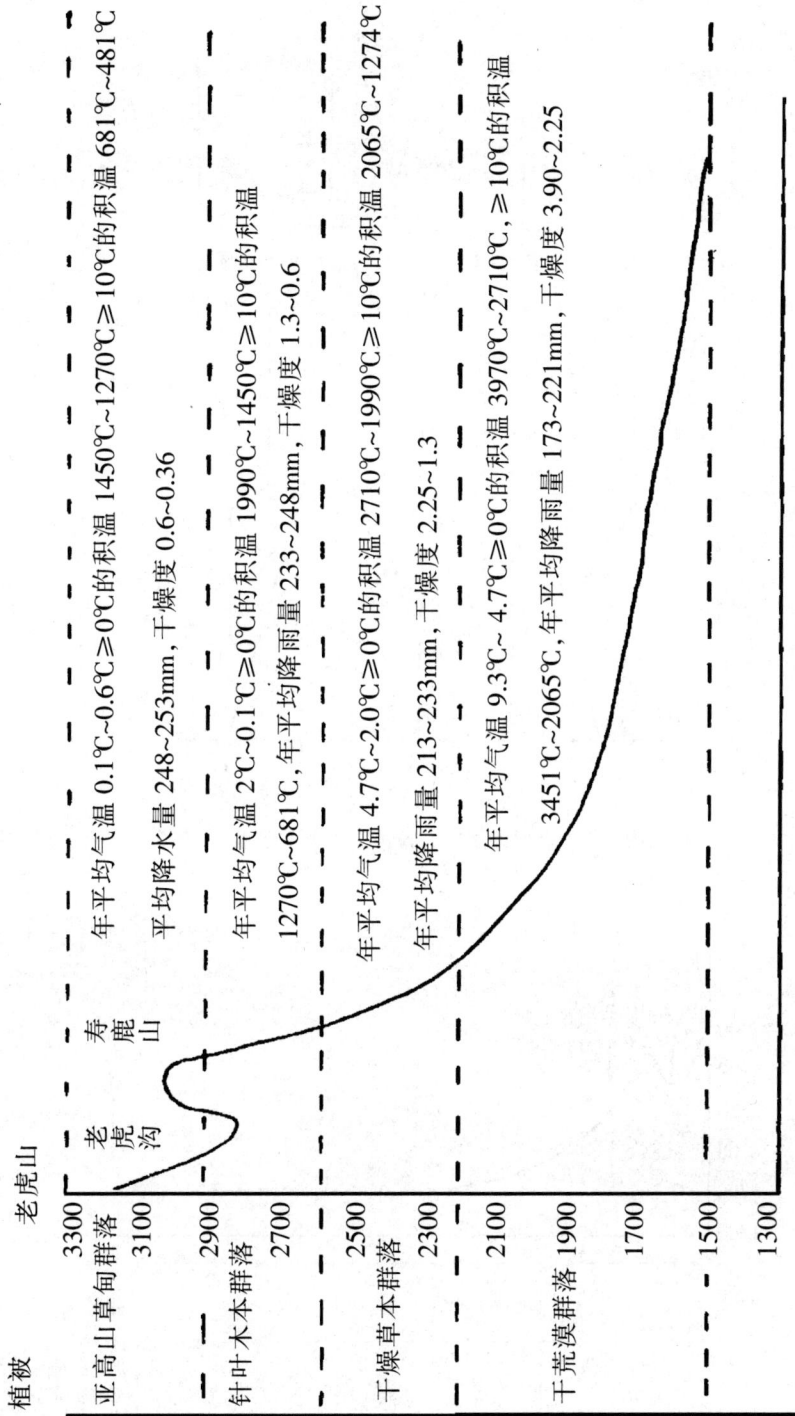

图2-1 老虎山生物——气候垂直分布示意图

（水平比例尺 1:40万）

植被　　老虎山

亚高山草甸群落　　年平均气温 0.1℃~0.6℃≥0℃的积温 1450℃~1270℃ ≥10℃的积温 681℃~481℃ 平均降水量 248~253mm，干燥度 0.6~0.36

针叶木本群落　　年平均气温 2℃~0.1℃≥0℃的积温 1990℃~1450℃≥10℃的积温 1270℃~681℃，年平均降雨量 233~248mm，干燥度 1.3~0.6

干燥草本群落　　年平均气温 4.7℃~2.0℃≥0℃的积温 2710℃~1990℃≥10℃的积温 2065℃~1274℃ 年平均降雨量 213~233mm，干燥度 2.25~1.3

干荒漠群落　　年平均气温 9.3℃~ 4.7℃≥0℃的积温 3970℃~2710℃，≥10℃的积温 3451℃~2065℃，年平均降雨量 173~221mm，干燥度 3.90~2.25

寿鹿山　老虎沟

3300　3100　2900　2700　2500　2300　2100　1900　1700　1500　1300

北 ←——→ 南

3300

亚高山灌丛草甸 { 金露梅 银露梅 大叶杜鹃 小叶杜鹃 花皮柳

亚高山灌丛草甸土

3100

亚高山草甸土

亚高山草甸群落 { 矮嵩草 线叶嵩草 珠芽蓼

2800

针叶木本 群落 { 青海云杉 祁连圆柏

灰褐土

黑钙土

草甸草原 { 矮嵩草 珠芽蓼 短花针茅

干燥草本群落 { 短花针茅 大针茅 克氏针茅 冷蒿

栗钙土

2500

栗钙土

干燥草木群落 { 短花针茅 大针茅 克氏针茅 冷蒿

2300

荒漠化草原群落 { 短花针茅 驴驴蒿 栉叶蒿 红砂 珍珠

灰钙土

2100

灰钙土

荒漠化草原群落 { 短花针茅 驴驴蒿 珍珠 红砂

1900

干荒漠群落 { 珍珠 红砂 合头草 假木贼

淡灰钙土

淡灰钙土

干荒漠群落 { 珍珠 红砂 盐爪爪 假木贼

1600

(海拔:米)

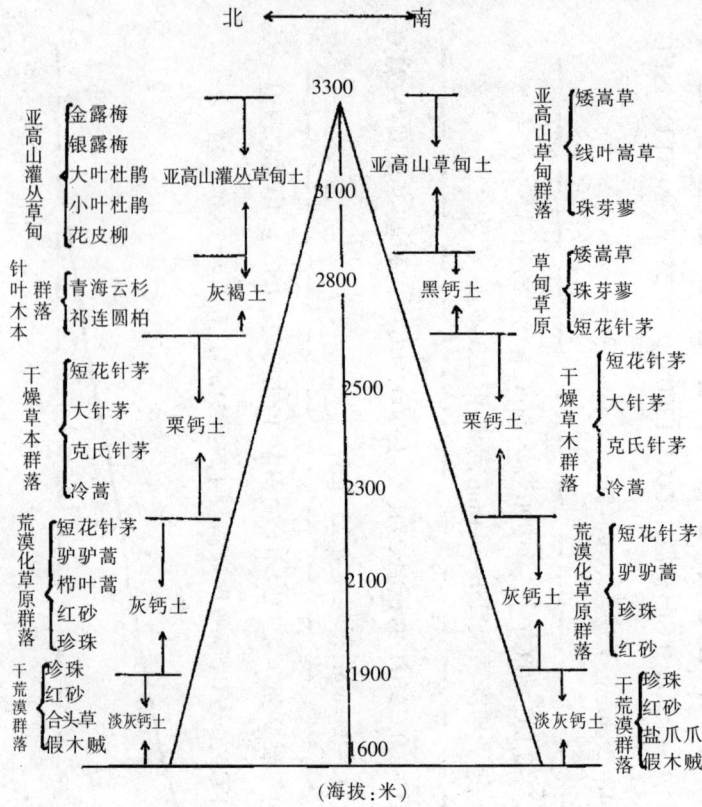

图2-2 老虎山土壤—植被垂直带谱示意图

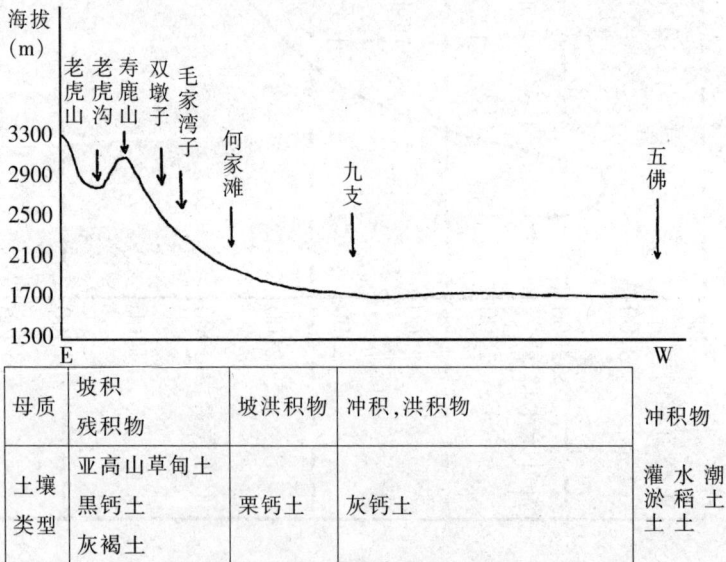

海拔(m)

老虎山 老虎沟 寿鹿山 双墩子 毛家湾子 何家滩 九支 五佛

3300
2900
2500
2100
1700
1300

E ——— W

母质	坡积 残积物	坡洪积物	冲积,洪积物	冲积物
土壤 类型	亚高山草甸土 黑钙土 灰褐土	栗钙土	灰钙土	灌淤土 水稻土 潮土

图2-3 土壤分布断面图

(三)省县土壤分类系统对照

根据国标中国土壤分类与代码(GB/T17296-2000),将景泰县原有土种名称与甘肃省土种名称及国家标准对照进行重新整理后,全县土壤共划分为 14 个土类,19 个亚类,34 个土属,44 个土种(土壤图见附图 03,景泰县土壤省县名称对照见表 2-1)。

表2-1　景泰县省县土壤名称对照表

省土类名称	省亚类名称	省土属名称	省土种名称	归并代码	县土壤名称	县土壤代码	面积 (hm²)
灰褐土	石灰性灰褐土	黄土质石灰性灰褐土		C3141100	石灰性灰褐土	ⅧAa	1991.17
黑钙土	石灰性黑钙土	黄土质石灰性黑钙土		D1131100	残积坡积黑钙土	ⅨAa	7241.59
		耕种石灰性黑钙土	破皮钙黑土	D1131225	耕种黑钙土	ⅨAb	1784.6
栗钙土	暗栗钙土	黄土质暗栗钙土		D2121100	暗栗钙土	ⅦAa	4515.94
		耕种暗栗钙土	破皮暗栗土	D2121215	耕种暗栗钙土	ⅦAb1	641.99
			覆砂暗栗土	D2121299	覆砂暗栗钙土	ⅦAb2	6600.95
	淡栗钙土	黄土质淡栗钙土		D2131100	淡栗钙土	ⅦCa	9100.77
		耕种淡栗钙土	破皮淡栗土	D2131213	耕种淡栗钙土	ⅦCb1	1273.2
			其他黄土质淡栗钙土	D2131299	覆砂淡栗钙土	ⅦCb2	2860.24
	典型栗钙土	黄土质栗钙土		D2111100	栗钙土	ⅦBa	11 482.94
		耕种栗钙土	破皮栗土	D2111314	耕种栗钙土	ⅦBb1	1242.91
			覆砂栗钙土	D2111315	覆砂栗钙土	ⅦBb2	8079.69
灰钙土	灰钙土	黄土质灰钙土		E2111100	灰钙土	ⅠAa	20 117.48
		耕灌灰钙土	水地灰白土	E2111213	灌溉灰钙土	ⅠAb	552.59
			旱地灰白土	E2111312	洪漫灰钙土	ⅠAc1	1489.12
					耕种灰钙土	ⅠAc2	3464.32
		耕种灰钙土			覆砂灰钙土	ⅠAc3	4459.61
			旱砂灰白土	E2111311	覆砂中层灰钙土	ⅠAc4	51 516.84
					覆砂薄层灰钙土	ⅠAc5	351.63
	淡灰钙土	淡灰钙土		E2121100	淡灰钙土	ⅠBa	54 819.64
		灌溉淡灰钙土	绵白土	E2121211	壤体灰黄土	ⅠBb1	20 291.92
					上位夹砾灰黄土	ⅠBb2	400.13

景泰县耕地质量评价

省土类名称	省亚类名称	省土属名称	省土种名称	归并代码	县土壤名称	县土壤代码	面积(hm²)
					中位夹砾灰黄土	ⅠBb3	740.78
					砾底薄层灰黄土	ⅠBb4	2983.07
					砾底中层灰黄土	ⅠBb5	549.81
					砾底厚层灰黄土	ⅠBb6	10443.58
					红砂底薄层灰黄土	ⅠBb7	285.5
					红砂底中层灰黄土	ⅠBb8	1073.56
					红砂底厚层灰黄土	ⅠBb9	11477.1
					沙底灰黄土	ⅠBb10	2599.43
					沙化灰黄土	ⅠBb11	240.99
		耕种淡灰钙土	旱地绵白土	E2121313	洪漫淡灰钙土	ⅠBc1	2101.13
					耕种淡灰钙土	ⅠBc2	865.1
			旱砂绵白土	E2121311	覆砂淡灰钙土	ⅠBc3	9703.9
					覆砂中层淡灰钙土	ⅠBc4	2914.31
					覆砂薄层淡灰钙土	ⅠBc5	1806.09
	盐化灰钙土	盐化灰钙土	破皮盐性灰白土	E2141211	弱盐化灰钙土	ⅠCa1	1093.73
					中盐化灰钙土	ⅠCa2	3788.19
					强盐化灰钙土	ⅠCa3	26.64
新积土	典型新积土	石灰性山洪土		G1311200	石灰性新积土	ⅥAa	9045.66
					砂砾质新积土	ⅥAb	15670.32

续表2-1

省土类 名称	省亚类 名称	省土属 名称	省土种 名称	归并代码	县土壤 名称	县土壤 代码	面积(hm²)
风沙土	荒漠风沙土	荒漠固定 风沙土		G1511100	固定风沙 土	ⅩⅢCa	13004.41
		荒漠半固 定风沙土		G1511200	半固定风 沙土	ⅩⅢBa	2804.35
		荒漠流动 风沙土		G1511300	流动风沙 土	ⅩⅢAa	2766.18
粗骨土	钙质粗骨土	灰泥质钙 质粗骨土		G2531100	钙质粗骨 土	ⅫAa	50897.15
石质土	钙质石质土	灰泥质钙 质石质土		G2631100	钙质石质 土	ⅪAa	173960.96
黑毡土	典型黑毡土	黑毡壤土		M1211400	亚高山草 甸土	ⅩAa	5118.28
	棕黑毡土	棕黑毡壤 土		M1231300	亚高山灌 丛草甸土	ⅩBa	1072.18
潮土	潮土	二潮土	平茬二潮 土	H2131121	潮土	ⅡAa	104.03
		上潮土	平茬上潮 土	H2131217	壤质上潮 土	ⅡAb1	87.19
			底砂上潮 土	H2131218	底砂上潮 土	ⅡAb2	93.4
		下潮土	平茬下潮 土	H2131325	壤质下潮 土	ⅡAC	42.58
草甸盐土	典型草甸盐 土	氯化物草 甸盐土		K1111100	氯化物-硫 酸盐	ⅩⅣAa	29.8
		硫酸盐草 甸盐土		K1111200	硫酸盐-氯 化物	ⅩⅣAb	3071.46
水稻土	潜育水稻土	潜育水稻 土	烂泥田	L1142299	臭积泥土	ⅣAa	274.1
灌淤土	灌淤土	薄层灌淤 土	底砂薄淤 土	L2111299	底砂薄灌 淤土	ⅢAa1	174.6
			薄吃劲土	L2111215	沙壤质薄 灌淤土	ⅢAa2	308.71
		厚层灌淤 土	厚吃劲土	L2111312	壤质厚灌 淤土	ⅢAb	396.93
灌漠土	灰灌漠土	厚层灰灌 漠土	厚层灰平 土	L2221212	壤质厚层 灌漠土	ⅤAa1	86.82
			底砂厚灰 灌土	L2221216	底砂厚层 灌漠土	ⅤAa2	101.95
		薄层灰灌 漠土	薄层灰平 土	L2221311	壤质薄层 灌漠土	ⅤAb1	64.35
			漏砂薄灰 灌土	L2221315	底砂薄层 灌漠土	ⅤAb2	54.36

二、耕地土壤

　　根据目前耕地实际种植与灌溉条件的变化情况，本次对第二次土壤普查中部分耕地土种名称进行了归并、调整。如第二次土壤普查时的淡灰钙土土属为自然土壤，1994年景电二期工程建成后，成为人为引黄灌溉耕作土壤，为此将原来的淡灰钙土土属中11个土种名称归并为灌溉淡灰钙土的11个土种名称；芦阳镇马鞍山、五佛乡原来的盐土，由于目前开挖排碱渠和耕种改良，改为弱盐化灰钙土；第二次土壤普查时的粗骨土、石质土、新积土，目前其周边地区均有零星耕种；漫水滩高墩灌漠土改为壤体灰黄土；自然土壤有部分已开垦种植。

　　景泰县耕地土壤类型有灰褐土、黑钙土、栗钙土、灰钙土、灌淤土、灌漠土、潮土、水稻土、风沙土、草甸盐土、石质土、新积土和粗骨土，共13个土类、17个亚类，31个土属，44个土种。根据2010年《景泰年鉴》，全县耕地面积4.68万hm²，各乡镇耕地土种分布情况见表2-2。

表2-2 景泰县各乡镇耕地土种分布系统表

单位：hm²

县耕地土种(属)名称	草窝滩镇	红水镇	芦阳镇	漫水滩乡	上沙沃镇	寺滩乡	五佛乡	喜泉镇	一条山镇	正路乡	中泉乡	合计
石灰性灰褐土						4.47						4.47
残积坡积黑钙土		21.35				35.6				7.09		64.04
耕种黑钙土						227.05				1.79		228.8
栗钙土		0.45				20.19				1719		1739
耕种栗钙土						59.65				11.19		70.84
覆砂栗钙土										2347		2347
暗栗钙土						31.24				277.7		309
耕种暗栗钙土		30.31								41.68		71.99
覆砂暗栗钙土		9.36								1051		1060
淡栗钙土						434.07		74.9		274.7		783.7
耕种淡栗钙土		0.18				55.81				12.25		68.24
覆砂淡栗钙土					3.65	1.45		24.4		606.9		636.4
灰钙土		0.11	76.6	0.51	9.74	1436.8		126.7			69.98	1720
灌溉灰钙土			235.54								12.94	248.5
覆砂灰钙土			22.41			504.12		259.4			28.61	814.5
覆砂中层灰钙土			11.42			430.35		617		1.14	346	1406
覆砂薄层灰钙土						8		28.47			19.66	56.13
洪漫灰钙土						81.18		84.51			37.14	202.8
耕种灰钙土						202.71		81.39			8.16	292.3
淡灰钙土	270.59	2.26	609.95	16.16	256.17	1513.4	117.3	262.3	429.33		1031	4508
壤体灰黄土	556.99	986.37	746.53	616.25	671.45	150.18	56.32	765.5	3087.62		192.4	7830
沙底灰黄土	164.14	87.9	51.56	157.31	85.56			16.11	220.19		25.94	808.7
沙化灰黄土	29.64								69.73		19.7	119.1

续表2-2

县耕地土种(属)名称	草窝滩镇	红水镇	芦阳镇	漫水滩乡	上沙沃镇	寺滩乡	五佛乡	喜泉镇	一条山镇	正路乡	中泉乡	合计
上位夹砾灰黄土		0.15	6.15	13.99								20.29
中位夹砾灰黄土	83.77		43.76			69.12		48.86	97.16			342.7
砾底薄层灰黄土	29.1	23.7	3.01	96.34	132.86	0.78	19.78	48.09	44.4		8.11	406.2
砾底中层灰黄土				16.64	40.78	8.58		6.18	32.62		12.87	117.7
砾底厚层灰黄土	24.58	610.3	170.91	789.27	172.26	347.2	29.81	441.7	455.86		223.4	3265
红砂底薄层灰黄土	50.24			4.57	1.07	0.25			11.63			67.76
红砂底中层灰黄土	179.27		15.37	14.67	47.89				16.21			273.4
红砂底厚层灰黄土	1121.59	821.47	46.12	716.24	151.08	0.13		0.12	116.02			2973
覆砂淡灰钙土			223.96			760		233.8				1218
覆砂中层淡灰钙土			153.64	2.47		121.87	34.62	26.75	11.13		77.81	428.3
覆砂薄层淡灰钙土			39.33			41.9		51.28			142.2	274.7
洪漫淡灰钙土	0.59			1.01	20.66	259.97		13.72			26.73	322.7
耕种淡灰钙土			15		0.54	35.99						51.53
弱盐化灰钙土	106.19		146.42		58.34				104.84		7.64	423.4
中盐化灰钙土			185.38				19.75		8.37			213.5
强盐化灰钙土			15.13									15.13
石灰性新积土			29.02	49.62	510.08	194.25		258			78.09	1119
砂砾质新积土	38.17	57.92	258.79	176.05	99.68	668.62	150.03	264.8	205.95	65.44	213.3	2199
固定风沙土		1263.78			10.55		119.47		40.83			1435
半固定风沙土		479.31		9.33	6.56							495.2
流动风沙土		147.31			5.72		143.32				12.34	308.7
钙质粗骨土	25.94		303.99			77.79	101.44	474.6		824.1	394.8	2203
钙质石质土	82.82	18.67	168.81	20.09	155.35	223.23	300.88	175.4	280.38	798.5	158.6	2383

续表2-2

县耕地土种（属）名称	草窝滩镇	红水镇	芦阳镇	漫水滩乡	上沙沃镇	寺滩乡	五佛乡	喜泉镇	一条山镇	正路乡	中泉乡	合计
潮土							52.14					52.14
壤质上潮土							43.68					43.68
底砂上潮土							50.62					50.62
壤质下潮土							27.61					27.61
硫酸盐-氯化物					0.25							0.25
臭积泥泥土							159.2					159.2
沙壤质薄灌灌淤土							182.36					182.4
底砂薄灌灌淤土							87.31					87.31
壤质厚灌灌淤土	25.7						91.45				67.04	184.2
壤质厚层灌灌漠土			20.73									20.73
底砂厚层灌灌漠土			12.68								18.61	31.29
壤质薄层灌灌漠土			14.22									14.22
底砂薄层灌灌漠土											26.45	26.45
合计	2789.32	4560.9	3626.43	2700.52	2440.24	8005.9	1787.1	4384	5232.27	8038	3259	46824

目前,景泰县耕地土壤中灰褐土、黑钙土区域已全部退耕还林,草甸盐土、石质土、新积土和粗骨土有零星开垦或人工造田种植,面积较小,主要耕地土壤类型为栗钙土、灰钙土、灌淤土、灌漠土、潮土、水稻土、风沙土。

(一)栗钙土

分布在 2200~2650m 的垂直区域内,包括正路乡全部、寺滩、红水镇的部分地区,耕地面积 7086.38hm²,占总耕地面积的 15.13%(栗钙土分类系统见表 2-3)。

表2-3　栗钙土分类系统

土类	亚类	土属	土种
栗钙土	暗栗钙土	暗栗钙土	
		耕种暗栗钙土	耕种暗栗钙土
			覆砂暗栗钙土
	栗钙土	栗钙土	
		耕种栗钙土	耕种栗钙土
			覆砂栗钙土
	淡栗钙土	淡栗钙土	
		耕种淡栗钙土	耕种淡栗钙土
			覆砂淡栗钙土

栗钙土在剖面形态上表现出明显的分化层次。表层为暗棕色,灰棕色腐殖质层,厚度 30~48cm 左右。下部颜色变浅呈棕、淡黄棕色,表现出有机质含量自上而下逐渐减少的特征。粒、块状结构,质地轻壤。碳酸钙以斑点状、粉末状存在,其积聚深度寿鹿山在 55~150cm 土层内,昌林山在 82~121cm 土层内。pH 值 8.32 左右,微碱性反应。土体较紧实,容重 1.2g/cm³ 左右,孔隙率 54% 左右。

栗钙土的化学性质:表层有机质平均含量 16.8g/kg,全氮平均含量 0.94g/kg,比黑钙土稍低,剖面向下则含量渐低。

1.暗栗钙土亚类

耕地面积 1441.00hm²,占栗钙土土类耕地面积的 20.33%,分布的区域范围在海拔 2500~2650m 的垂直地带,暗栗钙土剖面近似黑钙土,腐殖质层厚度约 50cm,有机质平均含量 18.9g/kg,粒状结构,点状碳酸钙,淀积层在 50cm 深处出现。

暗栗钙土亚类分 2 个土属,即暗栗钙土土属和耕种暗栗钙土土属。其中栗钙土土属为自然土壤,耕种暗栗钙土土属为旱作农业土壤。耕种暗栗钙土土属又分耕种暗栗钙土和覆砂暗栗钙土两个土种。

(1)耕种暗栗钙土

耕地面积 71.99hm²,占该土属耕地面积的 6.36%。主要分布在峡儿水、兔窝一带的陇岗低地和丘陵面上,即群众所说的"旱土地"。主要特征,养分含量较高,质地为轻壤,结构良好,适宜种植小麦、豌豆、洋芋等作物。生产上存在的主要问题是,地势高,气温低,降雨量偏少,土壤含水量低,不能满足主栽作物(小麦)的生长发育,宜推行抗旱耕作、选用早熟品种、豆田轮作等加以利用。

（2）覆砂暗栗钙土

耕地面积1060.06hm²，占该土属耕地面积的93.65%。土层深厚，腐殖质层厚度在40~60cm左右，最厚达100cm以上，耕层有机质含量18.6g/kg，全氮量1.22g/kg。有机质含量高，同时地表覆盖20cm左右的砂砾层，对土壤起着抗旱保墒、提高地温的作用，是正路乡的主要旱作农业土壤，适宜种植小麦、豌豆、洋芋等作物，但由于速效氮磷极缺，需施氮磷化肥，并采取抗旱保墒措施，才能保证作物高产稳产。

2.栗钙土亚类

耕地面积4156.98hm²，占该土类耕地面积的58.66%。主要分布在正路乡、寺滩乡、红水镇。分为栗钙土土属和耕种栗钙土土属，前者为自然土壤，后者为旱耕土壤。耕种栗钙土土属又分为两个土种。

（1）耕种栗钙土

耕地面积70.84hm²，多分布于寺滩宽沟、单墩子一带，属旱土地。此类土壤土层厚度80cm左右，养分较高，疏松多孔。因降雨量稀少，土壤含水量低，对农作物生长不利，所以铺压砂田，地膜覆盖，实行农牧结合，建立粮草轮作制度，是土壤改良利用的主要措施。

（2）覆砂栗钙土

主要分布在正路乡，耕地面积2346.54hm²，占该土属耕地面积的97.06%。覆砂栗钙土的耕层有机质含量15.8g/kg，全氮1.24g/kg，有效磷7.9mg/kg，速效钾较高，为191mg/kg。是正路乡的主要农业土壤。由于土壤水分不足，对农作物生长威胁较大，产量较低，应选用抗旱耐瘠品种，同时积极更新砂田或覆盖地膜，提高土壤的蓄水保墒能力。

3.淡栗钙土亚类

分布于宽沟以下至杨家庄子一带、正路乡红岘、大安乡石羊沟等地，耕地面积1488.40hm²，占该土类耕地面积的21.00%。与栗钙土相比，腐殖质层变薄，含量减少，有机质14.3g/kg，全氮0.93g/kg，碳酸钙明显增加。

淡栗钙土亚类分淡栗钙土和耕种淡栗钙土两个土属，淡栗钙土属是自然土壤，耕种淡栗钙土是耕作土壤，分为两个土种。

（1）耕种淡栗钙土

耕地面积68.24hm²，占该土属耕地面积的9.68%，分布于永泰川、红岘、黄崖、大甘沟等地。该土种在生产上的主要障碍因素是土壤含水量低、养分缺乏，农业生产很难保证。改良利用的关键措施是，改革耕作制度，实行垄膜集雨、轮歇种植、草田轮作，做到用地养地并重，合理利用资源。

（2）覆砂淡栗钙土

耕地面积636.35hm²，占该土属耕地面积的90.30%。该土种与耕种淡栗钙土相比，因覆砂层具有抗旱保墒的特点，粮食产量有一定收成。耕层养分含量全氮0.87g/kg，有效磷23.3mg/kg，速效钾120mg/kg。

（二）灰钙土

灰钙土分布在海拔1300~2200m的区域内，是我县分布范围最广，面积最大的土壤类型，耕地面积28 419.15hm²，占总耕地面积的60.69%。

　　灰钙土由于受干旱、少雨、多风、蒸发强烈等气候因素的影响，植被稀疏，属于荒漠草原类型，覆盖度一般15%~30%左右。地表常有较薄的假结皮，并附生苔藓、地衣，部分地段风蚀严重，常有小沙丘覆盖。在土壤的形成过程中，表层有机质矿化作用较快，腐殖质积累较少。从剖面的形态来看，剖面分化很弱，发生层次不明显，表层0~20cm，颜色浅棕色，以下为淡黄棕、淡棕色，质地通层为粉砂壤土，结构呈块状，新生体以斑点状在20cm以下出现，并在40~114cm以下大量积聚，还可见石膏结核积聚。向下逐渐增多。

　　灰钙土的化学性质：0~20cm有机质含量为13.5g/kg，全氮0.8g/kg，C/N比值6.62，全磷1.33g/kg，有效磷18.1mg/kg。随剖面深度增加养分降低，石膏含量则增加，碳酸钙含量由表层119.7g/kg，在深度40~117cm明显淀积，含量达158.1g/kg，比上下相邻层次高1.3倍和1.2倍。颗粒组成通层较均一，为粉砂壤土。我县灰钙土分类系统见表2-4。

表2-4　灰钙土分类系统

土类	亚类	土属	土种
灰钙土	灰钙土	灰钙土	
		灌溉灰钙土	灌溉灰钙土
		耕种灰钙土（旱作）	洪漫灰钙土
			耕种灰钙土
			覆砂灰钙土
			覆砂中层灰钙土
			覆砂薄层灰钙土
	淡灰钙土	灌溉淡灰钙土	壤体灰黄土
			上位夹砾灰黄土
			中位夹砾灰黄土
			砾底薄层灰黄土
			砾底中层灰黄土
			砾底厚层灰黄土
			红砂底薄层灰黄土
			红砂底中层灰黄土
			红砂底厚层灰黄土
			沙底灰黄土
			沙化灰黄土
		耕种淡灰钙土	洪漫淡灰钙土
			耕种淡灰钙土
			覆砂淡灰钙土
			覆砂中层淡灰钙土
			覆砂薄层淡灰钙土
	盐化灰钙土	盐化灰钙土	弱盐化灰钙土
			中盐化灰钙土
			强盐化灰钙土

1.灰钙土亚类

耕地面积4740.58hm²,占灰钙土土类耕地面积的16.68%。灰钙土亚类依据本区域性影响所引起的土壤差异,将该亚类分为灰钙土、灌溉灰钙土、耕种灰钙土三个土属,其中灌溉灰钙土土属分一个土种,耕种灰钙土土属分5个土种,分述如下。

(1)灌溉灰钙土

主要分布在寺滩乡、喜泉镇等地的泉水灌溉区,耕地面积为248.48hm²。这类土壤多分布于地形比较低洼的地区,土层较厚,一般在150cm左右。耕作层18~25cm,土壤肥沃,质地稍黏,保水保肥性能良好。

(2)洪漫灰钙土

主要分布在喜泉镇、中泉乡的崇华沟各支沟的谷地,耕地面积202.83hm²,占该土属耕地面积的7.32%。土壤的形成过程属拦洪淤积而成,土层深厚,疏松多孔,质地均一,肥力较高。表层土壤有机质含量为11.4g/kg,全氮0.82g/kg,有效磷15.6mg/kg,碳酸钙通体均一。

(3)耕种灰钙土

耕种灰钙土属旱地,耕地面积292.26hm²,占该土属耕地面积的10.54%,这类土壤多为"撞田",即有雨就种,无雨轮歇,虽然土壤的有效土层在50~100cm之间,质地良好,轻壤土,土壤养分含量较低。有机质14.6g/kg,全氮0.64g/kg,全磷1.78g/kg。土壤中含水量低,农业生产很难保证,干旱年份甚至绝收。

(4)覆砂灰钙土,覆砂中层灰钙土,覆砂薄层灰钙土

三个土种同属表层铺压砂田,是按有效土层进行划分的。覆砂灰钙土的土层大于60cm,耕地面积为814.51hm²。覆砂中层土层30~60cm,耕地面积1405.97hm²。覆砂薄层土层小于30cm,耕地面积56.13hm²,这三个土种共计2276.61hm²,主要分布在寺滩、永泰川一带。覆砂灰钙土土壤耕层有机质含量13.3g/kg,全氮0.60g/kg,有效磷5.6mg/kg,速效钾154mg/kg,由于缺水,粮食产量很低。

2.淡灰钙土亚类

分布在海拔1300~1800m的广大地区,包括属景电一期灌区的寺滩部分,草窝滩、兴泉滩、中电灌区的脑泉沟各阶地,景电二期灌区的漫水滩、边外滩等地,耕地面积23 026.59hm²,占灰钙土土类耕地面积的81.02%。淡灰钙土的剖面特征,地表有多角形龟裂结皮层,厚约1~2cm,呈鳞片状结构,土壤通体紧实,土色较浅,呈黄棕色,有机质含量13.6g/kg,碳酸钙含量较高,具中深位盐渍化特点。

淡灰钙土亚类分为淡灰钙土、灌溉淡灰钙土和耕种淡灰钙土3个土属。

(1)淡灰钙土土属

耕地面积为4508.22hm²,占该亚类耕地面积的19.58%,为自然土壤。

(2)灌溉淡灰钙土土属

耕地面积为16 223.25hm²,占该亚类耕地面积的70.45%。包括景电一期灌区、景电二期灌区、中电灌区。该土属是淡灰钙土区域内人为引黄灌溉耕作的土壤,是我县主要的农耕区,也是我县农业精华之地。土壤的特点是,由于灌溉耕作的时间短,因而耕层熟化不明显,耕层有机质含量13.7g/kg,全氮0.80g/kg,有效磷18.5mg/kg。根据土壤的土体构型,质

地及障碍因素及在土体内出现部位的高低,将灌溉淡灰钙土分为 11 个土种。

壤体灰黄土

耕地面积 7829.67hm²,占该土属耕地面积的 48.26%。景电一期灌区主要分布在八道泉沙河以南的建工局、兰石、白银公司,兰炼农场一带、陈庄村、八道泉村一带面积亦大;景电二期灌区主要分布在四个山、刘家窑、漫水滩村庄以西一带。该土属是最好的农业土壤,全剖面通体壤质(沙壤、轻壤、中壤),保水保肥性能良好,微碱性。适宜种植多种农作物。耕作层有机质平均 14.0g/kg,全氮 0.82g/kg,有效磷 18.8mg/kg。增施有机质肥料,合理施用化肥,实施秸秆还田,是土壤培肥、增产增收的关键措施。

上位夹砾,中位夹砾灰黄土

上位夹砾灰黄土 20.29hm²,中位夹砾灰黄土 342.67hm²,分别占该土属耕地面积的0.13%、2.11%。主要分布在景电二期灌区的漫水滩乡北崖、富民、新井、红砂岘村一带。这两种土壤的共同特征是:质地轻壤、中壤,块状结构,耕性好,但土体中有 10~30cm 的洪积砂砾石,直接影响土壤水分的运行,因而土壤的保水保肥性能差。尤其是上位夹砾灰黄土,由于砂砾层在土体 30~60cm 出现,土壤漏水漏肥严重,作物常因缺水脱肥而减产。改土方面采用垫客土加厚土层;在栽培管理上,灌水注重勤灌少灌,做好保墒工作,施肥少量多次。

砾底薄层灰黄土

耕地面积 406.17 万 hm²,占该土属耕地面积的 2.50%。分布于景电一期的九支一带的洪积小岗地,汽修一厂农场;景电二期的红水镇城华、永丰村等处,土层薄,厚度小于30cm。宜于种草养畜。

砾底中层灰黄土

耕地面积 117.67hm²,主要分布于景电一期的九支渠、八支渠一带,条山农场;景电二期的漫水滩乡富民村以东等处。本土种土层厚度 30~60cm、块状结构,大多数属轻壤质,耕性良好。剖面下部有砾石层,因而易于灌水洗盐,但有漏水漏肥的隐患,养分含量仍然较低。

砾底厚层灰黄土

耕地面积 3265.28hm²,占该土属耕地面积的 20.13%。主要分布于景电一期的九支渠、八支渠一带,条山农场;景电二期的漫水滩乡富民村以东等处。砾底厚层灰黄土种,属我县灌区较好的土壤之一,可种植小麦、玉米、胡麻、瓜类等多种农作物,主要特征:土层较厚,一般 60~100cm,质地壤质,土质疏松,易于耕作,通气良好,剖面下部有砾石层,易漏水漏肥,不易抗旱保墒,易淋溶盐分土壤一般无盐化现象。农业生产中,应增施有机肥料、秸秆还田,合理施用化肥;节水灌溉技术上采用地膜覆盖、秸秆覆盖,改变大水串灌漫灌的习惯,采用少灌勤灌的办法,以合理改良与利用土壤。

红砂底薄层、红砂底中层、红砂底厚层灰黄土

耕地面积 3313.94hm²,占该土属耕地面积 20.43%。主要分布于景电一期灌区的黑咀子滩,万里农场、兰化农场,草窝滩镇西和村以东一带亦有分布;景电二期灌区的红水镇的羊城、泰安,漫水滩乡的富民、红山村等处。从三个土种的剖面形态来看:相同之处是在土体的下部分第三纪的红锈砂层,极为坚硬,富含盐类,不宜透水,宜于返盐,易使作物遭受

盐害,成为农业生产的主要障碍因素。不同之处首先是红砂底薄层有效土层小于30cm,中层30~60cm,厚层大于60cm。其次,红砂底中层灰黄土耕层有机质含量13.4g/kg、全氮0.76g/kg,有效磷14.8mg/kg,红砂底厚层灰黄土耕层有机含量12.8g/kg。全氮0.76g/kg,有效磷16.7mg/kg。种植草木樨等深根绿肥作物,以达打破红锈砂层,使土壤尽快脱盐,还可培肥地力,增加养分,以改良土壤提高土壤肥力。

沙底灰黄土

耕地面积808.71hm²,占该土属耕地面积的4.98%。多分布于景电一期灌区的草窝滩、兰化农场一带和九支、条山农场地区的沙河出口处及两旁和二期灌区的红水镇的羊城、泰源村等处。该土种的特征是在剖面的下部(60cm以下)有一层沉积砂。这种土体构型在灌溉时可起到淋洗盐类且不宜返盐的作用。但保水、保肥性能差,养分易于损失。耕层有机质12.7g/kg,全氮0.74g/kg,全磷1.28g/kg,有效磷17.0mg/kg。改良利用同砾底厚层灰黄土。

沙化灰黄土

耕地面积119.07hm²,分布于八道泉等地,该土种表层覆盖20cm的现代风积沙,其下为壤质土层。这类土壤覆沙层较厚,影响耕层的保水保肥性,对作物生长发育不利。应大量施用有机肥料,并采取拦洪淤泥等措施增加土壤的细粒部分,改善土壤的物理性质。

(3)耕种淡灰钙土土属

该土属是淡灰钙土亚类区域内,从事旱作农业的土壤。耕地面积2295.12hm²,占淡灰钙土亚类耕地面积9.97%。包括五个土种。

洪漫淡灰钙土

耕地面积322.68hm²,多分布在寺滩黄崖坝及马昌山山麓丘间谷地、小营盘水、边外滩的陇岗低地都有分布。洪漫淡灰钙土长期受洪水漫淤作用的影响,土层深度和质地较均一,肥力稍高。

耕种淡灰钙土

耕地面积51.53hm²,主要指分布于米家山、马昌山的旱土地。在农业生产上属有雨即种、无雨撂荒的土壤,因而耕层养分低,土壤属性基本上保持着自然土壤之特征。应弃耕还牧,发展畜牧。

覆砂淡灰钙土、覆砂中层淡灰钙土、覆砂薄层淡灰钙土

三个土种的耕地面积依次是:1217.74hm²、428.29hm²、274.67hm²。属我县旱耕地面积最大的土壤。分布在寺滩乡的一部分,喜泉镇的中心村、大水和沙墩子,中泉乡的周家闸、红山帮一带。三个土种的共同特点是:土壤表层覆盖20cm左右的砂砾层,土壤经常处于砂层的保护之下,不进行耕作施肥,在生产上却具有蓄水保墒,提高地温的作用。土壤的有效土层存在较大的差异。覆砂薄层淡灰钙土土层小于30cm,覆砂中层淡灰钙土土层30~60cm,覆砂厚层淡灰钙土土层大于60cm。目前,部分已退耕还林,部分仍耕种。耕种地做好砂田的起老更新,增加土壤蓄水保墒能力,是作物增产的主要措施。

3.盐化灰钙土亚类

耕地面积651.99hm²,占灰钙土土类耕地面积的2.29%。我县盐化灰钙土的形成主要是在灌区低洼地形条件下,含有淋溶盐分的灌溉渗漏水自地势高处向低洼处渗透汇集,使地下水位上升,毛细管作用和强烈的蒸发作用使部分地段的土壤盐分向表土层积聚而形成。盐化灰钙土主要分布在洪积扇下部的上沙沃、草窝滩、芦阳三镇。其特征:地表具盐霜或盐结皮层,厚1~2cm,0~100cm土层内平均含盐量4~20g/kg,盐化灰钙土亚类仅有一个土属基本性状同亚类,分为三个土种。

(1)弱盐化灰钙土

耕地面积423.43hm²,占该土属耕地面积的64.94%,分布于草窝滩镇的陈槽、杨庄和红跃村、芦阳镇城北墩、东新、响水、东关分布较多。其特征是:0~100cm土层内的平均含盐量在4~7g/kg,盐斑缺苗减产10%~30%。弱盐化灰钙土的盐分组成以硫酸盐为主,部分地段以硫酸盐—氯化物为主,对农作物有一定危害。

(2)中盐化灰钙土

耕地面积213.50hm²。占该土属耕地面积的32.75%。分布于地势低洼的兰炼农场,马鞍山等地,地表有盐霜和盐结皮层。0~100cm土体内含盐量在7~15g/kg之间,农作物生长受到抑制,盐斑缺苗减产30%~50%。土壤改良应以工程措施为主,灌排结合控制地下水位。其次,利用化学改良剂,生物改良种植绿肥等措施,加速土壤脱盐。

(3)强盐化灰钙土

耕地面积15.13hm²,占该土属耕地面积的2.32%。分布于梁家槽子、八道泉、红柳槽子等处。由于地形条件的限制,排水不畅,地下水位在50cm左右,致使土壤积盐甚多,0~100cm土层内平均含盐量在15~20g/kg之间,目前无法耕种而弃耕,宜于放牧。

(三)灌淤土

耕地面积453.80hm²,占总耕地面积的0.97%。分布于五佛滩、龙湾等地。灌淤土是在引黄河水灌溉的情况下,由含大量泥沙的河水灌溉落淤与耕作施肥交迭作用,形成具有一定厚度灌淤土层的土壤。在剖面的上部形成一层较明显的灌淤土层,厚度一般50cm,最厚达120cm,肥力较高。

灌淤土的剖面由现代灌淤层、犁底层和少受现代耕作影响的老耕作层组成。颜色、质地、结构比较均一,并有碳屑、煤渣等人为活动的遗物,而且在30cm土层内有蚯蚓洞穴。

灌淤土的理化性质:有机质下延较深,$CaCO_3$、pH值、阳离子代换量沿剖面分布比较均匀。机械组成分析结果表明:剖面各层次物理性砂粒在20%~30%之间,物理性粘粒在70%~80%范围之内。质地均匀,属轻壤土。盐分组成以硫酸盐为主,含盐量在0.83~1.0g/kg之间,但无盐渍化现象。我县灌淤土分类系统见表2-5。

表2-5　灌淤土分类系统

土类	亚类	土属	土种
灌淤土	灌淤土	薄灌淤土	底沙灌淤土
			沙壤质灌淤土
		厚灌淤土	壤质厚灌淤土

1.薄灌淤土属

耕地面积269.67hm²,占该亚类耕地面积的59.42%。薄灌淤土耕种时间短,灌淤层30~

60cm,质地稍粗。根据薄灌淤土的土体构型、质地,将分为底沙薄灌淤土,沙壤质薄灌淤土2个土种。

(1)底沙薄灌淤土

耕地面积87.31hm²,占该土属耕地面积的32.38%。剖面特征:灌淤层30cm左右。呈暗棕、灰棕色,质地沙壤,粒块状结构,剖面的底部为沉积沙。土壤疏松,耕性良好,但保水保肥性能差。

(2)沙壤质薄灌淤土

主要分布在五佛苗圃一带,耕地面积182.36hm²,占该土属耕地面积的67.62%。本土种灌淤层30cm左右,为暗灰棕色,粒块状结构。剖面通体(150cm)为沙壤,养分状况:耕层有机质11.9g/kg,全氮0.96g/kg,有效磷24.1mg/kg。表层土体的平均含盐量2.04g/kg。质地较粗,保水保肥性差,采取客土以调整质地和增施肥料,土壤可得到改良。

2.厚灌淤土土属

耕地面积184.13hm²,占该亚类耕地面积的40.58%,分布于五佛泰和、老湾等地,灌淤层大于60cm,土壤熟化程度高。质地较粗,沙壤质。通透性能好,结构良好,耕性较好,是灌淤土中较肥沃的土壤,适种作物广。

厚灌淤土属,依据其剖面构型,质地分为1个土种,即壤质厚灌淤土。土壤改良利用采取增施有机肥,秸秆还田,深耕晒垡,可获得良好的收成。

(四)潮土

分布在五佛兴水一带地形较低洼处,耕地面积174.07hm²,占总耕地面积的0.37%。潮土的形成除受人为长期耕种熟化作用的影响外,受地下水的影响较大。潮土的剖面特征:既有较厚的灌淤层,又有受地下水影响的潮化层。剖面通体颜色、质地、结构均一。在26cm以下有锈纹斑新生体出现,显示出潮土所特有的形态特征。

潮土的表层土体有机质含量为13.4g/kg,全氮0.70g/kg,耕层有效磷含量16.2mg/kg,碳酸钙沿剖面明显下移。pH值8.17,一般无盐渍化现象。我县潮土分类系统见表2-6。

表2-6　潮土分类系统

土类	亚类	土属	土种
潮土	潮土	潮土	潮土
		上潮土	壤质上潮土
			底沙上潮土
		下潮土	壤质下潮土

1.潮土属

耕地面积52.17hm²,仅一个土种,即潮土。耕层有机质含量13.4g/kg,全氮0.70g/kg,全磷1.14g/kg,有效磷16.2mg/kg,碳酸钙沿剖面略有下移,pH值8.17,显微碱性。

2.上潮土属

分布在五佛碱渠以东的兴水等地,耕地面积94.29hm²,占该亚类耕地面积的54.17%。地下水位或锈纹斑出现在100cm以上,春秋季节返潮,土性凉、耕层有机质稍高。分两个土种。

壤质上潮土、底沙上潮土

两个土种土壤属性基本相同,但剖面构型前者通层为壤质,后者在剖面底部为沉积沙层,保肥性能差。壤质上潮土面积 43.68hm²,底沙上潮土面积 50.62hm²。耕作层有机质含量 7.2g/kg,全氮 0.45g/kg,全磷 0.90g/kg,有效磷 23.3mg/kg。注重排水,降低地下水位和排除低洼地季节性积水,以稳定土壤水分状况,是实现作物增产的主要措施。

3.下潮土属

只有壤质下潮土 1 个土种,分布于老湾、泰和一带,耕地面积 27.62hm²。其特征是地下水位或锈纹斑出现在 1.5~2m 左右。质地通体壤质。养分含量高,耕性良好,是五佛的主要农业土壤。防止土壤板结和次生盐渍化,巩固和提高土壤肥力是这类土壤的主要问题,因此,采取增施肥料,进行伏耕和秋耕晒地以及加强灌溉管理,生产潜力很大。

(五)水稻土

耕地面积 159.16hm²,占全县总耕地面积的 0.34%,仅在五佛泰和、老湾等处的封闭洼地分布。属沼泽起源型的水稻土,后经人为不断的灌溉积淤,水耕熟化作用而成。剖面的发生层次由耕作层、古耕作层、潜育层—淀积层、母质层组成。犁底层因长期受铁锨耕翻而不明显。

水稻土的理化性质:耕作层有机质含量 15.2g/kg,向下逐渐增高至潜育层达 44g/kg。母质层较低为 7.9g/kg。质地由表层的轻壤变为轻黏土。水稻土所处地形条件的限制,排灌不畅,因而出现盐渍化现象。盐分类型以氯化物—硫酸盐为主。我县水稻土分类系统见表2-7。

表2-7　水稻土分类系统

土类	亚类	土属	土种
水稻土	潜育性水稻土	冲洪积潜育水稻土	臭积泥土

(六)灌漠土

分布在芦阳—响水一带的古老灌区,中泉等地的泉水灌区也有零星分布,耕地面积 92.67hm²,占总耕地面积的 0.20%。灌漠土地处荒漠地区,主要依靠泉水灌溉和引洪灌溉淤积,加之长期的农业生产活动(如耕作、施用有机肥料),使土壤的性质有了很大的改善,从而改变了土壤的原来特性。

灌漠土的剖面由现代耕作熟化层、犁底层(不甚明显)、古老熟化层、母质层组成,熟化层的厚度一般 50cm 左右,最厚达 150cm。全剖面颜色呈暗棕色,粒块状结构。质地沙壤—轻壤,疏松多孔。

灌漠土的化学性质:耕层土壤有机质 14.0g/kg,全氮 0.44g/kg,pH 值 8.60,微碱性反应。盐分类型以硫酸盐—氯化物为主,大部分地区无盐渍化现象,局部地方有盐化特征。我县灌漠土分类系统见表2-8。

表2-8　灌漠土分类系统

土类	亚类	土属	土种
灌漠土	灌漠土	厚灌漠土	壤质厚层灌漠土
			底砂厚层灌漠土
		薄灌漠土	壤质薄层灌漠土
			底砂薄层灌漠土
	盐化灌漠土	盐化灌漠土	弱盐化灌漠土

1.厚灌漠土属

耕地面积52.00hm²，占该亚类耕地面积的56.11%。熟化度较高，灌耕熟化层大于60cm。从土体构型来看，质地颜色具均一性，通透性能良好。养分含量较高，耕层有机质含量在13.2g/kg之间，全氮0.83g/kg，有效磷27.7mg/kg。

（1）壤质厚层灌漠土

耕地面积为20.73hm²，占该土属耕地面积的39.87%。主要分布于芦阳大园子,生地台子,东风下滩等阶地上。土层深厚且通体壤质,肥力高。耕性较好,蓄水保墒力强。耕层有机质一般20.9g/kg,全氮0.41g/kg,有效磷21.1mg/kg。一般无盐化特征。如增施肥料,深耕曝晒,精耕细作,即可获得较好的收成。

（2）底砂厚层灌漠土

耕地面积31.29hm²，占该土属耕地面积的60.17%。分布于芦阳张家台子等处。其主要特征是,在剖面60cm以下,有宜于透水的沙层。土壤的熟化度仍然较高,耕层有机质含量22.6g/kg左右,全氮0.91g/kg,有效磷26.4mg/kg。在改良上,要采取增施肥料和种植绿肥等措施,另外,合理灌溉,防止次生盐渍化的发生。

2.薄灌漠土属

耕地面积40.67hm²,占该亚类耕地面积的43.89%。该土属由于耕种历史尚短,因而熟化层小于30cm。主要分布在中泉乡的尾泉、胡麻水等泉水灌溉区。

（1）壤质薄层灌漠土

耕地面积14.22hm²,占该土属耕地面积的34.96%。该土种土层深厚,质地为轻壤、中壤,但熟化层较薄。粒块、碎块状结构。

（2）底砂薄层灌漠土

耕地面积26.45hm²,占该土属耕地面积的65.04%。熟化层小于30cm,剖面底部有砂层,利于透水,但保水保肥性差,影响农作物的产量。耕层有机质7.1g/kg,全氮0.47g/kg,有效磷17.8mg/kg。

（七）风沙土

主要分布在大咀子、二咀子、冰草湾一带,营盘水、五佛以北山麓亦有少量分布,耕地面积2238.57hm²,占总耕地面积的4.78%。

风沙土是风成沙性母质上发育的土壤。大风频繁发生,7、8级大风年平均出现27.7次,沙尘随风移动并进行堆积,随着沙生植物的生长繁殖和死亡,逐渐形成风沙土。

风沙土的特征是成土过程经常遭受风蚀与沙压的影响,致使成土过程很不稳定,因此没有完整的土壤剖面。表层具有不明显的结皮和松散的风蚀表层。在土体79~92cm范围内，虽质地稍细，但在形态上仍表现为母质的性状。有机质含量较低，为9.9g/kg，全氮0.57g/kg，有效磷14.7mg/kg，碳酸钙有一定积累。根据植被覆盖度的大小，土壤形成阶段的发展，我县风沙土分类系统见表2-9。

表2-9　风沙土分类系统

土类	亚类	土属	土种
风沙土	流动风沙土	流动风沙土	
	半固定风沙土	半固定风沙土	
	固定风沙土	固定风沙土	

1.流动风沙土

耕地面积308.69hm²，占该土类耕地面积的13.79%。分布在冰草湾煤矿周围。土壤植被覆盖度一般5%~14%，部分地段无植被覆盖。常形成波状沙丘，剖面通体细沙，能随风吹移，剖面发育极不明显。

2.半固定风沙土

主要分布于大咀子以北，耕地面积495.20hm²，占土类耕地面积的22.12%。植被生长稀疏，仅在沙丘的背风面有植被覆盖，盖度在40%左右。沙丘表面呈半固定状态，但大风仍能将部分沙粒移动，剖面分化较流动风沙土明显。

3.固定风沙土

分布于刘家窑以北至大咀子车站一带，耕地面积1434.63hm²，占土类耕地面积的64.09%。固定风沙土植被覆盖度大于40%，沙土完全被固定，土壤不再被风吹移。剖面分化明显。土壤养分随发育程度有所增加。目前，部分已开垦为耕地，包括界碑、小山、清河等村，适宜种植玉米、马铃薯、向日葵等作物，漏水漏肥严重。改良利用措施为衬膜造田、种植绿肥、增施有机肥、秸秆还田，发展养殖业。

第三节　耕地改良利用与生产现状

一、当地主要的耕地改良模式

我县地形复杂，土壤类型多，农业生产的限制因素较多。改革开放以来，针对我县土壤的重用地轻养地，重无机肥轻有机肥，重氮轻磷，土壤风蚀沙化和盐渍化等农业生产中存在的问题和土壤本身的障碍因素，采取的农艺、生物、工程改良利用措施有：

（一）轮作制度改革

景电灌区实行3~5年的轮作制度，在轮作制中扩大了玉米套豆种植面积，小麦、胡麻面积减少，瓜菜、向日葵、孜然、枸杞等经济类作物面积在增加。

（二）发展绿肥，增施有机肥料

1.发展绿肥是解决肥料问题，提高土壤有机质的一条重要途径

1980年初，全县每年种植绿肥0.2hm²左右，占灌区水浇地面积的10.3%，基本每0.67hm²

耕地0.07hm²草。种植草木樨、箭舌豌豆等是目前沙化地、盐碱地改良的重要措施。

2.以草兴牧，以牧促农

种植绿肥作饲料，通过发展畜牧业而增加肥料，达到以草养畜，以牧促农，农牧结合，全面发展之目的。

3.加强人畜粪尿的积存、管理和施用

20世纪80年代以来，大力提倡"羊粪下山，城粪下乡"。2003年以来，实施了国家农村沼气项目，发展将沼气池与畜禽舍、厕所相结合的能源生态经济模式，生产沼液、沼渣还田肥地。广辟肥源，增施有机肥。灌区实行农磷肥混合秋施。

(三)培肥地力

秸秆还田是农业机械化发展时期重要的培肥地力措施之一。景泰县年生产秸秆量16万吨~20万吨，2000年以前除秸秆养畜外，主要用作燃料，之后秸秆除养畜、造纸外，主要实行秸秆粉碎翻压还田、秸秆覆盖还田，年秸秆还田面积达6700hm²；推广旧膜连用(2~3年)技术3300hm²、保护性耕作技术13000hm²，对有效保护耕地表土和土壤耕层团粒结构，培肥地力，提升土壤有机质发挥了重要作用。

(四)合理施用化肥

第二次土壤普查后，我县土壤总的养分状况是"低氮、缺磷、钾丰富"，在施用有机肥料的基础上，推广氮磷配合施用。2007年测土配方施肥项目实施以来，通过建立主要农作物施肥指标体系，针对不同作物、不同区域，提出了氮、磷、钾及中、微量元素等肥料施用数量、施肥时期和施用方法的配方建议，指导农民按方施肥。

(五)农、林、牧用地的合理布局

以气候植被和土壤地带性学说为理论基础，考虑到保持和恢复生态平衡，从合理利用土壤资源出发，在提高土地利用率和土地生产率的同时，使土壤保持良好的肥力状况，合理安排农、林、牧用地。山区对不适宜耕种的山地，全部退耕、还林、还牧，封山育林育草，保护和更新已退化的草场，实行夏秋季草场划片轮放，恢复植被，减少水土流失。北部风沙沿线，抓好防风固沙林带和农田防护林体系的建设。景电灌区及沿河地区，大力发展苹果、红枣、梨等经济林和速生用材林，农耕地根据土、肥、水、热、障碍因素和市场因素等合理布局农作物，确定合理的夏秋种植比例，有利于用地养地，保证全面丰收，提高土地生产力，景电灌区20世纪80年代初夏秋比例为7:3，到2009年夏秋比例达到4:6。盐碱地和易返盐的土壤则种植耐盐能力较强的枸杞、草木樨、甜菜、大麦等作物。对强盐碱土壤和盐土采取开挖排盐渠的方法。

(六)中低产田改良

我县中、低产田面积较大，主要有盐化土壤、夹砂、砾底等(漏沙)土壤、红砂底土壤、山地旱作类土壤，类型复杂。逐步改造中、低产田是挖掘生产潜力，提高单产，稳定粮食生产的根本途径。自1996年我县被列入国家农业综合开发县以来，按照"统筹规划、集中投入、连片开发"的原则和以"国家引导、配套投入、民办公助、滚动发展"的资金投入机制，以改造中低产田和高标准农田建设为重点，加强农田水利基本建设，建设优质、高产、稳产、节水高效农田,增强了农业抗御自然灾害的能力,提高了基本农田的生产能力,项目区基本形成了田成方、渠相连、路相通、林成网的现代化农业格局。累计完成中低产田改造15600hm²万亩、高标准农田建设2000hm²,项目区累计改善灌溉面积18600hm²,新增节水灌溉面积18500hm²,改善盐碱地面积2000hm²,恢复弃耕地930hm²。改良利用措施有:

1.盐化土壤的改良

该土壤主要分布于梁家槽子、草窝、马鞍山、城北墩和芦阳以东地区,由于地势偏低,水质差,春秋返潮,土壤盐渍化现象严重,地表常有盐斑、盐霜、盐结皮、易造成缺苗,采取的主要措施是:

第一,认真搞好流域综合治理。

(1)根据地下水变化动态和盐化土壤的原因,打破行政界线统一制定改良利用方案,分片实施。

(2)按地形和盐化危害状况,开挖排碱沟,建立多级别(干、支、斗等)明暗结合的排水系统,开挖数量及大小,视水流大小酌情安排,力争地下水控制在临界深度以下。

(3)合理灌溉,严格控制灌水定额,严防大水漫灌,加强渠系配套,减少渠系渗漏,防止次生盐渍化加重。水源充足,排水系统良好时,可采用加大灌溉量,大水洗盐,变积盐向脱盐方向转化。

第二,应用现有成果,积极推广行之有效的农业技术措施。

(1)加强田间管理,积极推广铺砂压碱,掺沙改良,中耕除草,松土保墒,切断毛管,伏秋深翻等。

(2)积蓄和增施农家肥,改善土壤理化性状,大力推广种植以草木栖为主的绿肥作物,减少地面蒸发,抑制返盐,促进脱盐,增加土壤有机质。

(3)因地制宜,因土种植,根据盐化程度和盐化类型,合理安排农作物。

2.夹砂、砾底等(漏沙)土壤的改良

以红水、草窝、土滩、中泉等地为主,低产的主要原因在于土体结构不良,剖面中常有夹砂层、砾石层,底砂出现部位较高,有效土层薄,质地偏沙,保水保肥能力差,土壤养分含量低,常有风蚀沙化等危害。这些土壤的改良采取以改变生态条件为主,灌水、培肥改土相结合,达到稳产高产。主要作法是:

(1)大力推广种植绿肥、秸秆还田,增加土壤有机质,每年力争一半以上的耕地套种或复种绿肥,同时不断探索套种方式,提高土壤肥力。

(2)积极开展测土配方施肥,加强土壤养分动态监测,增施农家肥,重视根外追肥和微肥的使用。

(3)平田整地,科学灌溉。1980年以来实行改大块地为小块地,改大小漫灌为小水小块灌溉,开始利用地膜种植;2003年以来发展抗旱节水作物种植、施用保水剂、垄膜沟灌、膜下滴灌、垄作沟灌等。根据作物生长状况,提倡勤灌浅灌沟灌,以减少水的损失,提高水的利用率。

(4)扩大地膜覆盖栽培技术,推广耐瘠抗旱品种,增加土地投入,营造防护林,改善生态条件。

3.红砂底土壤的改良

该类型的耕地主要分布在黑咀子、龚家湾、兰钢、红咀子等地。低产的主要原因是,富含盐分的红锈砂层的存在,易造成土壤盐渍化,透水性差,作物根系不易下扎,土壤养分含量低,粮食产量低而不稳。改良措施是:

(1)种植绿肥,改变土体结构,改善土壤通透性,增加土壤有机质,简便易行,行之有效。

(2)科学用水,合理灌水,红砂底通透性差,定额灌溉,以防返盐。

(3)合理施肥,增施有机肥,巧施氮肥,配施磷肥及锌硼等微量元素,改进施肥方法,实行种肥、基肥、追肥相结合的全层施肥方法。

4.山地旱作类土壤的改良

山地旱作类土壤,主要是围绕抗旱、保墒工作,做到秋水春用,提高季节降水的利用率。除根据条件铺压新砂外,对老砂田力求尽可能多的起老更新,力争高产;在丘陵谷地,平整土地和筑堤,引洪灌溉;旱作耕地在耕作及栽培上,选育抗旱耐瘠品种,增施有机肥,培肥地力,精耕细作,中耕除草,最大限度地挖掘旱作耕地的生产潜力。探索创新应用了旱砂田注水补灌技术,有效地解决了"卡脖子旱"的问题。

二、耕地利用程度与耕作制度

据景泰县统计局数据,1980年全县耕地面积4.30万 hm², 其中有效灌溉面积1.72万hm², 农作物总播面积为3.25万 hm²,1995年至2010年耕地面积基本稳定在4.68万 hm²左右,其中有效灌溉面积由2.40万 hm²发展到2.53万 hm²。但由于气候干旱,降雨稀少,旱地播种面积缩减,农作物总播面积由4.01万 hm²降到3.57万 hm²。

我县光热资源属一季有余两季不足。耕地利用中,水浇地耕作制度采用麦类(胡麻)→玉米一年一熟轮作制,间有麦类→向日葵(瓜菜、马铃薯)一年一熟轮作制。充分利用光热资源,开展间套复种,主要模式有玉米套种豆、玉米套种胡麻、玉米套种孜然、小麦套种玉米、胡麻套种油葵、小麦复种大白菜等,耕地复种指数为110%,集约化程度不高。

三、不同耕地类型投入产出情况

景泰县以灌区农业生产为主,种植模式有单作小麦、玉米套种豌豆、玉米套种胡麻、小麦套种玉米、地膜蔬菜、经济林果等,投入产出情况为:

(一)单作小麦

每亩产量436kg,按当年市场价格2.0元/kg计算,亩产值为872元,每亩化肥投入162元,投入产出比为1:5.4。

(二)玉米套种豌豆

每亩玉米产量600kg,豌豆产量50kg,玉米价格按1.8元/kg、豌豆价格按1.6元/kg计算,亩产值为1160元,每亩化肥投入198元,投入产出比为1:5.9。

(三)玉米套种胡麻

每亩玉米产量600kg,胡麻产量80kg,玉米价格按1.8元/kg、胡麻价格按2.8元/kg计算,亩产值为1304元,每亩化肥投入198元,投入产出比为1:6.6。

(四)小麦套种玉米

每亩玉米产量550kg,小麦产量300kg,按玉米价格1.8元/kg、小麦价格1.6元/kg计算,亩产值为1250元,每亩化肥投入221元,投入产出比为1:5.7。

(五)地膜垄作番茄

一般每亩产值为10 000元以上,化肥投入600元,投入产出比为1:16.7。

(六)果园

一般每亩产值为8000元以上,化肥投入600元,投入产出比为1:13.3。

第四节　耕地保养管理的简要回顾

耕地是土地的精华,是人们获取粮食及其他农产品所不可替代的生产资料,是发展农业生产所必需的物质基础,土地保养管理历来受到党和各级政府的高度重视。1958年以来,景泰县先后开展了第一、二次土壤普查,改革开放以来实施了商品粮基地建设等一系列国家重大项目,落实了耕地保养管理的政策法规和技术措施,对我县耕地保养管理起到了重要作用。

一、开展了第一、二次土壤普查工作

1958年11月至1960年7月在全省范围内开展了以县为单位,以农村人民公社为基础,以耕地为主,以"九查"(查地形、查土性、查养分、查酸碱、查水土流失、查施肥、查产量、查面积、查灌溉)"五定"(定当年产量、定肥料、定深耕、定作物、定耕作改良措施)为内容的群众性的土壤普查。1984年8月至1987年3月,景泰县进行了第二次土壤普查,全面调查了农业自然资源、社会经济条件、人为成土因素等,基本摸清了气、热、水、土等现状,系统划分了本地的土壤类型,详细评述了各种土壤类型的形成与演变、理化性状及分布、土壤肥力和生产性能。在此基础上进行了土壤资源评价,针对农业土壤的主要问题,提出改良利用措施,分区域提出农业结构调整、农作物布局、耕作施肥等改良利用方向、措施及建议,使耕地的利用更趋向合理。随着农业生产的发展,种植结构不断调整,地力培肥更加受到重视,平衡施肥,用地养地技术在逐步改进,促进了农业的可持续发展。

二、开展了农业面源污染普查及调查

2007年12月至2008年12月,我县开展了景泰县第一次全国农业污染源普查,其中种植业污染源主要针对粮食作物、经济作物和蔬菜作物开展了肥料、农药、农膜和秸秆污染源普查。普查结果表明,我县农业污染源主要来自于农户盲目施肥、过量施肥造成大量肥料养分流失,土壤板结,病虫害增多;农药施用过多,随水土流失;农膜回收利用率低,造成环境污染、影响作物扎根;秸秆仍有焚烧、闲置堆弃现象,造成空气、居住环境污染,地力衰竭。农业污染源整治的对策包括:一方面推广应用测土配方施肥等技术,减少农药使用,有效回收废旧物,大力推广秸秆还田,减轻环境污染。另一方面发展绿色生态农业,施用有机肥、生物肥、环保农药。

三、国家重大项目的实施和有关政策法规的落实,直接促进了耕地的发展、保护和土壤培肥

(一)各级政府高度关注,景泰县历年实施的国家项目

1974 年、1994 年景电一期、二期工程先后竣工,至 2010 年一期灌溉面积发展到 1.30 万 hm²,二期灌溉面积达到 0.76 万 hm²。使景泰县人民生活得到了根本改善,经济保持了持续增长。

改革开放 30 多年来,景泰县实施国家商品粮基地建设项目,推广了优质、高产、抗逆性强的小麦宁春 4 号、39 号和永良 15 号,玉米沈单 16、郑单 958、先玉 335 等新品种;推广了秸秆还田技术、扩大绿肥种植、广辟肥源,增施有机肥,推行农磷肥混合秋施技术,有机无机肥配合施用等综合培肥改良技术;灌溉地实行大块改小块、定额灌溉,粮食产量得以稳步增长。

生态环境建设力度加大,实施了退耕还林、天然林保护、三北防护林体系建设等林业重点工程,到 2009 年全县林地面积达 118.19 万 hm²,森林覆盖率为 5.3%。

1996 年以来, 农业综合开发取得新成效, 衬砌渠道 414km, 改造中低产田 1.56 万 hm², 新增和改善有效灌溉面积 0.83 万 hm², 治理水土流失面积 672.3km², 解决了农村 10.12 万人的饮水困难和饮水不安全问题。

2002~2007 年,我县实施以工代赈项目 12 项,包括水利、交通、打井灌溉工程、乡村公路改建工程、易地扶贫搬迁试点工程等项目,开展了打机井、衬砌渠道、铺压输水管道、修筑塘坝、修建防汛工程、土地开发、平田整地等基础设施建设,为山区移民创造了良好的生产生活环境。

(二)落实耕地保养管理有关政策法规

《土地法》、《基本农田保护条例》实施以来,土地管理工作已纳入到了法制的轨道。景泰县自 1996 年开始实施基本农田保护工作,在保护好现有耕地的同时,开展了土地开发复垦工作,这对于稳定耕地面积,保护农业生产和经济的可持续发展起到了重要作用。

1.加强耕地保护和建设。严格落实耕地保护目标责任制,实行耕地目标管理责任制,将耕地保护目标纳入政府领导任期目标考核的内容, 明确各级政府行政一把手为耕地保护工作的第一责任人,把年终耕地保有量作为考核的重要依据;严格控制非农建设占用耕地,按照不占或少占耕地、促进节约集约用地的原则,强化对城乡各类建设占用耕地的控制和引导,加强对建设项目用地选址的论证,尽量在规划确定的建设用地区进行选址,尽量不占或少占耕地;加大补充耕地力度,通过推进农村居民点整理、工矿废弃地复垦、适度开发宜耕后备土地资源等途径加大耕地补充力度,落实补充耕地义务量。严格落实建设项目占用耕地"先补后占"制度和补充耕地质量评价制度,确保耕地数量不减少、质量有提

高。

2.加强基本农田保护和建设。严格落实基本农田保护指标,分解落实《白银市土地利用总体规划(2006~2020年)》下达景泰县的基本农田保护指标,足额划定基本农田保护面积,并落实到地块和农户;加强基本农田质量建设,加大特色农产品生产基地和粮食主产区优质耕地和基本农田的保护和建设力度,全面推进基本农田整理,完善田间路、渠、林网等农田基础设施,不断提高基本农田质量。重点区域集中在景电一、二期基本农田保护区及中电灌区,严格执行基本农田保护制度,禁止占用基本农田进行绿色通道、绿化隔离带和防护林建设;禁止以农业结构调整为名在基本农田内进行挖塘养鱼、畜禽养殖及其他破坏耕作层的生产经营活动。

第三章 耕地土壤属性

第一节 采样、调查与分析

　　自2007年6月开始至2009年7月，土样采集区域覆盖全县11个乡镇，140个行政村，6.46万户，23.36万人，涉及耕地4.57万hm²，其中水浇地2.42万hm²，旱地2.15万hm²。根据《全国测土配方施肥技术规范》要求，先后采集土壤样品4192个，其中剖面样100个、试验田土样192个。检测项目为有机质、pH值、全氮、碱解氮、全磷、有效磷、全钾、速效钾、有效铁、有效锰、有效铜、有效锌等。土壤样品涵盖14个土类、23个亚类、37个土属、57个土种，基本代表了全县各类耕地的土壤养分状况。完成《采样地块基本情况调查表》、《农户施肥情况调查表》各4192份。完成100个耕地地力质量监测剖面的挖掘与调查。

一、样点的确定和采样

(一)规划采样密度

　　根据景泰县自然地理、气候条件、土地利用类型、土壤状况、农业生产水平、耕作制度、作物布局等因素，以村为基本行政规划单元，确定样点分布密度，水地每9.67hm²设一个样点，旱地每14.33hm²设一个样点。按照"室内精确布点，野外找点采样"的方法进行采样和调查。

(二)室内均衡布点

　　利用景泰县土地利用现状图和土壤图，在全县范围内统筹规划，合理布设采样点，标记土壤、植株样点分布位置，为野外采样打好基础。采样单元和样点个数确定后，在土地利用现状图上描点，采样点的位置代表采样单元的中心。

(三)野外找点采样

　　采用了两种较为可行的目标样点找寻方法：一是地形地物坐标定位法。先在样点图(土地利用图上标点)上利用地形、地物(如河流、村庄、山沟、标志性建筑等)找到某一样点的大概位置，然后根据样点图上该样点的近似坐标值，用GPS定位仪寻找该点，进行精确定位。二是比例尺标志法。利用样点图上某一样点附近的地形地物(河流、村庄、标志性建筑、山沟等)作为参照物标志，再根据某一样点相对于标志物的方位，用样点图比例尺计算样点距标志物的距离，然后，目测确定样点的基本位置，再用GPS准确定位。

（四）土样采集

野外采样工作于2007年6月初开始，抽调23名技术人员，分为3个野外工作小组，工作历时130d，动用车辆280车次，展开野外土壤样品采集。

野外采样小组按照采样点位分布图，结合实地情况具体确定采样地块的位置，用取土钻垂直取0~20cm耕层土样，15个点构成一个混合样，用"四分法"分至1.0kg左右。在采样地块的中间位置，用GPS定位仪精确定位，记录在《采样地块基本情况调查表》中。写好标签，注明采样地点、统一编号、土壤名称、经纬度、采样深度、采样日期等信息。

二、采样点调查

（一）采样地块基本情况

1.地理位置，包括乡（镇）村组名称、邮政编码、农户名及电话号码、地块名称、地块位置、距村距离、经纬度、海拔高度。

2.自然条件，包括地形部位、地貌类型、地面坡度、田面坡度、坡向、通常地下水位、常年有效积温、常年降雨量。

3.生产条件，包括农田基础设施、排水能力、灌溉能力、水源条件、输水方式、灌溉方式、熟制、典型种植制度、常年产量水平。

4.土壤情况，包括分类地位、成土母质、剖面构型、土壤质地、土壤结构、障碍因素、侵蚀程度、耕层厚度、采样深度、田块面积，代表面积、来年种植意向等项目。

（二）农户施肥情况

通过田间了解和入户询问，调查了施肥相关情况，包括生长季节、作物名称、品种名称、播种季节、收获日期、产量水平、生长期内降水次数、生长期内降水总量、生长期内灌水次数、灾害情况；推荐施肥情况，包括配方内容、目标产量、是否推荐施肥、指导推荐肥料成本、实际肥料成本、实际产量、N、P_2O_5、K_2O化肥施用量、有机肥料名称及施用量等施肥明细情况。填写农户施肥情况调查表4000份。

三、样品分析与质量控制

（一）分析项目与方法

根据《全国测土配方施肥技术规范》要求，我县耕地地力评价土壤样品检测的主要项目有土壤pH值、有机质、全氮、全磷、全钾、碱解氮、有效磷、速效钾、水溶性盐、有效铁、有效锰、有效铜、有效锌等。分析方法严格按照《规范》要求进行（表3-1）。

表3-1 耕地地力评价土壤样品测试汇总表

分析项目	分析方法	分析数量
土壤 pH	土液比 1:2.5，电位法测定	4192 个
土壤有机质	油浴加热重铬酸钾氧化容量法测定	4192 个
土壤全氮	凯氏蒸馏法测定	4192 个

分析项目	分析方法	分析数量
土壤水解性氮	碱解扩散法测定	4192个
土壤全磷	氢氧化钠熔融——钼锑抗比色法测定	400个
土壤有效磷	碳酸氢钠浸提——钼锑抗比色法测定	4192个
土壤全钾	氢氧化钠熔融——火焰光度计法测定	400个
土壤速效钾	乙酸铵浸提——火焰光度计法测定	4192个
土壤有效铜、锌、铁、锰	DTPA浸提——原子吸收分光光度法测定	4000个

(二)质量控制方法

化验室质量控制从化验室内质量控制和化验室间质量控制入手,把检测误差控制在允许限度内,保证检测结果具有一定的精密度和准确度,使检测数据在给定的置信水平内,达到所要求的质量。

在化验质量控制上,一是标准溶液严格按照国家有关标准配制、标定、使用和保存;二是每个测试批次及重新配制药剂都增加空白;三是准确度采用标准样品作为控制手段。通常情况下,每批样品加测标准样品一个;四是精密度采用平行测定的允许差来控制,对大批量的土壤样品至少做10%~20%的平行样,对少批量样品(5个样品以下)做100%的平行样。如果平行测试结果符合规定的允许差,最终结果以其平均值报出;如果平行测试结果超过规定的允许差,再加测一次,取符合规定允许差的测定值报出;如果多组平行测试结果超过规定的允许差,整批重作。每批样品的化验结果都参照标准样品,同时对检测结果进行综合审查,其测试结果与标准样品标准值的差值控制在标准偏差范围内,检测结果准确可靠。样品检测完毕后,必须检查数值记录准确的准确性,计算有无差错,结果实行复核;原始记录有检验人、校核人、审核人三级签字。同时,还要对检测结果依据专业知识进行合理性判断。

第二节 土壤养分

景泰县自2007年实施测土配方施肥项目以来,共采集化验耕地土壤样品4192个。通过与第二次土壤普查资料结合,对4192个采样点采样位置、养分化验结果进行了汇总、分析、对照、筛选,剔出了部分位置漂移及养分结果等存在异常值的样点信息,最后保留了1396个样点作为耕地地力调查样点。本次景泰县耕地地力评价共划分了45 760个评价单元。利用GIS的空间插值法,把1396个样点的养分化验结果为每一评价单元赋值,赋值内容有pH值、有机质、全氮、碱解氮、全磷、有效磷、全钾、速效钾、有效铁、有效锰、有效铜、有效锌、有效硫和水溶性盐共14项。土壤养分背景值的表达方式以各统计单元养分汇总结果的算数平均数和标准差来表示,全氮、有机质、全磷和全钾的单位用g/kg表示,其他养分单位用mg/kg表示。根据甘肃省耕地土壤养分分级标准进行评级(表3-2、表3-3)。

表3-2 甘肃省养分分级标准

养分等级 项目	I	II	III	IV	V	VI	VII
有机质(g/kg)	>30	30.0~25.0	25.0~20.0	20.0~15.0	15.0~10.0	10.0~6.0	≤6.0
全氮(g/kg)	>2.00	2.00~1.50	1.50~1.25	1.25~1.0	1.0~0.75	0.75~0.5	≤0.5
有效磷(mg/kg)	>30.0	30.0~25.0	25.0~20.0	20.0~15.0	15.0~10.0	10.0~5.0	≤5.0
速效钾(mg/kg)	>300	250~300	200~250	150~200	100~150	50~100	≤50
缓效钾(mg/kg)	>1200	1200~1000	1000~800	800~600	600~400	400~150	≤150
有效硫(mg/kg)	>50	40~50	30~40	20~30	15~20	10~15	≤10
碱解氮(mg/kg)	>300	250~300	200~250	150~200	100~150	50~100	≤50

表3-3 甘肃省养分分级标准

养分等级 项目	I(高)	II(中等)	III(较低)	IV(低)	V(极低)
锌(mg/kg)	>2.00	2.00~1.00	1.00~0.50	0.50~0.30	≤0.30
锰(mg/kg)	>15	15.00~9.00	9.00~7.00	7.00~3.00	≤3.00
硼(mg/kg)	>2.00	2.00~1.00	1.00~0.50	0.50~0.20	≤0.2
钼(mg/kg)	>0.40	0.40~0.20	0.20~0.15	0.15~0.05	≤0.05
铁(mg/kg)	>15.00	15.00~10.00	10.00~4.50	4.50~2.50	≤2.50
铜(mg/kg)	>2.00	2.00~1.00	1.00~0.50	0.50~0.20	≤0.20

我县耕地土壤总的养分状况是:有机质、氮缺乏,磷中等,钾丰富。

根据全县1396个耕层土壤农化样分析结果统计,各种养分的平均含量为:有机质13.3g/kg,全氮0.80g/kg,碱解氮73.35mg/kg,全磷1.27g/kg,有效磷17.51mg/kg,全钾35.21g/kg,速效钾177.1mg/kg。以全磷、全钾和速效钾的含量较高,有机质、全氮和有效磷的含量较低。可见,土壤氮素供应不足;磷素潜在供应能力强,供肥容量大,但有效供应能力不足,供肥强度小;钾素则供肥容量和供肥强度都较大。另一方面,有效铁、有效锰、有效铜、有效锌、有效硫的养分变异程度较大,因而平均数的代表性较差,地区之间的差异较大。

耕地土样养分分级表3-4至表3-12。景泰县土壤养分平均含量及变异程度详见表3-18,景泰县耕层土壤的属性数据表3-19至表3-26。

一、土壤有机质

土壤有机质是土壤质量高低的重要指标,也是土壤有效养分的来源之一。由于它具有胶体特征,能吸附较多的阳离子,因而使土壤具有保肥性和缓冲性。有机质能改善土壤的物理性状,同时也是土壤微生物必不可少的碳源。

(一)耕地土壤有机质的基本状况

根据对景泰县1265个样品土壤有机质的检测分析,平均含量为13.3g/kg,标准差为1.95,

变化区间为5~24.8g/kg,变异系数为14.66%。相当于甘肃省养分分级标准Ⅴ级(表3-4)。

表3-4　景泰县耕地土壤有机质分级

有机质分级	相当于甘肃省养分分级	含量范围(g/kg)	平均值(g/kg)	面积(hm²)	占耕地面积(%)
一级	Ⅳ	>15.0	16.85	12 221.91	26.10
二级	Ⅴ	10.0~15.0	12.74	32 579.93	69.58
三级	Ⅵ	≤10.0	9.51	2024.85	4.32
		全县	13.3	46 826.69	

1.土壤有机质含量空间分布:对各乡(镇)有机质含量进行对比分析,平均值小于13.3g/kg的乡(镇)有5个,分别为五佛乡、中泉乡、漫水滩乡、上沙沃镇和红水镇。正路乡最高,为17.4g/kg;红水镇最低,为11.1g/kg(附图04、图3-1)。

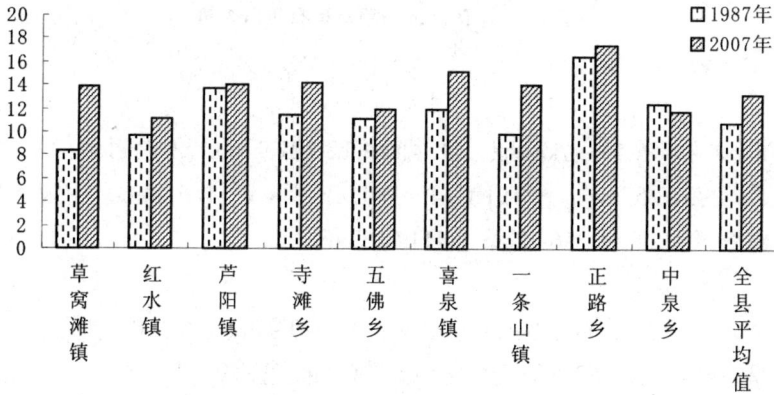

图3-1　不同乡镇土壤有机质含量

与第二次土壤普查测定的有机质含量相比较,平均含量增加了2.1g/kg;增幅较大的有草窝滩镇、一条山镇、喜泉镇;中泉乡有机质含量低于第二次土壤普查结果,减少了0.6g/kg。

2.不同土壤类型有机质含量变化

对不同土壤类型有机质含量进行对比分析,黑钙土有机质含量最高,为18.4g/kg;灌漠土有机质含量最低,为7.1g/kg(图3-2)。

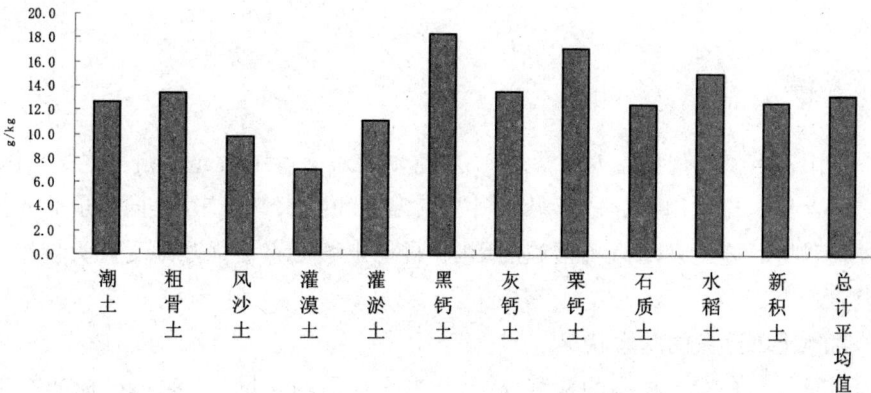

图3-2　不同土壤类型有机质含量

3.不同土地利用类型有机质变化

对不同土地利用类型有机质含量进行对比分析，设施农用地有机质含量最高，为15.3g/kg；其他园地有机质含量最低，为12.5g/kg(图3-3)。

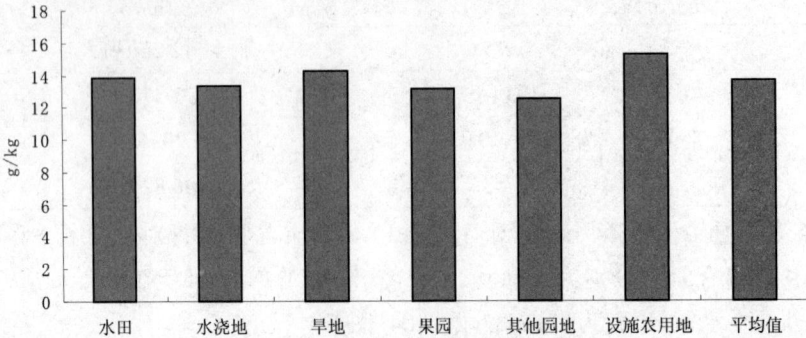

图3-3　不同土地利用类型有机质含量

(二)分级论述

1.一级

土壤有机质含量在15.0g/kg以上，耕地面积12 221.91hm²，占总耕地面积的26.10%。主要分布在正路乡7313.57hm²，一条山镇1498.09hm²，喜泉镇1185.44hm²。主要土壤类型为栗钙土、灰钙土，面积分别为5956.78hm²和4117.15hm²。

2.二级

土壤有机质含量在10.0~15.0g/kg，耕地面积32 579.93hm²，占总耕地面积的69.58%。分布面积最大的是寺滩乡，为7668.80hm²，一条山镇、喜泉镇、红水镇、中泉乡、芦阳镇、漫水滩乡、草窝滩乡、上沙沃乡镇，依次为3720.39hm²、3147.62hm²、3033.98hm²、2938.99hm²、2704.58hm²、2633.23hm²、2149.14hm²、2134.23hm²，五佛乡、正路乡面积较小，分别为1723.478hm²、725.473hm²。主要土壤类型为灰钙土，面积23 455.74hm²。

3.三级

土壤有机质含量在10.0g/kg以下，耕地面积2024.85hm²，占总耕地面积的4.32%。主要分布在红水镇1469.38hm²。主要土壤类型为风沙土和灰钙土，面积分别为957.04hm²和847.88hm²。

二、土壤全氮

氮素是作物生长的重要营养元素之一，土壤氮素对土壤肥力起着相当重要的作用。土壤中氮素的含量受自然因素如成土母质、植被、温度和降水量等影响，同时也受人为因素如利用方式、耕作、施肥及灌溉等措施的影响。耕地土壤氮素更强烈地受人为耕作施肥等因素的影响。

(一)耕地土壤全氮的基本状况

根据对景泰县1332个样品的检测分析，土壤全氮平均含量为0.80g/kg，标准差为0.08，变化区间为0.2~1.49g/kg，变异系数为10.26%。相当于甘肃省养分分级标准 V 级(表3-5)。

表3-5 景泰县耕地土壤全氮分级

全氮分级	相当于甘肃省养分分级	含量范围(g/kg)	平均值(g/kg)	面积(hm²)	占耕地面积（%）
一级	Ⅳ	>1.0	1.02	1334.173	2.85
二级	Ⅴ	0.75~1.0	0.84	32276.734	68.93
三级	Ⅵ	0.5~0.75	0.67	12622.095	26.95
四级	Ⅶ	≤0.5	0.49	593.683	1.27
		全县	0.8	46826.69	

1.土壤全氮含量空间分布

对各乡(镇)全氮含量进行对比分析,全氮含量小于平均值的有2个乡(镇),分别为中泉乡和红水镇。正路乡最高,为1.33g/kg;红水镇最低,为 0.64g/kg(附图05、图3-4)。

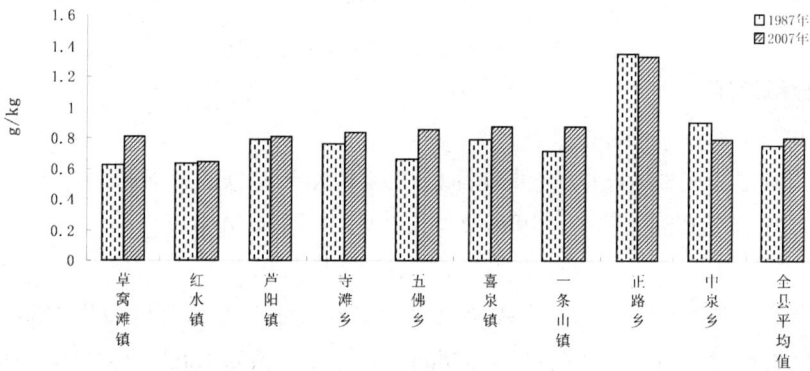

图3-4 不同乡镇土壤全氮含量

与第二次土壤普查测定的全氮含量相比较,平均含量增加了0.05g/kg;增幅最大为草窝滩镇,增加了0.19g/kg;正路乡和中泉乡有所降低。

2.不同土壤类型全氮含量变化

对不同土壤类型全氮含量进行对比分析，黑钙土最高，为1.16g/kg；风沙土最低,为0.54g/kg(图3-5)。

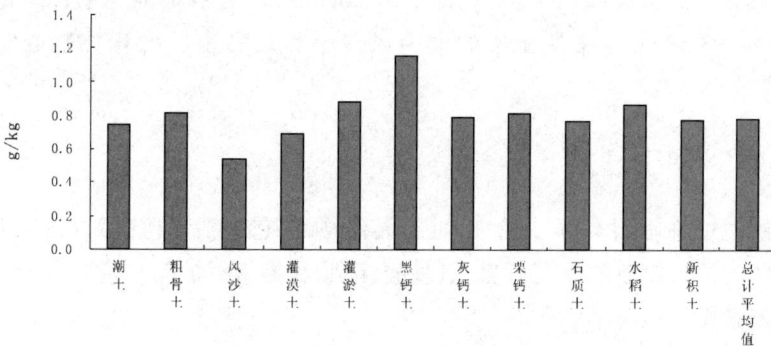

图3-5 不同土壤类型全氮含量

3.不同土地利用类型全氮变化

对不同土地利用类型全氮含量进行对比分析,水田全氮含量最高,为1.1g/kg。旱地全氮含量最低,为0.74g/kg(图3-6)。

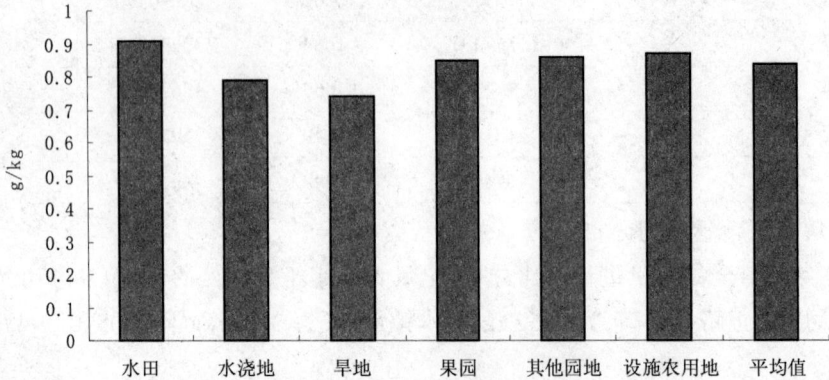

图3-6 不同土地利用类型全氮含量

(二)分级论述

1.一级

土壤全氮含量在1.0g/kg以上,耕地面积1334.17hm²,占总耕地面积的2.85%。正路乡分布面积最大为1283.25hm²。主要土壤类型为栗钙土,面积747.44hm²。

2.二级

土壤全氮含量在0.75~1.0g/kg,耕地面积32 276.72hm²,占总耕地面积的68.93%。主要分布在正路乡6755.81hm²,寺滩乡6237.89hm²,一条山镇4965.18hm²,喜泉镇37.0.14hm²。主要土壤类型为灰钙土和栗钙土,面积分别为19 713.49hm²和5847.88hm²。

3.三级

土壤全氮含量在0.5~0.75g/kg,耕地面积12 622.10hm²,占总耕地面积的26.95%。主要分布在红水镇3518.45hm²,漫水滩乡2060.22hm²,寺滩1971.14hm²。主要土壤类型为灰钙土、新积土和风沙土,面积分别为8633.17hm²、1409.90hm²和1356.71hm²。

4.四级

土壤全氮含量在0.5g/kg以下,耕地面积593.68hm²,占总耕地面积的1.27%,红水镇分布面积最大为593.38hm²。主要土壤类型为风沙土和灰钙土,面积分别为562.79hm²和30.75hm²。

三、土壤碱解氮

土壤碱解氮也称土壤水解性氮,也叫土壤有效氮,它包括无机态氮(铵态氮、硝态氮)和部分易分解的比较简单的有机态氮(氨基酸、酰胺和易水解的蛋白质氮)的总和,能反映土壤近期内氮素供应情况。

(一)耕地土壤碱解氮的基本状况

根据对景泰县1342个样品的检测分析,土壤碱解氮平均含量为73.35mg/kg,标准差为

6.37,变化区间为17~197mg/kg,变异系数为8.68%。相当于甘肃省养分分级标准Ⅴ级(表3-6)。

表3-6 景泰县耕地土壤碱解氮分级

碱解氮分级	相当于甘肃省养分分级	含量范围(mg/kg)	平均值(mg/kg)	面积(hm²)	占耕地面积(%)
一级	Ⅳ	>100	101.5	235.80	0.5
二级	Ⅴ	50–100	74.5	46442.37	99.18
三级	Ⅵ	≤50	47.8	148.52	0.32
		全县	73.35	46826.69	

1.土壤碱解氮含量空间分布

对各乡(镇)土壤碱解氮进行对比分析,含量大于平均值的有7个乡(镇),分别为正路乡、寺滩乡、喜泉镇、草窝滩镇、漫水滩乡、芦阳镇和一条山镇。正路乡最高,为82mg/kg;中泉乡和五佛乡最低,为64.4mg/kg(附图06、图3-7)。

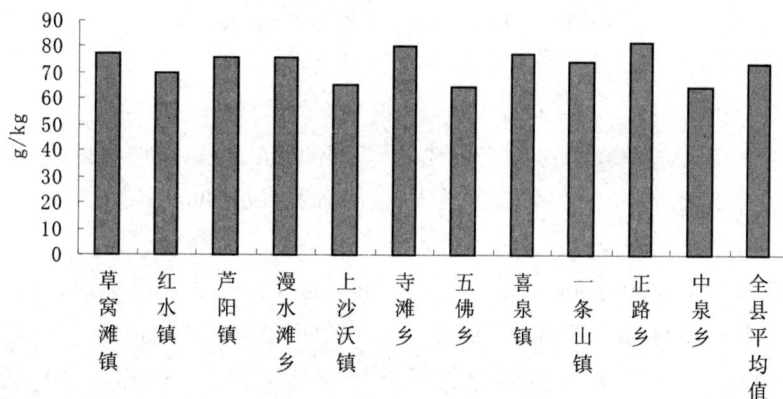

图3-7 不同乡镇土壤碱解氮含量

2.不同土壤类型碱解氮含量变化

对不同土壤类型碱解氮含量进行对比分析,黑钙土最高,为107mg/kg;灌漠土最低,为49mg/kg(图3-8)。

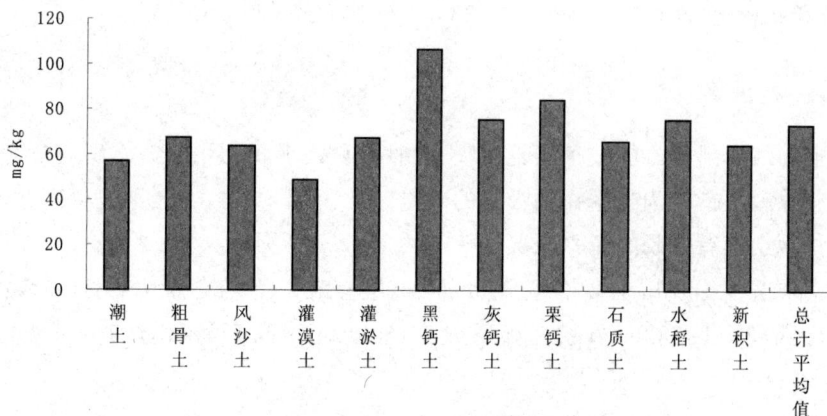

图3-8 不同土壤类型碱解氮含量

3.不同土地利用类型碱解氮变化

对不同土地利用类型碱解氮含量进行对比分析,果园碱解氮含量最高,为85.4mg/kg;其他园地最低,为62.7mg/kg(图3-9)。

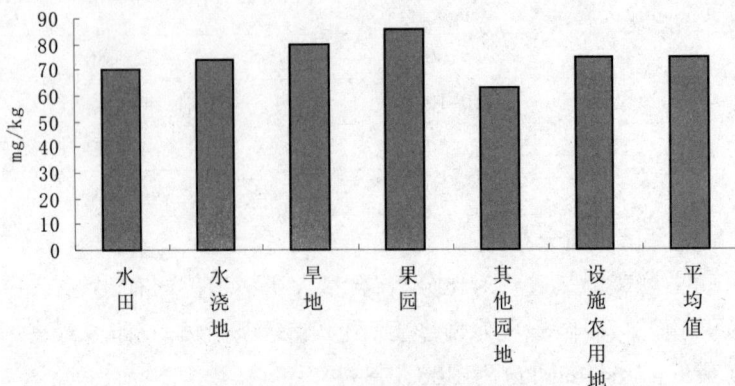

图3-9　不同土地利用类型碱解氮含量

(二)分级论述

1.一级

土壤碱解氮含量在100mg/kg以上,耕地面积235.80hm²,占总耕地面积的0.5%。主要分布在正路乡,为235.55hm²。主要土壤类型为栗钙土,面积206.49hm²。

2.二级

土壤碱解氮含量在50~100mg/kg,耕地面积46 442.37hm²,占总耕地面积的99.18%。主要分布在寺滩乡8006.60hm²,正路乡7796.33hm²,一条山镇5232.54hm²,红水镇4560.97hm²,喜泉镇4351.20hm²。主要土壤类型为灰钙土和栗钙土,面积分别为19 092.45hm²和5365.90hm²。

3.三级

土壤碱解氮含量在0.5~0.75g/kg,耕地面积14 622.30hm²,占总耕地面积的31.23%。主要分布在红水镇3302.22hm²,寺滩乡1971.14hm²,正路乡1905.75hm²。主要土壤类型为灰钙土、栗钙土和新积土,面积分别为28 317.33hm²、6874.02hm²和3315.95hm²。

四、土壤有效磷

土壤中的磷大部分不能被植物直接吸收利用,易被吸收利用的有效磷通常含量很低。土壤中的有效磷是指能为当季作物吸收的磷量。

(一)耕地土壤有效磷的基本状况

根据对景泰县1337个样品的检测分析,土壤有效磷平均含量为17.51mg/kg,标准差为2.7,变化区间为1~58.8mg/kg,变异系数为15.42%。相当于甘肃省养分分级标准Ⅳ级(表3-7)。

表3-7　景泰县耕地土壤有效磷分级

有效磷分级	相当于甘肃省养分分级	含量范围(mg/kg)	平均值(mg/kg)	面积(hm²)	占耕地面积（%）
一级	I	>30.0	31.5	473.79	1.01
二级	II	25.0~30.0	26.3	1473.60	3.15
三级	III	20.0~25.0	21.9	7298.31	15.59
四级	IV	15.0~20.0	17.2	17 878.49	38.18
五级	V	10.0~15.0	12.8	16 476.53	35.19
六级	VI	≤10.0	8.7	3225.97	6.89
		全县	17.51	46 826.69	

1.土壤有效磷含量空间分布

对各乡(镇)有效磷含量进行对比分析,大于平均值的有5个乡(镇),分别为芦阳镇、一条山镇、五佛乡、草窝滩镇和寺滩乡。芦阳镇有效磷含量最高,为21.6mg/kg;红水镇最低,为13.8mg/kg(附图07、图3-10)。

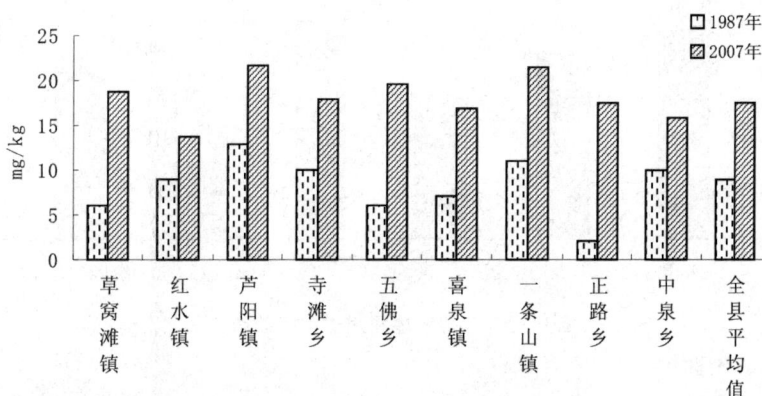

图3-10　不同乡镇土壤有效磷含量

与第二次土壤普查测定的有效磷含量相比较,土壤有效磷平均含量增加了9.78mg/kg;全县各乡镇都有不同程度的增加,增幅最大的为正路乡、五佛乡、草窝滩镇和一条山镇,增加了10mg/kg以上;增幅最小的为红水镇,为4.8mg/kg。

2.不同土壤类型有效磷含量变化

对不同土壤类型有效磷含量进行对比分析,水稻土有效磷含量最高,为24.3mg/kg;黑钙土有效磷含量最低,为8.2mg/kg(图3-11)。

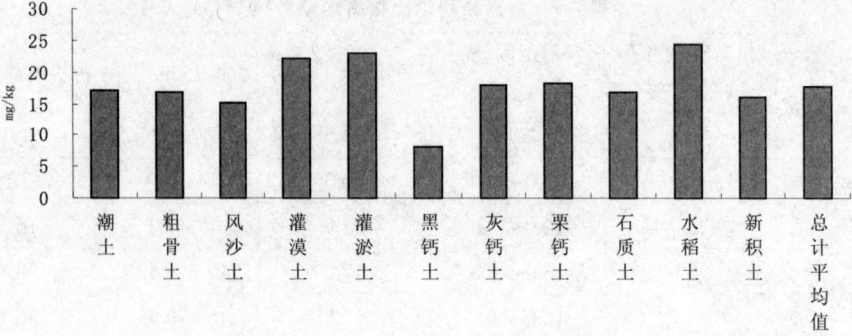

图3-11 不同土壤类型有效磷含量

3.不同土地利用类型有效磷变化

对不同土地利用类型有效磷含量进行对比分析,水田有效磷含量最高,为25.5mg/kg;旱地有效磷含量最低,为12.3mg/kg(图3-12)。

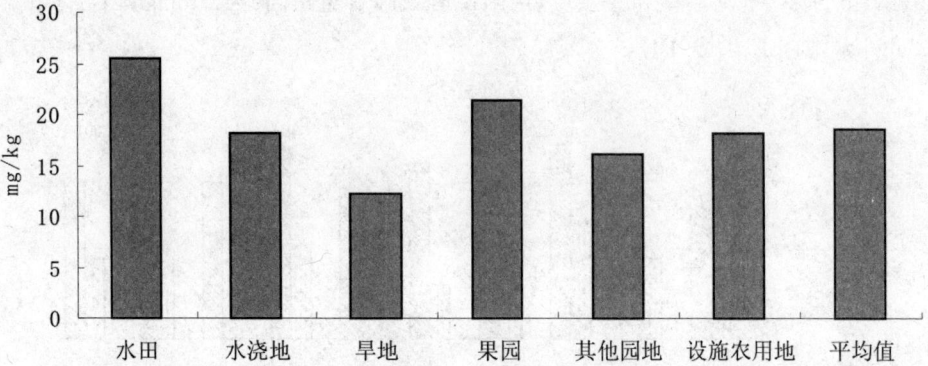

图3-12 不同土地利用类型有效磷含量

(二)分级论述

1.一级

土壤有效磷含量在30.0mg/kg以上,耕地面积473.79hm²,占总耕地面积的1.01%。主要分布在一条山镇354.22hm²。主要土壤类型为灰钙土,面积444.39hm²。

2.二级

土壤有效磷含量在25.0~30.0mg/kg,耕地面积1473.60hm²,占总耕地面积的3.15%。主要分布在一条山镇505.79hm²,芦阳镇364.80hm²。主要土壤类型为灰钙土和新积土,面积分别为1165.77hm²和162.69hm²。

3.三级

土壤有效磷含量在20.0~25.0mg/kg,耕地面积7298.31hm²,占总耕地面积的15.59%。主要分布在一条山镇2749.60hm²,芦阳镇1281.24hm²,正路乡1126.96hm²。主要土壤类型为灰钙土和栗钙土,面积分别为4835.77hm²和787.81hm²。

4.四级

土壤有效磷含量在15.0~20.0mg/kg,耕地面积17 878.49hm²,占总耕地面积的38.18%。

主要分布在正路乡4988.92hm²,红水镇1976.89hm²,中泉乡1993.42hm²,喜泉镇1969.44hm²。主要土壤类型为灰钙土和栗钙土,面积分别为9686.17hm²和4132.08hm²。

5.五级

土壤有效磷含量在10.0~15.0mg/kg,耕地面积16 476.53hm²,占总耕地面积的35.19%。主要分布在寺滩乡4469.15hm²,红水镇2360.77hm²,喜泉镇2094.26hm²,正路乡1796.20hm²。主要土壤类型为灰钙土、栗钙土、新积土和风沙土,面积分别为10 066.12hm²、1746.15hm²、1476.66hm²和1233.99hm²。

6.六级

土壤有效磷含量在10.0mg/kg以下,耕地面积3225.97hm²,占总耕地面积的6.89%,主要分布在寺滩乡2906.23hm²。主要土壤类型为灰钙土,面积2222.56hm²。

五、土壤速效钾

根据钾存在的形态和作物吸收利用的情况,可分为水溶性钾、交换性钾和黏土矿物中固定的钾三类,前两类可被当季作物吸收利用,统称为"速效性钾",后一类是土壤钾的主要贮藏形态,不能被作物直接吸收利用。一般土壤中速效性钾不到全钾量的1%~2%。

(一)耕地土壤速效钾的基本状况

根据对景泰县1328个样品的检测分析,土壤速效钾平均含量为177.1mg/kg,标准差为29.68,变化区间为50~494mg/kg,变异系数为16.76%。相当于甘肃省养分分级标准Ⅳ级(表3-8)。

表3-8　景泰县耕地土壤速效钾分级

速效钾分级	相当于甘肃省养分分级	含量范围(mg/kg)	平均值(mg/kg)	面积(hm²)	占耕地面积(%)
一级	Ⅱ	>250	267	1808.76	3.86
二级	Ⅲ	200~250	219	12 944.93	27.64
三级	Ⅳ	150~200	176	25 997.99	55.52
四级	Ⅴ	100~150	130	5113.20	10.92
五级	Ⅵ	≤100	90	961.81	2.05
		全县	177	46 826.69	

1.土壤速效钾含量空间分布

对各乡(镇)速效钾含量进行对比分析,大于平均值的有7个乡(镇),分别为正路乡、寺滩乡、芦阳镇、一条山镇、草窝滩镇、喜泉镇和漫水滩乡。正路乡速效钾含量最高,为214.52mg/kg;五佛乡最低,为110.38mg/kg(附图08、图3-13)。

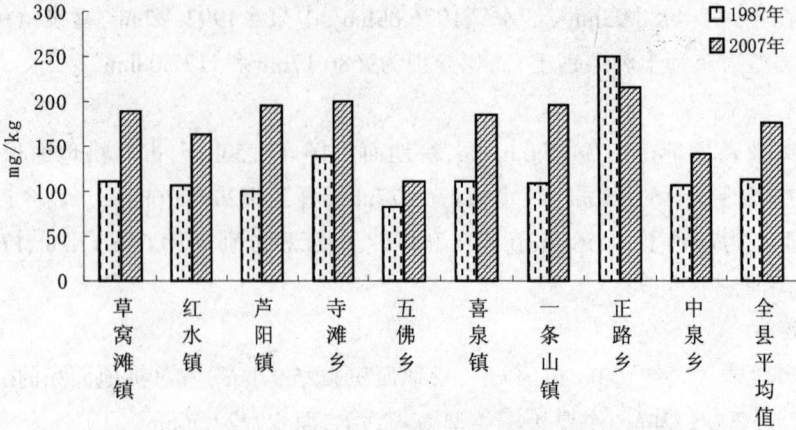

图3-13 不同乡镇土壤速效钾含量

与第二次土壤普查测定的速效钾含量相比较,土壤速效钾平均含量增加了64.10mg/kg,增幅最大的为芦阳镇,增加了95.39mg/kg;最小的为五佛乡,增加了28.38mg/kg。正路乡速效钾含量减少了34.48mg/kg。

2.不同土壤类型速效钾含量变化

对不同土壤类型速效钾含量进行对比分析,黑钙土最高,为220mg/kg;潮土最低,为81mg/kg(图3-14)。

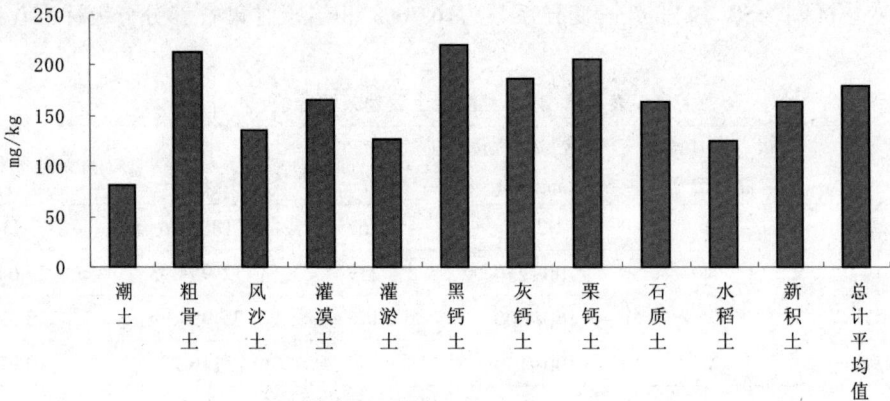

图3-14 不同土壤类型速效钾含量

3.不同土地利用类型速效钾变化

对不同土地利用类型速效钾含量进行对比分析,水浇地最高,为185mg/kg;水田最低,为115mg/kg(图3-15)。

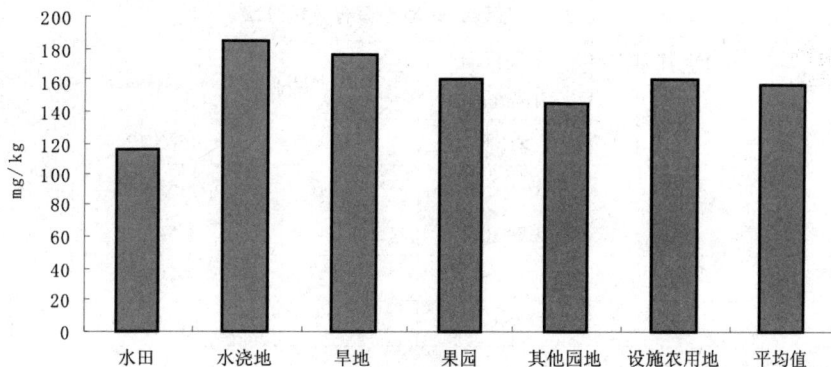

图3-15　不同土地利用类型速效钾含量

(二)分级论述

1.一级

土壤速效钾含量在250mg/kg以上,耕地面积1808.76hm²,占总耕地面积的3.86%,主要分布在正路乡1677.68hm²。主要土壤类型为栗钙土,面积1109.06hm²。

2.二级

土壤速效钾含量在200~250mg/kg,耕地面积12 944.93hm²,占总耕地面积的27.64%,主要分布在正路乡4008.93hm²,寺滩乡2589.56hm²。主要土壤类型为灰钙土和栗钙土,面积分别为6982.34hm²和3903.03hm²。

3.三级

土壤速效钾含量在150~200mg/kg,耕地面积25 997.99hm²,占总耕地面积的55.52%,主要分布在寺滩乡4611.32hm²,喜泉镇3300.70hm²,一条山镇3189.12hm²。主要土壤类型为灰钙土和新积土,面积分别为17766.83hm²和2015.38hm²。

4.四级

土壤速效钾含量在100~150mg/kg,耕地面积5113.20hm²,占总耕地面积的10.92%,主要分布在红水镇1774.88hm²。主要土壤类型为灰钙土,面积3081.17hm²。

5.五级

土壤速效钾含量在100mg/kg以下,耕地面积961.81hm²,占总耕地面积的2.05%,主要分布在五佛乡305.12hm²,中泉乡457.47hm²。主要土壤类型为灰钙土,面积537.27hm²。

六、土壤有效铁

(一)耕地土壤有效铁的基本状况

根据对景泰县1225个样品的检测分析,土壤有效铁平均含量为10.7mg/kg,标准差为2.42,变化区间为2~22mg/kg,变异系数为22.62%。相当于甘肃省养分分级标准Ⅱ级,属中等水平(表3-9)。

表3-9　景泰县耕地土壤有效铁分级

有效铁分级	相当于甘肃省养分分级	含量范围（mg/kg）	平均值（mg/kg）	面积（hm²）	占耕地面积（%）
一级	Ⅰ	>15.0	15.4	1563.12	3.34
二级	Ⅱ	10.0~15.0	11.6	17 557.94	37.5
三级	Ⅲ	4.5~10.0	8.4	27 543.99	58.82
四级	Ⅳ	≤4.5	4.3	161.64	0.35
		全县	10.7	46 826.69	

1.土壤有效铁含量空间分布

对各乡（镇）有效铁含量进行对比分析，小于平均值的有7个乡（镇），分别为寺滩乡、芦阳镇、漫水滩乡、喜泉镇、红水镇、正路乡和上沙沃镇。一条山镇有效铁含量最大，为15.06mg/kg；上沙沃镇最小，为7.69mg/kg（附图09、图3-16）。

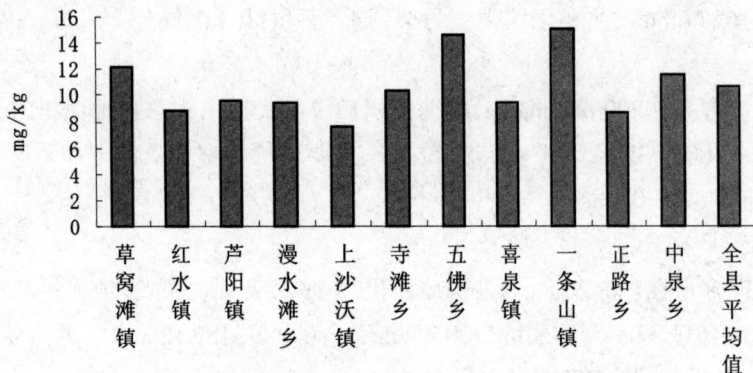

图3-16　不同乡镇土壤有效铁含量

2.不同土壤类型有效铁含量变化

对不同土壤类型有效铁含量进行对比分析，灌漠土有效铁含量最高，为17.3mg/kg；风沙土有效铁含量最低，为7.6mg/kg（图3-17）。

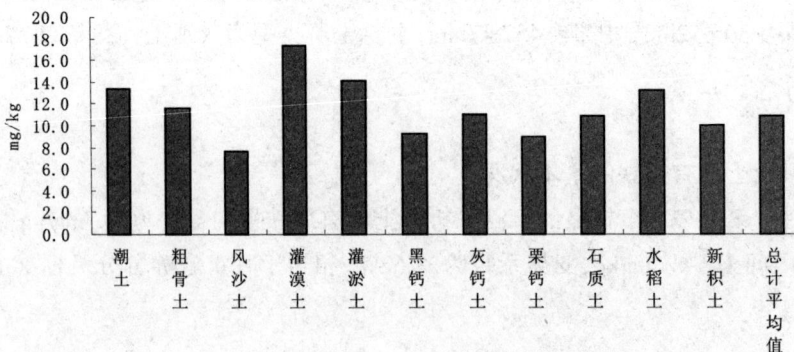

图3-17　不同土壤类型有效铁含量

3.不同土地利用类型有效铁变化

对不同土地利用类型有效铁含量进行对比分析,水田和其他园地最高,为13.9mg/kg;旱地最低,为8.7mg/kg(图3-18)。

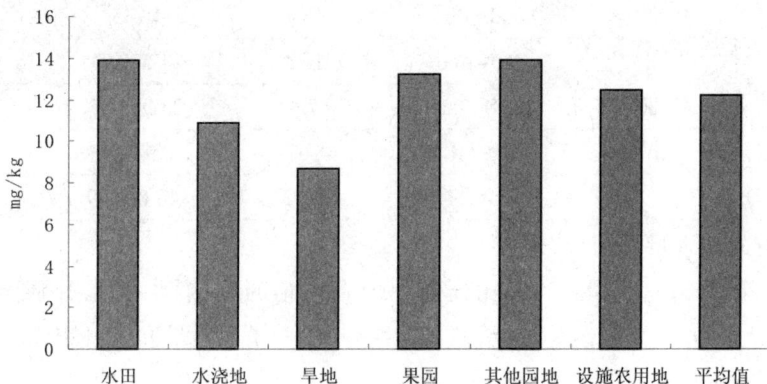

图3-18 不同土地利用类型有效铁含量

(二)分级论述

1.一级

土壤有效铁含量在15.0mg/kg以上,耕地面积1563.12hm²,占总耕地面积的3.34%,主要分布在一条山镇782.84hm²。主要土壤类型为灰钙土,面积1141.22hm²。

2.二级

土壤有效铁含量在10.0~15.0mg/kg,耕地面积17 557.94hm²,占总耕地面积的37.5%,主要分布在一条山镇2846.77hm²,寺滩乡2456.68hm²。主要土壤类型为灰钙土,面积13033.25hm²。

3.三级

土壤有效铁含量在4.5~10.0mg/kg,耕地面积27 543.99hm²,占总耕地面积的58.82%。主要分布在正路乡7571.52hm²,寺滩乡5425.05hm²,红水镇3077.28hm²,喜泉镇2489.52hm²。主要土壤类型为灰钙土和栗钙土,面积分别为14 139.55hm²和6264.57hm²。

4.四级

土壤有效铁含量在4.5mg/kg以下,耕地面积161.64hm²,占总耕地面积的0.35%,全部分布在红水镇。主要土壤类型为灰钙土和风沙土,面积分别为106.76hm²和52.93hm²。

根据分级情况,我县耕地土壤有效铁含量在低水平以下的分布面积小,说明耕地土壤基本不缺铁。

七、土壤有效锰

(一)景泰县耕地土壤有效锰的基本状况

根据对景泰县1231个样品的检测分析,土壤有效锰平均含量为8.72mg/kg,标准差为1.69,变化区间为0.2~24.6mg/kg,变异系数为19.38%。相当于甘肃省养分分级标准Ⅲ级,属较低水平(表3-10)。

表3-10　景泰县耕地土壤有效锰分级

有效锰分级	相当于甘肃省养分分级	含量范围（mg/kg）	平均值(mg/kg)	面积(hm²)	占耕地面积(%)
一级	I	>15.00	15.4	18.45	0.04
二级	II	9.0~15.0	10.3	14 521.79	31.01
三级	III	7.0~9.0	7.9	23 902.85	51.05
四级	IV	≤7.0	6	8383.59	17.9
		全县	8.72	46 826.69	

1.土壤有效锰含量空间分布

对各乡（镇）有效锰含量进行对比分析，小于平均值的有7个乡（镇），分别为寺滩乡、芦阳镇、红水镇、正路乡、喜泉镇、上沙沃镇和漫水滩乡。一条山镇最高，为12.05mg/kg；漫水滩乡最低，为6.79mg/kg（附图10、图3-19）。

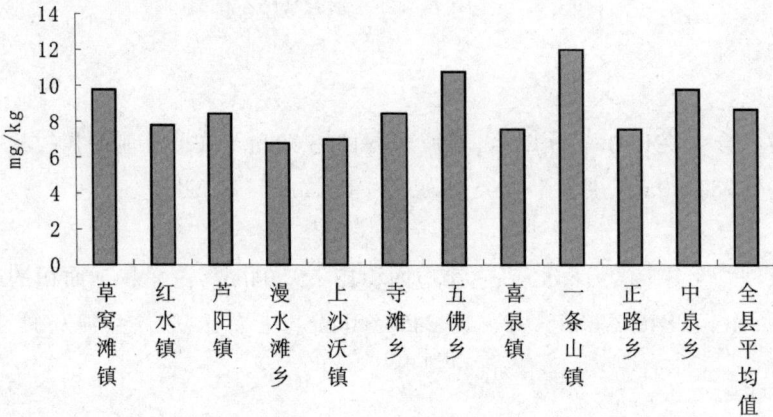

图3-19　不同乡镇土壤有效锰含量

2.不同土壤类型有效锰含量变化

对不同土壤类型有效锰含量进行对比分析，灌漠土最高，为15.6mg/kg；粗骨土最低，为7.0mg/kg（图3-20）。

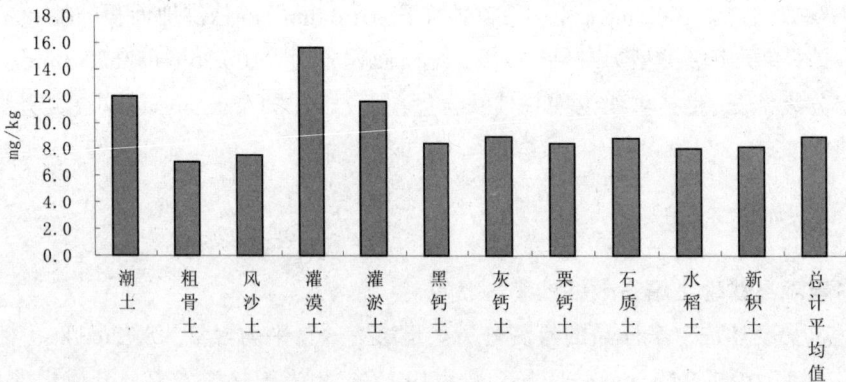

图3-20　不同土壤类型有效锰含量

3.不同土地利用类型有效锰变化

对不同土壤类型有效锰含量进行对比分析,其他园地最高,为11.6mg/kg;旱地最低,为7.5mg/kg(图3-21)。

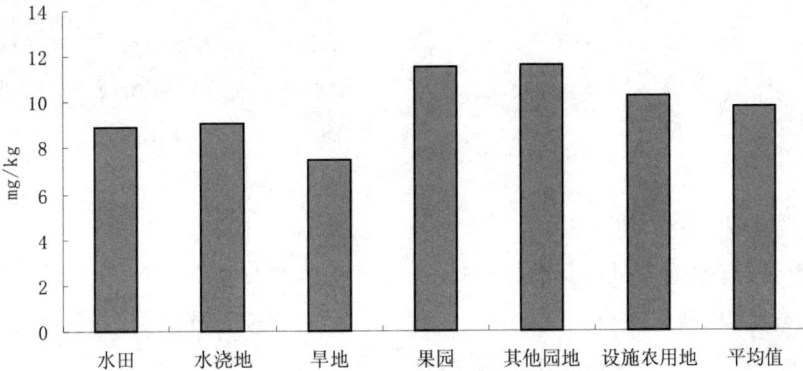

图3-21　不同土地利用类型有效锰含量

(二)分级论述

1.一级

土壤有效锰含量在15.0mg/kg以上,耕地面积18.45hm²,占总耕地面积的0.04%,主要分布在一条山镇14.04hm²。主要土壤类型为石质土,面积14.86hm²。

2.二级

土壤有效锰含量在9.0~15.0mg/kg,耕地面积14 521.79hm²,占总耕地面积的31.01%,主要分布在一条山镇3677.71hm²,芦阳镇1586.23hm²。主要土壤类型为灰钙土,面积10 213.66hm²。

3.三级

土壤有效锰含量在7.0~10.0mg/kg,耕地面积23 902.85hm²,占总耕地面积的51.05%,主要分布在寺滩乡5826.89hm²,正路乡5097.07hm²,喜泉镇2446.97hm²,红水镇1942.47hm²。主要土壤类型为灰钙土和栗钙土,面积分别为13 694.04hm²和4575.81hm²。

4.四级

土壤有效锰含量在7.0mg/kg以下,耕地面积8383.59hm²,占总耕地面积的17.9%,主要分布在红水镇1815.80hm²,正路乡1834.64hm²,寺滩乡1515.14hm²。主要土壤类型为灰钙土和栗钙土,面积分别为4509.48hm²和1634.72hm²。

根据分级情况,我县耕地土壤有效锰含量在低水平以下的分布面积占17.9%,说明旱作耕地土壤有缺锰现象。

八、土壤有效铜

(一)耕地土壤有效铜的基本状况

根据对景泰县1181个样品的检测分析,土壤有效铜平均含量为0.95mg/kg,标准差为0.2,变化区间为0.1~2.43mg/kg,变异系数为21.05%。相当于甘肃省养分分级标准Ⅲ级,属较低水平(表3-11)。

表3-11　景泰县耕地土壤有效铜分级

有效铜分级	相当于甘肃省养分分级	含量范围(mg/kg)	平均值(mg/kg)	面积(hm²)	占耕地面积(%)
一级	Ⅱ	>1.0	1.17	8653.68	18.48
二级	Ⅲ	0.5~1.0	0.8	37 254.20	79.56
三级	Ⅳ	≤0.5	0.43	918.81	1.96
		全县	0.95	46 826.69	

1.土壤有效铜含量空间分布

对各乡(镇)有效铜含量进行对比分析,小于平均值的乡镇有7个,分别为寺滩乡、芦阳镇、正路乡、喜泉镇、漫水滩乡、红水镇和上沙沃镇。一条山镇和五佛乡有效铜含量最大,为1.29mg/kg;上沙沃最小,为0.74mg/kg。(附图11、图3-22)

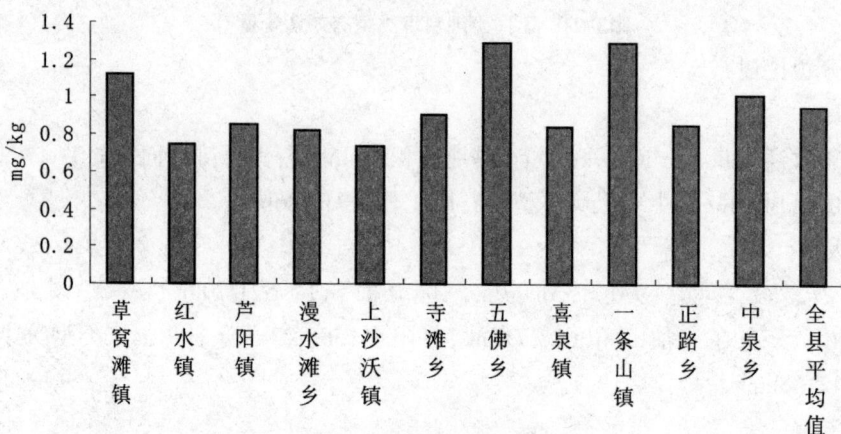

图3-22　不同乡镇土壤有效铜含量

2.不同土壤类型有效铜含量变化

对不同土壤类型有效铜含量进行对比分析,水稻土最高,为1.30mg/kg;风沙土最低,为0.72mg/kg(图3-23)。

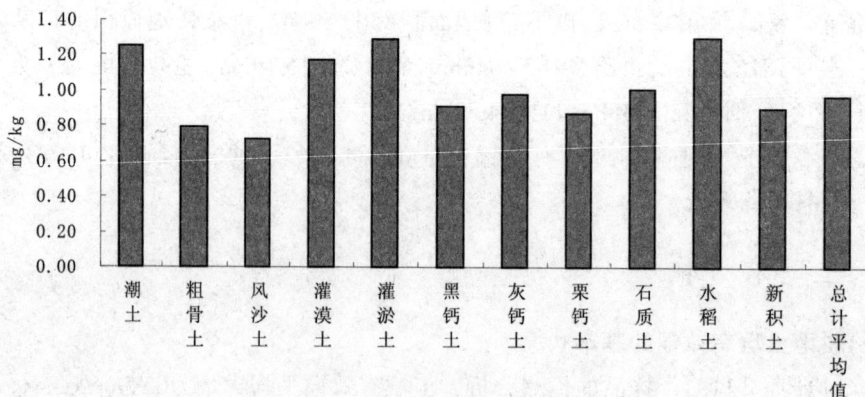

图3-23　不同土壤类型有效铜含量

3.不同土地利用类型有效铜变化

对不同土地利用类型有效铜含量进行对比分析,水田最高,为1.39mg/kg;旱地最低,为0.85mg/kg(图3-24)。

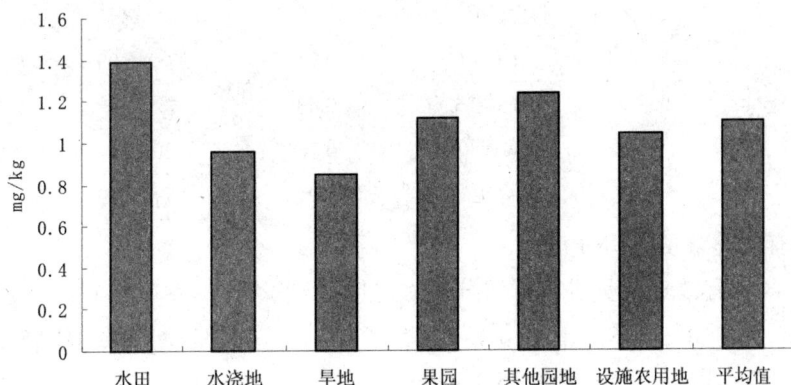

图3-24　不同土地利用类型有效铜含量

(二)分级论述

1.一级

土壤有效铜含量在1.0mg/kg以上,耕地面积8653.68hm²,占总耕地面积的18.48%,主要分布在一条山镇3368.30hm²,草窝滩镇1268.19hm²。主要土壤类型为灰钙土,面积6811.18hm²。

2.二级

土壤有效铜含量在0.5~1.0mg/kg,耕地面积37 254.20hm²,占总耕地面积的79.56%,主要分布在寺滩乡7509.82hm²,正路乡7964.24hm²,喜泉镇4173.15hm²,红水镇3462.00hm²。主要土壤类型为灰钙土和栗钙土,面积分别为20 990.61hm²和7026.51hm²。

3.三级

土壤有效铜含量在0.5mg/kg以下,耕地面积918.80hm²,占总耕地面积的1.96%,主要分布在红水镇803.27hm²。主要土壤类型为灰钙土和风沙土,面积分别为618.98hm²和283.85hm²。

根据分级情况,我县耕地土壤有效铜含量处于低水平以下的分布面积占1.96%,说明耕地土壤基本不缺铜。

九、土壤有效锌

(一)土壤有效锌的基本状况

根据对景泰县1078个样品的检测分析,土壤有效锌平均含量为1.01mg/kg,标准差为0.28,变化区间为0.2~6.26mg/kg,变异系数为27.72%。相当于甘肃省养分分级标准Ⅱ级,属中等水平(表3-12)。

表3-12 景泰县耕地土壤有效锌分级

有效锌分级	相当于甘肃省养分分级	含量范围(mg/kg)	平均值(mg/kg)	面积(hm²)	占耕地面积(%)
一级	Ⅱ	>1.0	1.15	6233.61	13.31
二级	Ⅲ	0.5~1.0	0.71	38 946.08	83.17
三级	Ⅳ	0.3~0.5	0.43	1353.73	2.89
四级	Ⅴ	≤0.30	0.28	293.26	0.63
		全县	1.01	46 826.69	

1.土壤有效锌含量空间分布

对各乡(镇)有效锌含量进行对比分析,含量小于平均值的乡(镇)有7个,分别是漫水滩乡、中泉乡、芦阳镇、寺滩乡、上沙沃镇、红水镇和正路乡。喜泉镇最高,为1.55mg/kg;正路乡最低,为0.67mg/kg(附图12、图3-25)。

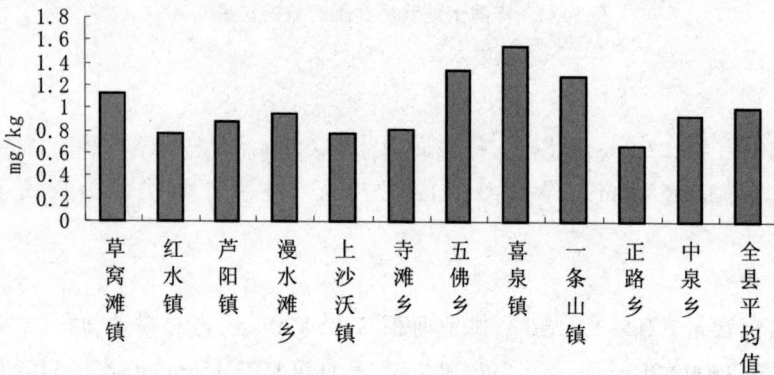

图3-25 不同乡镇土壤有效锌含量

2.不同土壤类型有效锌含量变化

对不同土壤类型有效锌含量进行对比分析,灌淤土有效锌含量最高,为1.34mg/kg;黑钙土最低,为0.39mg/kg(图3-26)。

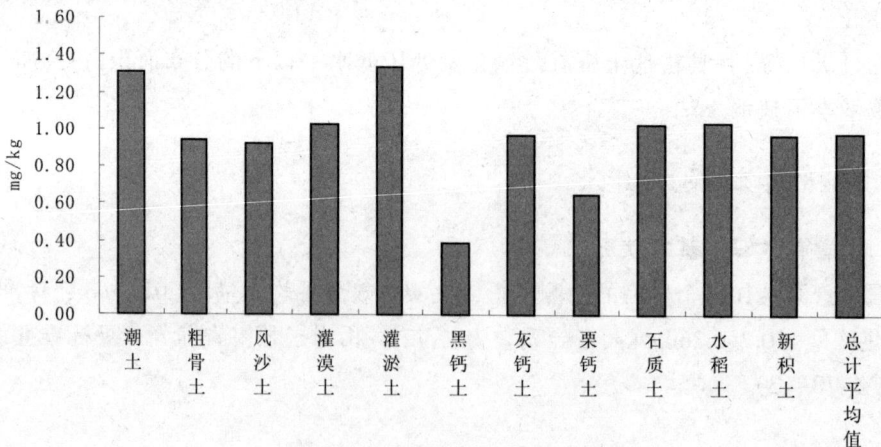

图3-26 不同土壤类型有效锌含量

3.不同土地利用类型有效锌变化

对不同土地利用类型有效锌含量进行对比分析，设施农用地有效锌含量最高，为1.32mg/kg；旱地最低，为0.55mg/kg(图3-27)。

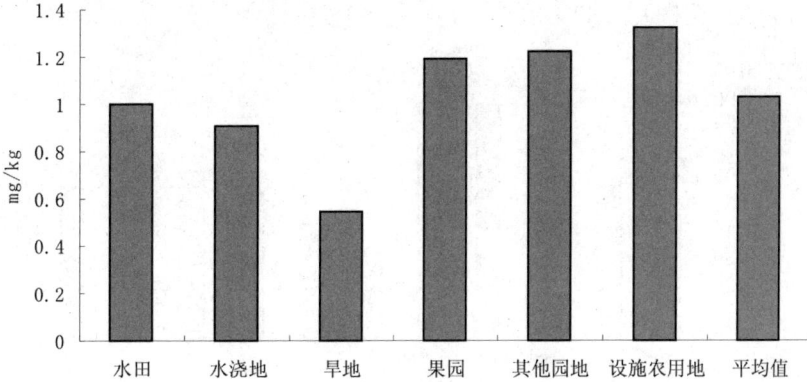

图3-27　不同土地利用类型有效锌含量

(二)分级论述

1.一级

土壤有效锌含量在1.0mg/kg以上，耕地面积6233.61hm²，占总耕地面积的13.31%，主要分布在一条山镇1980.94hm²，五佛乡825.39hm²，漫水滩乡743.04hm²。主要土壤类型为灰钙土，面积4543.91hm²。

2.二级

土壤有效锌含量在0.5~1.0mg/kg，耕地面积38 946.08hm²，占总耕地面积的83.17%，主要分布在正路乡7961.22hm²，寺滩乡7458.42hm²。主要土壤类型为灰钙土和栗钙土，面积分别为22 950.87hm²和6989.34hm²。

3.三级

土壤有效锌含量在0.3~0.5mg/kg，耕地面积1353.73hm²，占总耕地面积的2.89%，主要分布在红水镇1017.48hm²。主要土壤类型为灰钙土和风沙土，面积分别为698.88hm²和524.46hm²。

4.四级

土壤有效锌含量在0.3mg/kg以下，耕地面积293.26hm²，占总耕地面积的0.63%，全部分布在红水镇。主要土壤类型为灰钙土和风沙土，面积分别为227.12hm²和63.30hm²。

根据分级情况，我县耕地土壤有效锌含量在低水平以下的分布面积占3.52%，说明耕地土壤基本不缺锌。

十、土壤有效硫

(一)土壤有效硫含量空间分布

根据对景泰县40个样品的检测分析，土壤有效硫平均含量为56.6mg/kg，标准差为16.49，变化区间为17~98.3mg/kg，变异系数为29.13%。相当于甘肃省养分分级标准Ⅰ级，属高水平。

对各乡(镇)有效硫含量进行对比分析,小于平均值的乡(镇)有6个,分别是红水镇、喜泉镇、草窝滩镇、芦阳镇、五佛乡和寺滩乡。漫水滩乡有效硫含量最高,为87.7mg/kg;寺滩乡最低,为31.7mg/kg(附图13、图3-28)。

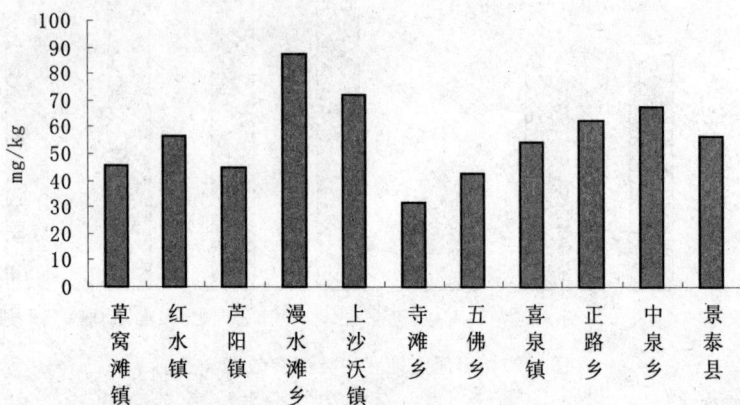

图3-28 不同乡镇土壤有效硫含量

(二)不同土壤类型有效硫含量变化

对不同土壤类型有效硫含量进行对比分析,栗钙土有效硫含量最高,为62.7g/kg;新积土最低,为21.5mg/kg(图3-29)。

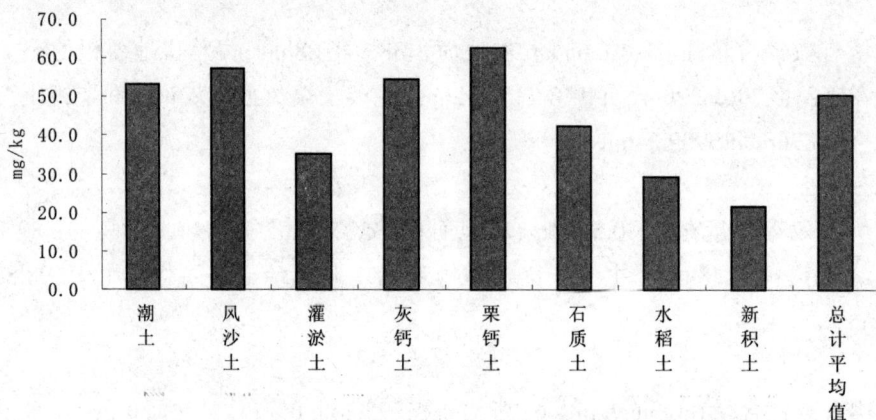

图3-29 不同土壤类型有效硫含量

(三)不同土地利用类型有效硫变化

对不同土地利用类型有效硫含量进行对比分析,其他园地有效硫含量最高,为54mg/kg;水田最低,为29mg/kg(图3-30)。

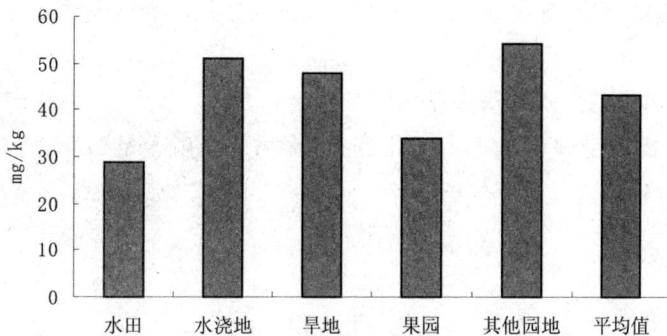

图3-30 不同土地利用类型有效硫含量

十一、土壤全磷

土壤全磷量即磷的总贮量,包括有机磷和无机磷两大类。自然土壤中全磷含量主要取决于成土母质类型、风化程度和土壤中磷的淋出情况。在耕地土壤中,全磷含量还受到人为因素如耕作、施肥等过程的影响。

土壤中的磷素大部分是以迟效性状态存在,因此土壤全磷含量并不能作为土壤磷素供应的指标,全磷含量高时并不意味着磷素供应充足,而全磷含量低于某一水平时,却可能意味着磷素供应不足。因此了解土壤磷总贮量,对生产实践有一定的参考价值。

(一)土壤全磷含量空间分布

根据对景泰县340个样品的检测分析,土壤全磷平均含量为1.27g/kg,标准差为0.13,变化区间为0.9~1.8g/kg,变异系数为10.24%。

对各乡(镇)全磷含量进行对比分析,大于平均值的有6个乡(镇),分别为上沙沃镇、漫水滩乡、一条山镇、中泉乡、寺滩乡和红水镇。上沙沃镇全磷含量最高,为1.43g/kg;正路乡最低,为1mg/kg(附图14、图3-31)。

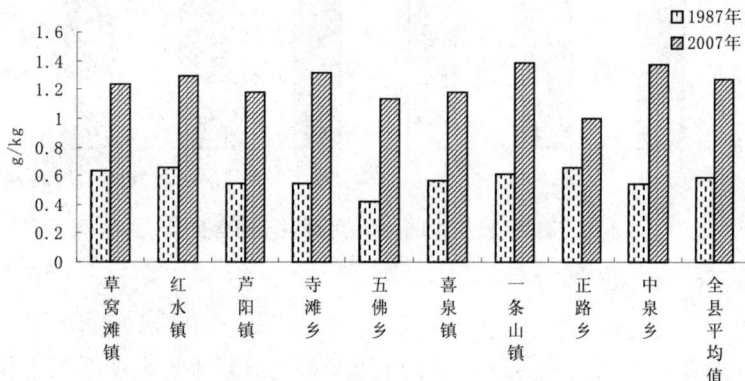

图3-31 不同乡镇土壤全磷含量

与第二次土壤普查测定的全磷含量0.59g/kg相比较,土壤全磷平均含量增加了0.66g/kg,增幅为115%。一般来说,土壤中的全磷量是比较稳定的,此次测定结果变化较大,除与土壤耕作施肥措施有关外,主要可能是由于分析方法不一致。第二次土壤普查中,全磷测定方法是高氯酸–硫酸浸提、钼锑抗比色法测定,而此次采用的方法是氢氧化钠熔融、钼锑抗比色法测定。

(二)不同土壤类型全磷含量变化

对不同土壤类型全磷含量进行对比分析,水稻土全磷含量最高,为1.56g/kg;潮土最低,为1.09g/kg(图3-32)。

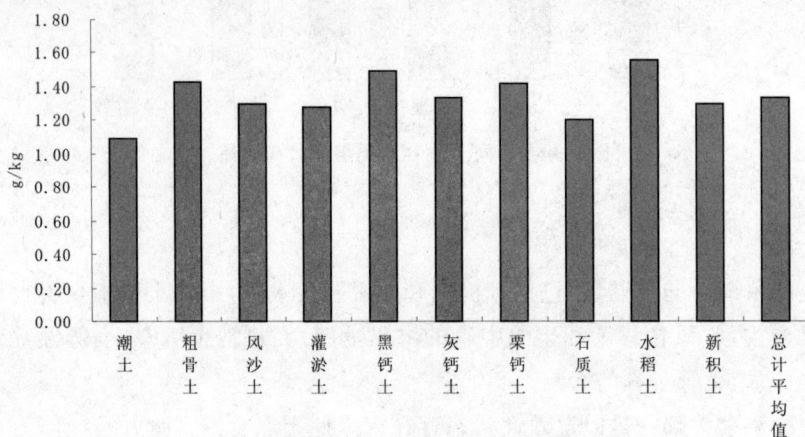

图3-32　不同土壤类型全磷含量

(三)不同土地利用类型全磷变化

对不同土地利用类型全磷含量进行对比分析,设施农用地全磷含量最高,为1.5g/kg;水田全磷含量最低,为1g/kg(图3-33)。

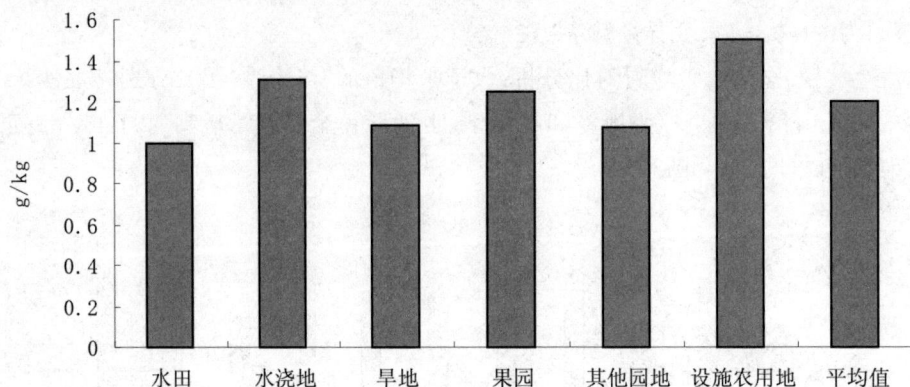

图3-33　不同土地利用类型全磷含量

十二、土壤全钾

钾素是植物生长所需要的养分之一,土壤全钾的含量不能说明对当季作物的供钾情况,只能说明土壤钾总贮量的丰缺。

(一)土壤全钾含量空间分布

根据对景泰县340个样品的检测分析,土壤全钾平均含量为35.21g/kg,标准差为1.00,变化区间为22.4~47.5g/kg,变异系数为2.84%。

对各乡(镇)全钾含量进行对比分析,大于平均值的有4个乡(镇),分别为红水镇、喜泉镇、一条山镇、中泉乡。一条山镇全钾含量最高,为36.23g/kg;正路乡最低,为33.25g/kg(附图15、图3-34)。

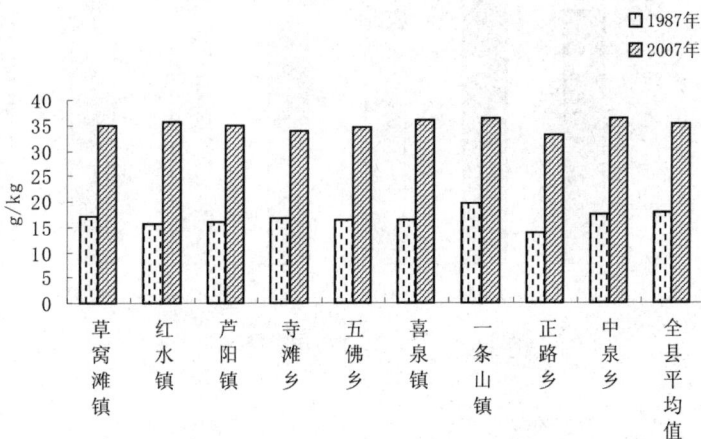

图3-34 不同乡镇土壤全钾含量

与第二次土壤普查测定的全钾含量相比较,土壤全钾平均含量增加了18.37g/kg;全县各乡镇都有不同程度的增加,增幅最大的为红水镇、喜泉镇和正路乡,增加了19.35g/kg以上;增幅最小的为一条山镇,为16.73g/kg。一般来说,土壤中的全钾量是比较稳定的,此次测定结果变化较大,除与土壤耕作施肥措施有关外,主要可能是由于分析方法不一致。第二次土壤普查中,全钾测定方法是$CaCO_3$-NH_4Cl熔融、火焰光度计测定,而此次采用的方法是氢氧化钠熔融、火焰光度计法测定。

(二)不同土壤类型全钾含量变化

对不同土壤类型全钾含量进行对比分析,粗骨土和石质土全钾含量最高,为39.2g/kg;灌淤土全钾含量最低,为33.1g/kg(图3-35)。

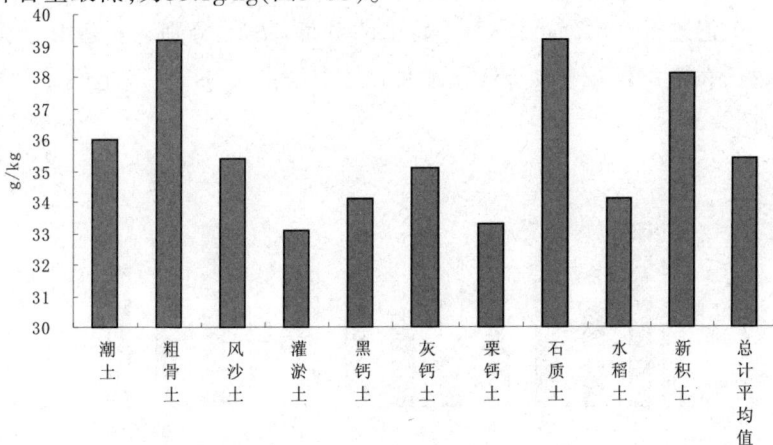

图3-35 不同土壤类型全钾含量

(三)不同土地利用类型全钾变化

对不同土地利用类型全钾含量进行对比分析,设施农用地全钾含量最高,为39.8g/kg;

果园全钾含量最低,为32.8g/kg(图3-36)。

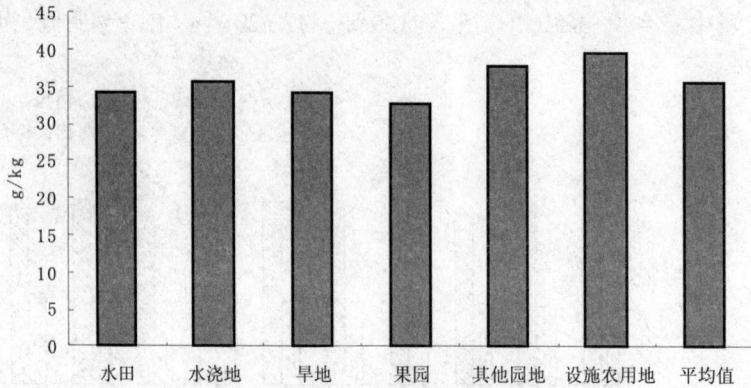

图3-36　不同土地利用类型全钾含量

第三节　土壤化学特性

一、土壤pH值

土壤pH是土壤酸碱度的强度指标,是土壤的基本性质和肥力的重要影响因素之一。它直接影响土壤养分的存在状态、转化和有效性,从而影响植物的生长发育。高的pH值可以使土壤中的磷、铁、锰、硼等元素的有效性降低,但对钾的有效性通常较好。根据对景泰县1308个样品的测试分析,结果显示,pH值平均值为8.27,标准差为0.07,变化区间为7.5~8.8,变异系数为0.85%。土壤呈微碱性,在农业生产中须注重磷肥及铁、锰、硼等微量元素肥料的施用。

(一)土壤pH值空间分布

对各乡镇pH值进行对比分析,小于平均值的乡镇有6个,分别为一条山镇、漫水滩镇、红水镇、喜泉镇、寺滩乡和五佛乡。pH值最大的是中泉乡,为8.38;最小的是一条山镇,为8.18(附图16、图3-37)。

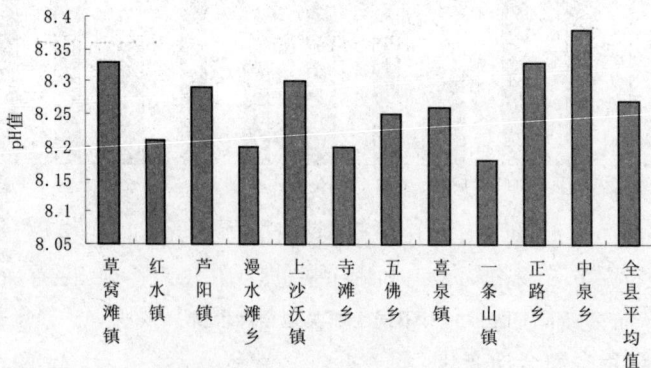

图3-37　不同乡镇土壤pH值

(二)不同土壤类型pH值变化

对不同土壤类型pH值进行对比分析,粗骨土pH值最高,为8.5。水稻土pH值最低,为8.1(图3-38)。

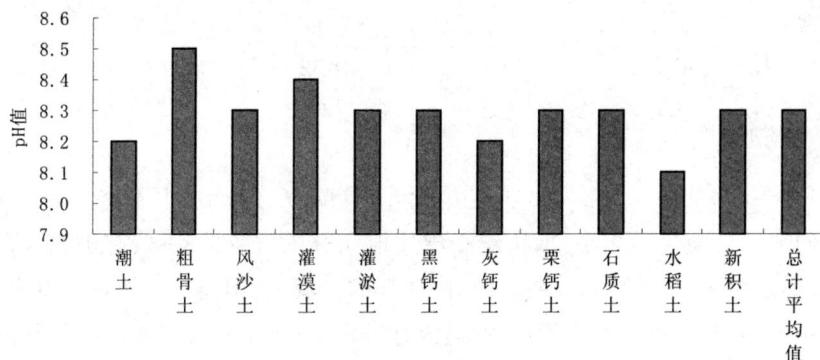

图3-38　不同土壤类型pH值

(三)不同土地利用类型pH值变化

对不同土地利用类型pH值进行对比分析,果园pH值最高,为8.36。设施农用地pH值最低,为7.93(图3-39)。

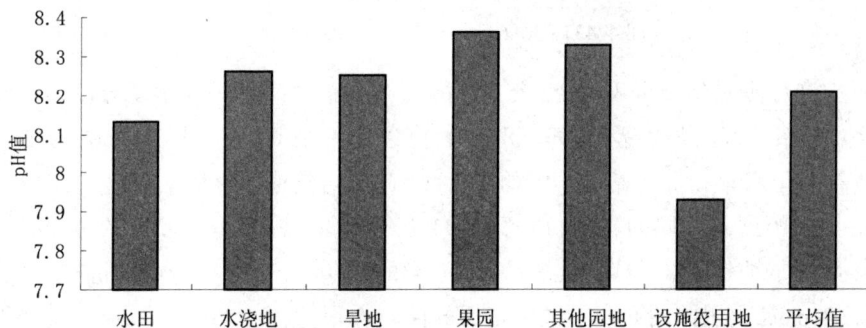

图3-39　不同土壤类型pH值

二、土壤阳离子代换量

阳离子代换量是在一定pH条件下,土壤所含有的代换性阳离子的最大量。它的大小标志着土壤保肥能力强弱。一般认为,代换量大于20cmol/kg为保肥力强,10~20cmol/kg之间为保肥力中等,小于10cmol/kg则为保肥力弱。

根据24个剖面的化验结果,景电灌区的土壤(灌溉淡灰钙土)耕层(0~20cm)平均值为6.44cmol/kg。剖面中下部略有升高,这是由于土壤耕层有机质含量低和质地较粗的原因;另一方面,由于各洪积层的质地不同,往往在中下部有黏土层出现。因而使中下层土壤的代换量较高。有机质含量高的灌漠土,由于具有深厚的耕作熟化层,阳离子代换量显著高于其他土类,耕层平均10.35cmol/kg,而且通层均高。五佛滩的潮土由于质地较粗,也是代换量较小的土壤,耕层平均7.3cmol/kg,中下层的变化也不大。灌淤土和水稻土,质地较黏,有机质稍高,代换量相对较高,通层都在10cmol/kg左右。总之,我县灌区绝大多数土壤代换量低,保肥能力差(表3-13)。

表3-13　主要土壤类型阳离子代换量表

单位:cmol/kg

层次(cm)	0~20	20~50	50~100	100~150	剖面数(N)
灌溉淡灰钙土	6.44	6.9	6.99	6.77	14
灌漠土	10.35	11.09	10.52	9.88	6
潮土	7.3	7.38	7.61	7.8	1
灌淤土	10.4	9.3	9.66	9.9	1
水稻土	10.61	11.15	14.25	11.8	1

土壤阳离子代换量的大小,取决于土壤质地和有机质含量。一般有机质含量越高,质地越粘,代换量越大。相关分析表明,在不同质地的土壤上,阳离子代换量和有机质含量都呈显著正相关,其相关系数及其代换量(y)依有机质(x)变化的回归方程列于表3-14。

表3-14　不同质地土壤代换量与有机质相关性表

质地类型	回归方程	相关系数(r)	标准误差(Syx)
砂壤	$y=5.3631+1.5176X$	0.4985	2.0584
轻壤	$y=7.2404+2.03947X$	0.5623	3.175
中壤	$y=8.4743+3.3086X$	0.6295	2.974

进一步进行协方差分析表明:三个方程的回归截距之间有极显著差异($F=13.46>F_{0.01}=5.01$);而回归系数间无显著差异($F=0.89<1$),可以用一个共同的回归系数2.1112表示,方程的图象是一组斜率相等而高度不同的平行线。在不同质地的土壤上,代换量随有机质的增加而增加的幅度是相同的,有机质每增加1%,代换量增加2.1cmol/kg。在相同有机质含量的情况下,不同质地土壤的代换量是有显著差异的,中壤土较轻壤土高2.8cmol/kg,轻壤土较砂壤土高2.2cmol/kg,用共同回归系数矫正后的回归方程为:

砂壤 $\hat{y}=4.9194+2.1112X$

轻壤 $\hat{y}=7.1419+2.1112X$

中壤 $\hat{y}=9.9759+2.1112X$

三、土壤碳酸钙

我县土壤属石灰性土壤,碳酸钙的含量普遍较高。根据灌区27个剖面的统计,0~50cm平均含量9.90%,从碳酸钙在剖面中的分布状况看,由于受灌溉水的淋洗而有明显的下移现象,但土体构型不同淋洗程度不同;壤体灰黄土表现为从上至下逐渐过渡;有障碍层次的各土种,如红砂底、砾底、夹砂夹砾灰黄土等,在剖面中部有较明显的聚积;河流冲积物上发育的潮土、灌淤土,碳酸钙含量较低,通层在3%~6%之间,平均含量潮土为4.49%,灌淤土为4.76%;处于低洼地带的水稻土和草甸盐土,由于地下水位高,甚至季节性积水,使淋洗作用相对较弱,因而碳酸钙含量较高,水稻土平均为10.01%,草甸盐土为9.01%。

山区土壤的碳酸钙含量随着海拔升高,降雨量增大而逐渐减少,以亚高山草甸土最低,平均2.68%,灰钙土最高,平均13.4%。将灌溉淡钙土与自然状态灰钙土进行比较,则可看出,灌溉对碳酸钙的淋洗作用是十分明显的,通层平均含量减少了3.5%,相对减少了26%(见表3-15)。

表3-15 土壤CaCO₃含量表

单位:%

层次(cm)区域土壤类型		0~20	20~50	50~100	100~150	通层平均
灌区	壤体灰黄土	9.11	9.56	9.92	10.31	9.82
	红砂底等灰黄土	9.38	9.99	11.16	8.17	9.99
	潮土	4.23	4.37	4.4	4.69	4.49
	灌淤土	4.7	4.79	4.75	4.35	4.76
	水稻土	8.94	9.75	11.9	8.7	10.01
	草甸盐土	7.6	9.29	9.4		9.01
山区	亚高山草甸土	1.81	1.43	2.993	6.03	2.68
	黑钙土	3.36	2.61	1.68	18.29	4.72
	灰褐土	3.94	4.88	4.01	12.8	5.65
	栗钙土	9.97	9.41	11.76	13.1	10.92
	灰钙土	12.16	12.76	13.67	15.77	13.4

四、土壤水溶性盐

(一)土壤水性盐含量空间分布

根据对景泰县880个样品的检测分析,土壤水溶性盐平均含量为1.52g/kg,标准差为0.29,变化区间为0.5~5g/kg,变异系数为19.08%。

对各乡(镇)水溶性盐含量进行对比分析,小于平均值的乡(镇)有7个,分别是寺滩乡、芦阳镇、漫水滩乡、正路乡、喜泉镇、上沙沃镇和红水镇。一条山镇水溶性盐含量最高,为2.03g/kg;红水镇最低,为1.17g/kg(附图17、图3-40)。

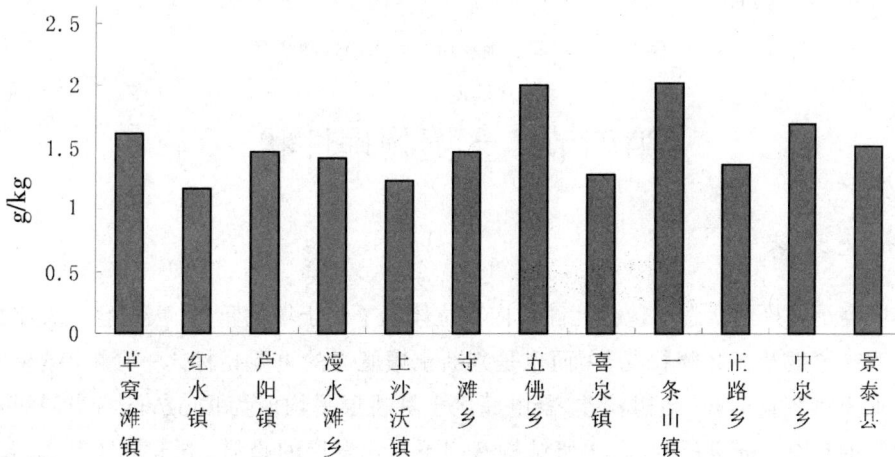

图3-40 不同乡镇土壤水溶性盐含量

(二)不同土壤类型水溶性盐含量变化

对不同土壤类型水溶性盐含量进行对比分析,潮土水溶性盐含量最高,为2.46g/kg;灌漠土水溶性盐含量最低,为1.00g/kg(图3-41)。

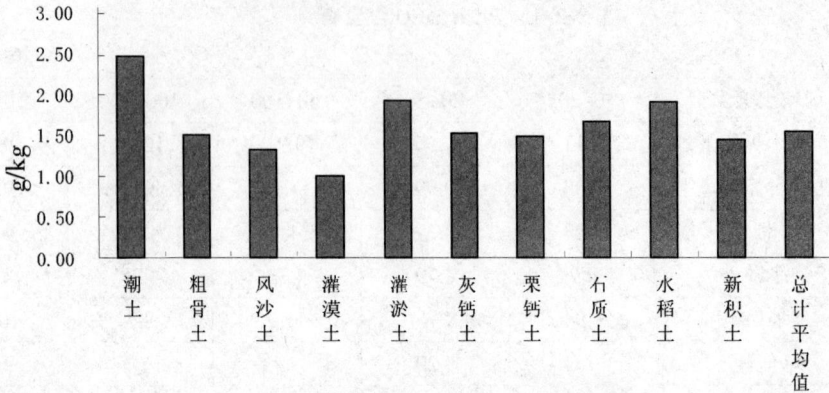

图3-41　不同土壤类型水溶性盐含量

(三)不同土地利用类型水溶性盐变化

对不同土地利用类型水溶性盐含量进行对比分析,其他园地水溶性盐含量最高,为2.08g/kg;旱地最低,为1.31g/kg(图3-42)。

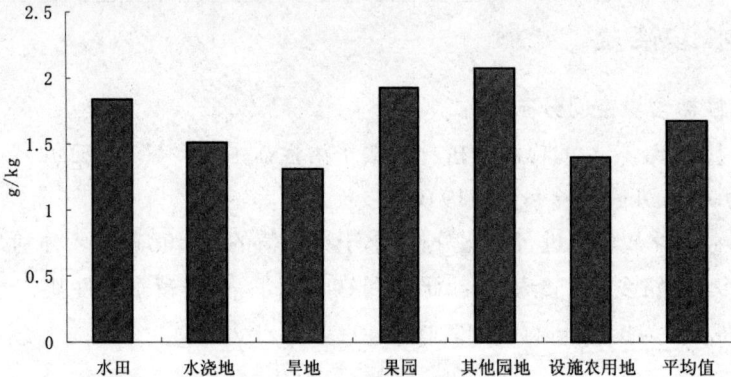

图3-42　不同土地利用类型水溶性盐含量

第四节　土壤物理性状

一、土壤容重

土壤容重是自然状态下包括孔隙在内单位体积干燥土壤的重量。根据容重大小,可以推知土壤松紧度及其孔隙状况,因而也是判断土壤肥力的重要指标之一。测定结果表明,我县耕地土壤容重偏高,结构较差。景电灌区土壤耕层平均值为1.46g/cm³,比1978年盐碱地调查时的1.29g/cm³有所升高,土壤结构有向不良化发展的趋势。由于条件限制,容重测定较少,对全灌区的代表性较差,故仅以所测各点分别述之(表3-16):

一、红砂底中层、厚层灰黄土：测定点在兰化304农场和龚家湾，可以代表草窝盆地北部一带。如前所述，这一带离沙漠较近，土壤形成过程中有风积沙的参与，因而质地较粗，有机质含量低，容重偏高，土壤大孔隙多，毛管孔隙少，保水保肥性能差；再加上剖面中下部普遍有红砂岩埋藏，土壤通透性差，所以是灌区的低产区。

二、壤体灰黄土：在白银公司农场的测定结果可以代表草窝盆地南部一带，由于上层土壤偏砂，故容重偏高；在100cm以下，有黏土层出现，容重显著降低，这一黏土层既有一定通透性，又有一定保肥性。土壤上层通气状况良好，利于养分释放和作物根系的发育，下层黏土层托水托肥，保证水肥的持续供应，土壤的水肥气热协调。土体构型呈上松下紧的良好状态，因而这一带是灌区比较高产的地区。城北墩的测定结果可以代表芦阳至蒗滩一带，由于上层土壤质地较县城以北地区为黏，故容重稍小，剖面中下部也有黏土层出现，土体构型也呈上松下紧的良好状态。

三、五佛滩的潮土：容重呈现上小下大，这是长期土壤耕作的结果，由于质地偏砂，通层容重偏高。

表3-16　土壤容重测定结果

单位：g/cm³、cm

土壤类型	第一层	第二层	第三层	第四层	第五层	测定地点
红沙底厚层灰黄土	1.55 (0~30)	1.55 (30~75)	1.36 (75~100)			兰化304农场
红沙底中层灰黄土	1.36 (0~39)					草窝滩乡龚家湾
壤体灰黄土	1.54 (0~31)	1.43 (31~66)	1.55 (66~137)	1.32 (137~150)		白银公司农场
	1.38 (0~37)	1.40 (37~56)	1.36 (56~72)	1.21 (72~138)	1.14 (138~150)	芦阳乡城北墩
灌区合计	1.46	1.46	1.42	1.27	1.14	景电灌区
潮土	1.53 (0~26)	1.64 (26~74)	1.65 (74~120)			五佛乡西源村

二、土壤孔隙度

土壤孔隙是土壤水分、空气的通道和贮存场所，它的大小，密切影响土壤水、肥、气、热四大肥力因素的变化和供应状况。一般认为，农业土壤的总孔隙度以50%或稍大为好。根据土壤容重所计算的孔隙度结果表明(见表3-17)，我县土壤总孔隙度普遍较低，都在50%以下，景电灌区耕层平均值44.91%。土壤结构不良，保水保肥性差是当前农业生产面临的一个重要问题，必须积极提倡深耕，增施有机肥，秸秆还田，广种绿肥，才能不断改善土壤结构，提高土壤肥力，使粮食产量有进一步提高。

表3-17 土壤孔隙表

单位:%

土壤类型	第一层	第二层	第三层	第四层	第五层
红砂底厚层灰黄土	41.7	41.51	48.68		
红砂底中层灰黄土	48.68				
壤体灰黄土	41.89	46.04	41.51	50.19	
	47.92	47.17	48.68	54.34	56.98
景电灌区合计	44.91	44.91	46.42	52.08	56.98
潮土	42.45	38.2	37.92		

表3-18 景泰县土壤养分平均含量及变异程度

项目	样本数	变化区间	平均值	标准差	变异系数%
pH	1308	7.5~8.8	8.27	0.07	0.85
水溶性盐分 g/kg	880	0.5~5	1.52	0.29	19.08
有机质 g/kg	1265	5~24.8	13.3	1.95	14.66
全氮 g/kg	1332	0.2~1.49	0.80	0.08	10.26
碱解氮 mg/kg	1342	17~197	73.35	6.37	8.68
全磷 g/kg	340	0.9~1.8	1.27	0.13	10.24
有效磷 mg/kg	1337	1~58.8	17.51	2.7	15.42
全钾 g/kg	340	22.4~47.5	35.21	1.00	2.84
速效钾 mg/kg	1328	50~494	177.1	29.68	16.76
有效铁 mg/kg	1225	2~22	10.7	2.42	22.62
有效锰 mg/kg	1231	0.2~24.6	8.72	1.69	19.38
有效铜 mg/kg	1181	0.1~2.43	0.95	0.2	21.05
有效锌 mg/kg	1078	0.2~6.26	1.01	0.28	27.72
有效硫 mg/kg	40	17~98.3	56.6	16.49	29.13

表3-19 不同乡（镇）土壤养分平均含量及变化范围

乡（镇）名称		pH	水溶性盐分 g/kg	有机质 g/kg	全氮 g/kg	碱解氮 mg/kg	全磷 g/kg	有效磷 mg/kg	全钾 g/kg	速效钾 mg/kg	有效铁 mg/kg	有效锰 mg/kg	有效铜 mg/kg	有效锌 mg/kg	有效硫 mg/kg
草窝滩镇	最大值	8.8	4.1	23	1.37	197	2	55.1	46.4	478	21.9	22.6	2.43	2.69	90.4
	最小值	7.6	0.5	5.3	0.22	21	1	2.6	24.4	69	3.4	0.4	0.1	0.2	28.2
	平均值	8.33	1.62	13.8	0.81	77.1	1.24	18.8	35.04	188.87	12.17	9.8	1.12	1.13	45.5
红水镇	最大值	8.8	4.8	21.6	1.22	157	2	51.4	46.9	365	17.4	24.6	1.92	6.26	77.4
	最小值	7.5	0.5	5	0.2	19	1	1.1	22.6	51	2.3	0.2	0.11	0.2	24.6
	平均值	8.21	1.17	11.1	0.64	70	1.29	13.8	35.54	162.63	8.83	7.75	0.75	0.77	56.5
芦阳镇	最大值	8.8	4.5	24.8	1.37	183	2	56.9	46.9	432	21.6	23.5	2.38	2.28	92.3
	最小值	7.5	0.5	5.2	0.3	19	1	1	22.4	54	2	0.7	0.1	0.2	17
	平均值	8.29	1.46	14.1	0.81	75.8	1.18	21.6	34.85	196.39	9.6	8.46	0.86	0.89	44.8
漫水滩乡	最大值	8.8	4.2	21.6	1.14	187	2	47.2	47	490	17.4	18.3	1.91	1.89	93.8
	最小值	7.5	0.5	5	0.29	17	1	1	23.7	53	2	0.4	0.14	0.2	81.5
	平均值	8.2	1.41	11.5	0.7	75.9	1.42	14	35.62	182.85	9.44	6.79	0.82	0.95	87.7
上沙沃镇	最大值	8.8	3.4	21.6	1.19	174	2	43.2	46.8	440	14.9	13.6	1.63	1.65	98.3
	最小值	7.7	0.5	5	0.21	22	1	2.4	23.2	50	2.5	0.5	0.11	0.2	45.9
	平均值	8.3	1.23	11.4	0.66	65.1	1.43	15.3	36.14	169.69	7.69	6.95	0.74	0.78	72.1
寺滩乡	最大值	8.8	2.6	24.7	1.49	196	2	58.2	47.5	494	17.2	18.6	1.89	1.88	31.7
	最小值	7.5	0.5	5.2	0.35	23	1	1.7	23.8	53	3.7	0.5	0.12	0.22	31.7
	平均值	8.2	1.47	14.2	0.84	80.2	1.32	18	33.81	200.49	10.29	8.48	0.91	0.82	31.7
五佛乡	最大值	8.8	3.1	24.4	1.32	185	2	52.6	44.8	266	21.9	23	2.41	2.37	67.6
	最小值	7.5	0.5	5.2	0.24	19	1	2.8	23.3	50	3.1	0.6	0.13	0.35	21.5
	平均值	8.25	2	12	0.86	64.4	1.14	19.5	34.69	110.38	14.57	10.8	1.29	1.34	42.9

续表3—19

乡（镇）名称		pH	水溶性盐分 g/kg	有机质 g/kg	全氮 g/kg	碱解氮 mg/kg	全磷 g/kg	有效磷 mg/kg	全钾 g/kg	速效钾 mg/kg	有效铁 mg/kg	有效锰 mg/kg	有效铜 mg/kg	有效锌 mg/kg	有效硫 mg/kg
喜泉镇	最大值	8.8	3.9	24.8	1.45	186	2	52.6	46.4	481	21	22.1	2.36	85	65.6
	最小值	7.5	0.5	6.4	0.28	18	1	1.8	25.3	56	3.4	0.5	0.1	0.2	32.4
	平均值	8.26	1.28	15.1	0.87	77.3	1.18	16.9	35.88	183.93	9.43	7.51	0.84	1.55	54.4
一条山镇	最大值	8.8	5	23.2	1.48	197	2	55.8	47.4	459	22	24.5	2.42	3.4	—
	最小值	7.5	0.5	6.1	0.29	25	1	1	24	55	4.6	0.5	0.11	0.2	—
	平均值	8.18	2.03	14.1	0.87	74.7	1.38	21.5	36.23	195.58	15.06	12.05	1.29	1.28	—
正路乡	最大值	8.8	4.8	24.8	2.53	187	1	58.8	36.6	479	13.4	16.3	2.07	1.4	62.7
	最小值	7.8	0.6	9.6	0.5	23	1	1.6	30.1	72	4.6	0.8	0.31	0.2	62.7
	平均值	8.33	1.37	17.4	1.33	82	1	17.4	33.25	214.52	8.64	7.53	0.85	0.67	62.7
中泉乡	最大值	8.8	4.4	24.6	1.49	189	2	47.8	47.5	494	21.8	23.4	2.38	2.19	67.9
	最小值	7.5	0.5	5.5	0.2	17	1	1.1	23.7	52	3.7	0.7	0.1	0.2	67.9
	平均值	8.38	1.7	11.8	0.8	64.4	1.37	15.8	36.23	142.3	11.6	9.81	1.01	0.93	67.9
景泰县	最大值	8.8	5	24.8	1.49	197	2	58.8	47.5	494	22	24.6	2.43	85	98.3
	最小值	7.5	0.5	5	0.2	17	1	1	22.4	50	2	0.2	0.1	0.2	17
	平均值	8.27	1.52	13.3	0.80	73.35	1.27	17.51	35.21	177.1	10.7	8.72	0.95	1.01	56.6

表3-20 不同乡（镇）土壤养分测试样本数（个）

乡（镇）名称	pH	水溶性盐分	有机质	全氮	碱解氮	全磷	有效磷	全钾	速效钾	有效铁	有效锰	有效铜	有效锌	有效硫
草窝滩镇	178	118	185	188	187	46	187	46	186	158	158	153	141	5
红水镇	167	74	155	169	169	55	172	55	172	132	136	129	114	5
芦阳镇	160	106	155	165	165	40	161	40	163	149	150	144	126	7
漫水滩乡	82	38	72	77	83	31	85	31	81	69	70	66	56	2
上沙沃镇	121	85	115	127	123	28	122	28	126	113	114	108	92	2
寺滩乡	108	69	102	104	106	22	105	22	103	91	91	87	82	1
五佛乡	59	48	53	64	57	14	56	14	55	63	64	60	61	13
喜泉镇	144	111	153	154	150	33	148	33	152	140	140	134	123	3
一条山镇	161	133	175	177	174	48	176	48	177	179	177	175	168	-
正路乡	38	29	25	17	36	4	37	4	31	38	38	35	36	1
中泉乡	90	69	75	90	92	19	88	19	82	93	93	90	79	1
总计数	1308	880	1265	1332	1342	340	1337	340	1328	1225	1231	1181	1078	40

表3-21 不同土类养分平均含量及变化范围

土类名称		pH	水溶性盐分 g/kg	有机质 g/kg	全氮 g/kg	碱解氮 mg/kg	全磷 g/kg	有效磷 mg/kg	全钾 g/kg	速效钾 mg/kg	有效铁 mg/kg	有效锰 mg/kg	有效铜 mg/kg	有效锌 mg/kg	有效硫 mg/kg
草甸盐土	最大值	8.2	7.9	18.2	0.77	104	1.74	18.4	44.5	179	8.9	11.7	1.01	0.55	–
	最小值	8	0.5	5.3	0.32	22	1.74	4.6	44.5	97	5.2	0.7	0.28	0.27	–
	平均值	8.10	4.13	11.9	0.58	55.0	1.74	10.7	44.5	147	7.3	6.6	0.64	0.43	–
潮土	最大值	8.5	3	22.2	1.04	81	1.37	23.3	36	116	18.7	23	2.41	2.25	43
	最小值	7.5	0.3	6.3	0.43	42	0.9	10.4	30.4	53	3.2	1.1	0.13	0.53	43
	平均值	8.17	2.08	13.4	0.70	54.6	1.14	16.2	33.2	80	12.4	12.9	1.25	1.46	43.0
粗骨土	最大值	8.8	2.9	23.9	1.39	116	1.46	46.4	47.5	481	20.8	17.5	1.98	2.14	63.3
	最小值	8.1	0.6	6.4	0.29	18	1.03	2.6	30	53	6.2	0.6	0.13	0.27	21.5
	平均值	8.50	1.58	13.0	0.84	67.0	1.28	15.5	39.2	207	12.6	7.4	0.91	1.03	42.4
风沙土	最大值	8.8	3.3	21.6	1.21	134	1.78	39.6	46.8	289	19.1	22.1	2.17	6.26	77.4
	最小值	7.5	0.2	5	0.22	27	0.91	1.1	22.6	51	2	0.2	0.11	0.21	37.5
	平均值	8.24	0.78	9.9	0.57	64.5	1.29	14.7	36.6	147	7.0	6.1	0.63	0.89	54.4
灌漠土	最大值	8.6	1.6	20.9	0.47	89		21.1		228	17.7	20.1	1.01	1.14	–
	最小值	8.6	1	7.1	0.41	50		17.8		135	12.6	9.2	0.55	1.14	–
	平均值	8.60	1.30	14.0	0.44	69.5		19.5		182	15.2	14.7	0.78	1.14	–
灌淤土	最大值	8.7	3.1	24.4	1.37	138	1.67	50	38	266	21.5	23.1	2.39	2.35	33
	最小值	7.5	0.6	5.2	0.24	38	1.07	1.6	24.3	53	4.6	0.7	0.27	0.32	33
	平均值	8.24	2.16	12.2	0.87	72.8	1.39	26.2	33.1	135	14.0	12.0	1.40	1.36	33.0
黑钙土	最大值	8.4		18.6		196	1.37	9.6	40.6	222	17.2	9.3	0.91	0.85	–
	最小值	8		18.6		152	1.15	6.9	32.5	64	4.8	8.4	0.81	0.39	–
	平均值	8.20		18.6		174.0	1.26	8.3	36.6	143	11.0	8.9	0.86	0.62	–

土类名称		pH	水溶性盐分 g/kg	有机质 g/kg	全氮 g/kg	碱解氮 mg/kg	全磷 g/kg	有效磷 mg/kg	全钾 g/kg	速效钾 mg/kg	有效铁 mg/kg	有效锰 mg/kg	有效铜 mg/kg	有效锌 mg/kg	有效硫 mg/kg
灰钙土	最大值	8.8	13	24.8	1.49	197	1.8	58.2	47.5	494	22	24.6	2.43	3.92	93.8
	最小值	7.5	0.3	5	0.2	17	0.9	1	22.4	50	2	0.4	0.1	0.2	17
	平均值	8.25	1.58	13.5	0.80	75.3	1.33	18.1	35.0	187	11.0	9.1	0.98	0.98	51.1
栗钙土	最大值	8.8	10.8	24.8	1.46	187	1.65	54.8	45.5	479	13.4	16.3	2.07	1.4	62.7
	最小值	7.7	0.3	7.5	0.28	29	0.99	1.6	30.1	78	5.1	0.8	0.31	0.2	62.7
	平均值	8.28	1.66	16.8	0.79	83.3	1.38	15.7	37.3	205	8.7	7.9	0.85	0.56	62.7
石质土	最大值	8.8	9.4	22.8	1.33	162	1.67	58.8	47.1	385	21.9	22.7	2.3	2.36	90.4
	最小值	7.6	0.4	5.2	0.22	23	0.93	1	27.6	53	3.8	1.2	0.17	0.21	28.7
	平均值	8.29	1.99	12.4	0.80	67.7	1.31	15.6	39.9	159	10.9	9.0	0.97	0.97	51.0
水稻土	最大值	8.6	3.1	23	1.21	80	1.32	43.4	23.3	171	20.5	21.4	2.38	1.88	35.6
	最小值	7.7	0.9	9.8	0.7	48	1.32	8.8	23.3	62	9.3	2.5	0.66	0.58	22.1
	平均值	8.16	2.07	15.2	0.92	63.3	1.32	23.6	23.3	125	13.2	11.3	1.48	1.01	28.9
新积土	最大值	8.8	7.6	21.2	1.31	196	1.73	56.3	46.8	401	21.8	22.8	2.18	2.31	98.3
	最小值	7.5	0.3	5	0.21	17	0.94	2.1	23.2	50	2.5	0.5	0.1	0.2	45.9
	平均值	8.28	1.53	12.5	0.77	66.6	1.33	16.2	37.1	166	9.9	7.9	0.90	0.97	72.1
总计	最大值	8.8	13	24.8	1.49	197	1.8	58.8	47.5	494	22	24.6	2.43	6.26	98.3
	最小值	7.5	0.2	5	0.2	17	0.9	1	22.4	50	2	0.2	0.1	0.2	17
	平均值	8.26	1.60	13.3	0.80	73.8	1.33	17.7	35.4	181	10.8	8.9	0.96	0.98	50.8

表3-22 不同土类土壤养分测试样本数（个）

县土类名称	pH	水溶性盐分	有机质	全氮	碱解氮	全磷	有效磷	全钾	速效钾	有效铁	有效锰	有效铜	有效锌	有效硫
草甸盐土	5	2	5	5	3	1	5	1	5	5	5	5	3	0
潮土	7	4	7	7	7	2	6	2	6	7	7	7	7	1
粗骨土	29	27	26	30	29	5	30	5	27	31	31	31	25	2
风沙土	62	19	48	58	59	21	60	21	59	48	51	49	32	7
灌漠土	2	2	2	2	2	0	2	0	2	2	2	2	1	-
灌淤土	25	21	25	28	25	7	26	7	26	27	28	25	27	1
黑钙土	2	0	1	0	2	2	2	2	2	2	2	2	2	-
灰钙土	974	661	973	1027	1014	260	1009	260	1005	912	913	877	813	20
栗钙土	35	25	22	10	33	6	33	6	27	35	35	34	33	1
石质土	54	33	47	51	53	11	54	11	54	45	45	42	43	4
水稻土	7	6	7	7	7	1	6	1	7	7	7	7	6	2
新积土	106	80	102	107	108	24	104	24	108	104	105	100	86	2
总计数	1308	880	1265	1332	1342	340	1337	340	1328	1225	1231	1181	1078	40

表3-23 不同土地利用类型养分平均含量

地类名称		pH	水溶性盐分 g/kg	有机质 g/kg	全氮 g/kg	碱解氮 mg/kg	全磷 g/kg	有效磷 mg/kg	全钾 g/kg	速效钾 mg/kg	有效铁 mg/kg	有效锰 mg/kg	有效铜 mg/kg	有效锌 mg/kg	有效硫 mg/kg
水田	最大值	8.6	3.1	23	1.24	185	1	43.4	44.8	171	20.5	19.3	2.38	2.06	36
	最小值	7.7	0.9	6.1	0.33	27	1	8.8	23.3	51	9.3	2.5	0.34	0.1	22
	平均值	8.13	1.84	13.9	0.91	70.1	1.00	25.5	34	115	13.9	8.9	1.39	1	29
水浇地	最大值	8.8	5	24.8	1.49	197	2	58.2	47.5	494	22	24.6	2.43	2.69	98
	最小值	7.5	0.5	5	0.2	17	1	1	22.4	51	2	1	0.1	0.1	17
	平均值	8.26	1.51	13.3	0.79	74.1	1.31	18.1	35.4	185	10.9	9.1	0.96	0.91	51
旱地	最大值	8.8	4.8	22.8	1.46	187	2	58.8	47.5	379	13.8	20.2	1.98	2.18	63
	最小值	7.8	0.5	5.5	0.29	29	1	1.4	26.7	65	3.6	1.9	0.17	0.15	32
	平均值	8.25	1.31	14.3	0.74	79.8	1.08	12.3	34.4	176	8.7	7.5	0.85	0.55	48
果园	最大值	8.7	3.2	19.1	1.37	197	2	47.8	39.4	353	21.5	23.1	2.38	2.65	35
	最小值	7.9	0.6	7.1	0.24	35	1	1.3	26.6	63	3.5	1	0.13	0.15	33
	平均值	8.36	1.92	13.1	0.85	85.4	1.25	21.5	32.8	161	13.2	11.5	1.12	1.19	34
其他园地	最大值	8.8	4.1	22.2	1.32	161	2	41.8	47.2	459	21.9	23.6	2.41	2.44	68
	最小值	7.5	0.6	6.1	0.3	17	1	1.6	30	50	3.2	1	0.22	0.25	42
	平均值	8.33	2.08	12.5	0.86	62.7	1.07	16.2	37.7	144	13.9	11.6	1.24	1.22	54
设施农用地	最大值	8.6	1.4	20.9	1.29	107	2	37.1	40.7	230	15.7	18.3	1.17	2.1	–
	最小值	7.5	1.4	10.7	0.41	59	1	11.1	38.8	97	8.9	2.4	0.95	0.54	–
	平均值	7.93	1.4	15.3	0.87	74.8	1.50	18.1	39.8	161	12.5	10.3	1.04	1.32	–
总计	最大值	8.8	5	24.8	1.49	197	2	58.8	47.5	494	22	24.6	2.43	2.69	98
	最小值	7.5	0.5	5	0.2	17	1	1	22.4	50	2	1	0.1	0.1	17
	平均值	8.26	1.54	13.3	0.80	74.1	1.29	17.9	35.5	182	11	9.2	0.98	0.91	48

表3-24 不同乡镇土壤养分平均含量与第二次土壤普查比较表

乡镇名称	有机质(g/kg)			全氮(g/kg)			全磷(g/kg)			有效磷(mg/kg)			全钾(g/kg)			速效钾(mg/kg)		
	1987年	2007年	差值	1987年	2007年	差值	1987年	2007年	差值	1987年	2007年	差值	1987年	2007年	差值	1987年	2007年	差值
草窝滩镇	8.4	13.8	5.4	0.62	0.81	0.19	0.63	1.24	0.61	6	18.8	12.8	17.1	35.04	17.94	110	188.87	78.87
红水镇	9.7	11.1	1.4	0.63	0.64	0.01	0.66	1.29	0.63	9	13.8	4.8	15.8	35.54	19.74	107	162.63	55.63
芦阳镇	13.7	14.1	0.4	0.79	0.81	0.02	0.55	1.18	0.63	13	21.6	8.6	16	34.85	18.85	101	196.39	95.39
寺滩乡	11.5	14.2	2.7	0.76	0.84	0.08	0.55	1.32	0.77	10	18	8	16.7	33.81	17.11	140	200.49	60.49
五佛乡	11.1	12	0.9	0.66	0.86	0.2	0.42	1.14	0.72	6	19.5	13.5	16.4	34.69	18.29	82	110.38	28.38
喜泉镇	11.9	15.1	3.2	0.79	0.87	0.08	0.57	1.18	0.61	7	16.9	9.9	16.3	35.88	19.58	111	183.93	72.93
一条山镇	9.9	14.1	4.2	0.72	0.87	0.15	0.61	1.38	0.77	11	21.5	10.5	19.5	36.23	16.73	108	195.58	87.58
正路乡	16.5	17.4	0.9	1.35	1.33	-0.02	0.66	1	0.34	2	17.4	15.4	13.9	33.25	19.35	249	214.52	-34.48
中泉乡	12.4	11.8	-0.6	0.9	0.8	-0.1	0.54	1.37	0.83	10	15.8	5.8	17.6	36.23	18.63	107	142.3	35.3
全县平均	10.8	13.3	2.5	0.75	0.8	0.05	0.59	1.27	0.68	9	17.51	8.51	17.7	35.21	17.51	113	177.1	64.1

表3-25 不同土种养分含量

县土种名称		pH	水溶性盐分 g/kg	有机质 g/kg	全氮 g/kg	碱解氮 mg/kg	全磷 g/kg	有效磷 mg/kg	全钾 g/kg	速效钾 mg/kg	有效铁 mg/kg	有效锰 mg/kg	有效铜 mg/kg	有效锌 mg/kg	有效硫 mg/kg
暗栗钙土	最大值	8.5	1.1	21.6	0.64	31		15.6			11.4	7.6	0.74	0.34	–
	最小值	8.5	1.1	21.6	0.64	31		15.6			11.4	7.6	0.74	0.34	–
	平均值	8.5	1.10	21.6	0.64	31.0		15.6			11.4	7.6	0.74	0.34	–
半固定风沙土	最大值	8.7	0.6	21.6	0.93	111	1.5	32.2	43	289	7.1	14.8	0.91	0.87	77.4
	最小值	7.9	0.2	6.9	0.36	27	0.91	4	26.6	62	2.2	0.2	0.13	0.26	46.3
	平均值	8.3	0.43	10.8	0.60	66.3	1.14	17.6	33.6	150	5.0	4.3	0.47	0.47	60.4
臭积泥土	最大值	8.6	3.1	23	1.21	80	1.32	43.4	23.3	171	20.5	21.4	2.38	1.88	35.6
	最小值	7.7	0.9	9.8	0.7	48	1.32	8.8	23.3	62	9.3	2.5	0.66	0.58	22.1
	平均值	8.2	2.07	15.2	0.92	63.3	1.32	23.6	23.3	125	13.2	11.3	1.48	1.01	28.9
淡灰钙土	最大值	8.8	3.2	24.8	1.49	189	1.71	55.8	45.6	382	21.9	22.9	2.42	2.37	92.3
	最小值	7.5	0.3	5.2	0.29	17	0.92	1.1	23.7	58	2.7	0.5	0.12	0.2	92.3
	平均值	8.3	1.37	13.0	0.80	69.6	1.34	16.0	31.5	165	10.9	9.5	0.91	0.89	92.3
淡栗钙土	最大值	8.3	1.3	21	1.11	62	1.65	13	45.3	378	9	11.5	1.13	0.61	–
	最小值	8	0.9	7.5	0.57	38	1.41	4.3	36.6	105	6.4	4.5	0.66	0.24	–
	平均值	8.2	1.10	14.3	0.87	47.8	1.53	7.4	41.0	226	7.3	7.3	0.85	0.38	–
底砂薄层灌漠土	最大值	8.6	1	7.1	0.47	50		17.8		228	17.7	20.1	1.01	1.14	–
	最小值	8.6	1	7.1	0.47	50		17.8		228	17.7	20.1	1.01	1.14	–
	平均值	8.6	1.00	7.1	0.47	50.0		17.8		228	17.7	20.1	1.01	1.14	–
底砂薄灌淤土	最大值	8.7	2.6	16	1.32	88	1.07	41.8	31.1	198	14.7	21.8	1.76	2.35	33
	最小值	7.5	0.6	7.9	0.24	54	1.07	3.4	31.1	68	11	6.1	0.27	0.57	33
	平均值	8.3	1.93	11.5	0.80	74.3	1.07	27.8	31.1	105	12.6	13.6	1.03	1.46	33.0

续表3-25

县土种名称		pH	水溶性盐分 g/kg	有机质 g/kg	全氮 g/kg	碱解氮 mg/kg	全磷 g/kg	有效磷 mg/kg	全钾 g/kg	速效钾 mg/kg	有效铁 mg/kg	有效锰 mg/kg	有效铜 mg/kg	有效锌 mg/kg	有效硫 mg/kg
底砂上潮土	最大值	8.4	3	15	0.94	81	1.37	20.8	30.4	116	18.7	23	2.41	1.59	43
	最小值	8.1	1.5	14.3	0.55	42	1.37	10.8	30.4	63	9.2	1.1	0.13	1.01	43
	平均值	8.3	2.25	14.6	0.78	61.7	1.37	14.9	30.4	98	14.8	10.3	1.51	1.27	43.0
覆砂暗栗钙土	最大值	8.7	1.9	24.8	1.22	156	1.45	43.6	30.1	448	13.4	16.3	2.07	1.27	–
	最小值	7.8	0.7	12.1	0.57	42	1.45	2.8	30.1	78	5.1	4.8	0.31	0.2	–
	平均值	8.3	1.16	18.6	0.89	90.0	1.45	24.3	30.1	241	9.3	9.4	0.93	0.63	–
覆砂薄层淡灰钙土	最大值	8.7		6.7	0.5	45	1.25	1.4	41.1	83	13.5	7.5	0.92	0.49	67.9
	最小值	8.7		6.7	0.5	35	1.25	1.1	41.1	83	12.1	5.6	0.79	0.41	67.9
	平均值	8.7	0.80	6.7	0.50	40.0	1.25	1.3	41.1	83	12.8	6.6	0.86	0.45	67.9
覆砂薄层灰钙土	最大值	8.8	0.8	5.5	0.74	46		12.6		149	9.4	11.9	1.25	0.73	–
	最小值	8.8	0.8	5.5	0.74	46		12.6		149	9.4	11.9	1.25	0.73	–
	平均值	8.8	0.80	5.5	0.74	46.0		12.6		149	9.4	11.9	1.25	0.73	–
覆砂淡灰钙土	最大值	8.8	2.5	19.1	1.06	147	1.58	42.3	46.9	239	15.3	17.2	1.89	1.78	–
	最小值	7.6	0.6	7.7	0.29	27	0.92	5.8	24.6	73	3.4	1	0.1	0.2	–
	平均值	8.2	1.04	13.3	0.70	74.9	1.23	12.5	35.0	146	7.4	7.9	0.87	0.72	–
覆砂淡栗钙土	最大值	8.5	1.2		1.46	68		45		120	12.7	6.1	0.76	0.9	–
	最小值	8.3	0.9		0.28	57		1.6		120	5.5	4.4	0.62	0.52	–
	平均值	8.4	1.05		0.87	62.5		23.3		120	9.1	5.3	0.69	0.71	–
覆砂灰钙土	最大值	8.5	1.9	15.7	0.64	161	1.77	9	27.2	182	10.3	12.6	0.99	0.99	32.4
	最小值	8	1.7	9	0.54	58	1.77	1.8	27.2	101	3.7	6.5	0.71	0.32	32.4
	平均值	8.3	1.80	13.3	0.60	96.3	1.77	5.6	27.2	154	7.0	8.7	0.89	0.55	32.4

续表3-25

县土种名称		pH	水溶性盐分 g/kg	有机质 g/kg	全氮 g/kg	碱解氮 mg/kg	全磷 g/kg	有效磷 mg/kg	全钾 g/kg	速效钾 mg/kg	有效铁 mg/kg	有效锰 mg/kg	有效铜 mg/kg	有效锌 mg/kg	有效硫 mg/kg
覆砂栗钙土	最大值	8.8	4.8	21.6	1.29	104		14.8		479	11.8	11.7	1.36	0.93	–
	最小值	8.1	0.8	10.2	0.36	54		3.4		106	5.7	0.8	0.43	0.24	–
	平均值	8.4	1.92	15.8	0.79	88.9		7.9		191	8.6	6.3	0.79	0.56	–
覆砂中层淡灰钙土	最大值	8.7	7.3	24.7	1.06	96	1.36	38	43.5	233	21.7	14.7	1.58	2.37	62.9
	最小值	7.9	0.7	5.7	0.35	23	0.92	1.1	26.7	63	3.7	2.7	0.45	0.23	34.8
	平均值	8.2	2.53	11.9	0.74	54.0	1.09	9.6	32.4	147	9.6	9.0	0.95	0.93	48.9
覆砂中层灰钙土	最大值	8.3	13	22.5	0.71	132	1.63	52.6	37	282	16.1	16.7	2.28	0.71	–
	最小值	8	0.9	14.8	0.38	36	1.63	1	37	74	10.7	0.5	0.34	0.24	–
	平均值	8.2	4.23	19.8	0.50	101.0	1.63	28.2	37.0	195	12.0	8.0	1.09	0.51	–
钙质粗骨土	最大值	8.8	2.9	23.9	1.39	116	1.46	46.4	47.5	481	20.8	17.5	1.98	2.14	63.3
	最小值	8.1	0.6	6.4	0.29	18	1.03	2.6	30	53	6.2	0.6	0.13	0.27	21.5
	平均值	8.5	1.58	13.0	0.84	67.0	1.28	15.5	39.2	207	12.6	7.4	0.91	1.03	42.4
钙质石质土	最大值	8.8	9.4	22.8	1.33	162	1.67	58.8	47.1	385	21.9	22.7	2.3	2.36	90.4
	最小值	7.6	0.4	5.2	0.22	23	0.93	1	27.6	53	3.8	1.2	0.17	0.21	28.7
	平均值	8.3	1.99	12.4	0.80	67.7	1.31	15.6	39.9	159	10.9	9.0	0.97	0.97	51.0
耕种淡灰钙土	最大值	8.3		8.1	0.6	45		1.7		132	5.7	9.9	0.99	0.22	–
	最小值	8.3		8.1	0.6	45		1.7		132	5.7	9.9	0.99	0.22	–
	平均值	8.3		8.1	0.60	45.0		1.7		132	5.7	9.9	0.99	0.22	–
耕种淡栗钙土	最大值	7.7				89	1.54	3.8	45.5	101	11.4	7.6	0.88	0.39	–
	最小值	7.7				89	1.54	3.8	45.5	101	11.4	7.6	0.88	0.39	–
	平均值	7.7				89.0	1.54	3.8	45.5	101	11.4	7.6	0.88	0.39	–

续表3-25

县土种名称		pH	水溶性盐分 g/kg	有机质 g/kg	全氮 g/kg	碱解氮 mg/kg	全磷 g/kg	有效磷 mg/kg	全钾 g/kg	速效钾 mg/kg	有效铁 mg/kg	有效锰 mg/kg	有效铜 mg/kg	有效锌 mg/kg	有效硫 mg/kg
耕种黑钙土	最大值	8.4		18.6		196	1.37	9.6	40.6	222	17.2	9.3	0.91	0.85	-
	最小值	8		18.6		152	1.15	6.9	32.5	64	4.8	8.4	0.81	0.39	-
	平均值	8.2		18.6		174.0	1.26	8.3	36.6	143	11.0	8.9	0.86	0.62	-
耕种灰钙土	最大值	8.5		14.6	0.64	45	1.78	5.3	35.9	92	7.9	3.4	1.36		-
	最小值	8.5		14.6	0.64	45	1.78	5.3	35.9	92	7.9	3.4	1.36		-
	平均值	8.5		14.6	0.64	45.0	1.78	5.3	35.9	92	7.9	3.4	1.36	1.00	-
固定风沙土	最大值	8.8	3.3	20.5	1.21	134	1.78	39.6	46	265	16.8	22.1	2.17	6.26	60.6
	最小值	7.5	0.2	5	0.22	27	0.93	1.1	22.6	51	2	0.4	0.11	0.21	59.4
	平均值	8.2	0.81	9.4	0.53	65.6	1.38	13.7	36.5	143	6.8	7.0	0.68	0.90	60.0
灌溉灰钙土	最大值	8.8	2.3	24.8	1.35	185	1.57	55.1	42.1	350	16.1	23.5	1.68	1.89	29.9
	最小值	7.6	0.8	7.5	0.52	31	0.9	1.8	22.7	85	5.6	3.7	0.14	0.33	29.9
	平均值	8.4	1.35	15.4	0.90	89.6	1.15	24.7	34.8	196	11.1	10.3	0.80	1.00	29.9
红砂底薄层灰黄土	最大值	8.4	0.7	11.4	0.65	65		25.9		138	11.8	15.9	2.32	1.18	-
	最小值	8.3	0.6	10.9	0.62	61		15.6		137	6.3	0.4	0.15	0.74	-
	平均值	8.4	0.65	11.2	0.64	63.0		20.8		138	9.1	8.2	1.24	0.96	-
红砂底厚层灰黄土	最大值	8.8	7.4	23	1.37	197	1.75	55.1	46.9	490	21.8	24.6	2.39	2.35	76.8
	最小值	7.6	0.5	5	0.22	19	0.96	1	24.8	60	3.4	0.8	0.11	0.2	41
	平均值	8.3	1.70	12.8	0.76	73.8	1.33	16.7	34.9	178	11.8	9.5	1.05	1.06	55.5
红砂底中层灰黄土	最大值	8.8	2.6	22.1	1.16	150	1.6	53	42.2	359	16.6	20.9	1.93	2.69	-
	最小值	8	0.5	6.4	0.38	38	1.14	3.2	24.4	78	3.1	1.6	0.2	0.2	-
	平均值	8.4	1.30	13.4	0.76	72.4	1.46	14.8	33.9	181	10.4	8.3	0.88	1.11	-

县土种名称		pH	水溶性盐分 g/kg	有机质 g/kg	全氮 g/kg	碱解氮 mg/kg	全磷 g/kg	有效磷 mg/kg	全钾 g/kg	速效钾 mg/kg	有效铁 mg/kg	有效锰 mg/kg	有效铜 mg/kg	有效锌 mg/kg	有效硫 mg/kg
洪漫淡灰钙土	最大值	8.7	1.4	17	0.86	116	1.59	24.2	47.5	337	12.7	7.8	1.16	0.74	–
	最小值	8	1.4	6.6	0.37	42	1.08	3.9	30.1	122	7	4.3	0.67	0.33	–
	平均值	8.3	1.40	11.7	0.54	62.0	1.25	9.4	40.5	231	8.9	6.4	0.90	0.52	–
洪漫灰钙土	最大值	8.3	1.6	11.4	0.82	57	1.23	15.6	30.9	298	12	11.3	1.21	0.24	–
	最小值	8.3	1.6	11.4	0.82	57	1.23	15.6	30.9	298	12	11.3	1.21	0.24	–
	平均值	8.3	1.60	11.4	0.82	57.0	1.23	15.6	30.9	298	12.0	11.3	1.21	0.24	–
灰钙土	最大值	8.4	2.5	20.4	1.17	139	1.8	32	46.7	260	17.3	23.2	1.22	1.47	–
	最小值	7.6	0.7	6.1	0.36	23	0.94	4	27.6	71	5.7	0.7	0.27	0.31	–
	平均值	8.1	1.60	12.7	0.87	71.3	1.27	10.8	36.2	165	11.2	9.8	0.84	0.89	–
栗钙土	最大值	8.5	10.8	20.5	0.87	187	1.25	54.8	35.7	369	12	13.6	1.11	1.4	62.7
	最小值	8	0.3	9.6	0.31	29	0.99	2.8	30.6	84	5.4	5.4	0.46	0.31	62.7
	平均值	8.3	2.73	15.7	0.53	100.3	1.12	11.6	33.2	188	7.8	8.0	0.86	0.58	62.7
砾底薄层灰黄土	最大值	8.8	3	19.3	1.36	197	1.77	43.2	32	349	18.4	17.8	1.87	2.05	67.6
	最小值	7.9	0.3	8.4	0.33	21	1.39	5.4	25.6	50	3.2	1.3	0.14	0.37	67.6
	平均值	8.3	1.36	13.0	0.70	78.2	1.58	17.6	28.8	145	10.0	7.0	0.64	0.88	67.6
砾底厚层灰黄土	最大值	8.8	10	24.7	1.49	173	1.78	58.2	47.5	494	21	22.7	2.3	2.18	93.8
	最小值	7.5	0.5	6.1	0.23	23	0.9	1.2	24.8	66	3.5	0.5	0.1	0.22	24.6
	平均值	8.2	1.42	14.2	0.83	80.3	1.37	20.7	36.4	208	9.8	8.2	0.87	0.90	57.9
砾底中层灰黄土	最大值	8.5	1.5	21.6	1.12	126	1.64	51.4	35	313	6.9	10.1	0.99	0.6	–
	最小值	7.9	1.5	11.4	0.63	58	1.64	6.6	35	83	6.4	6.3	0.99	0.41	–
	平均值	8.3	1.50	15.2	0.87	82.7	1.64	19.6	35.0	161	6.7	8.2	0.99	0.51	–

续表3-25

县土种名称		pH	水溶性盐分 g/kg	有机质 g/kg	全氮 g/kg	碱解氮 mg/kg	全磷 g/kg	有效磷 mg/kg	全钾 g/kg	速效钾 mg/kg	有效铁 mg/kg	有效锰 mg/kg	有效铜 mg/kg	有效锌 mg/kg	有效硫 mg/kg
流动风沙土	最大值	8.6	2.3	10.7	1.21	71	1.37	25.6	46.8	272	19.1	12.5	1.27	2.06	42.4
	最小值	7.8	0.7	10.2	0.33	27	0.93	2.8	44.8	104	7.2	2.5	0.44	0.5	37.5
	平均值	8.2	1.63	10.5	0.69	46.3	1.15	12.1	45.8	188	12.8	6.1	0.81	1.36	40.0
硫酸盐—氯化物	最大值	8.2	7.9	18.2	0.77	104	1.74	18.4	44.5	179	8.9	11.7	1.01	0.55	–
	最小值	8	0.5	5.3	0.32	22	1.74	4.6	44.5	97	5.2	0.7	0.28	0.27	–
	平均值	8.1	4.13	11.9	0.58	55.0	1.74	10.7	44.5	147	7.3	6.6	0.64	0.43	–
强盐化灰钙土	最大值	7.5		9.2	0.75	54	1.25	12.8	29	196	9.1	11.4	0.16	0.51	–
	最小值	7.5		9.2	0.75	54	1.25	12.8	29	196	9.1	11.4	0.16	0.51	–
	平均值	7.5		9.2	0.75	54.0	1.25	12.8	29.0	196	9.1	11.4	0.16	0.51	–
壤体灰黄土	最大值	8.8	5.3	24	1.45	187	1.79	54.1	47.4	483	22	24.5	2.43	3.92	65.6
	最小值	7.5	0.4	5.2	0.2	18	0.9	1.3	22.4	53	2	0.4	0.1	0.2	41.6
	平均值	8.2	1.68	14.0	0.82	77.2	1.33	18.8	35.1	193	11.7	9.5	1.07	1.03	59.0
壤质厚层灌漠土	最大值	8.6	1.6	20.9	0.41	89		21.1		135	12.6	9.2	0.55		–
	最小值	8.6	1.6	20.9	0.41	89		21.1		135	12.6	9.2	0.55		–
	平均值	8.6	1.60	20.9	0.41	89.0		21.1		135	12.6	9.2	0.55		–
壤质厚灌淤土	最大值	8.7	3.1	17.1	1.37	138	1.54	47.8	37.2	256	21.5	23.1	2.38	2.19	–
	最小值	7.6	0.7	9.1	0.32	40	1.22	1.6	30.2	53	4.6	0.7	0.57	0.32	–
	平均值	8.3	2.26	13.2	0.83	82.7	1.43	27.7	33.8	146	13.1	10.6	1.43	1.31	–
壤质上潮土	最大值	7.5		7.2	0.45	54	0.9	23.3	36		10.4	19.7	1.8	1.42	–
	最小值	7.5		7.2	0.45	54	0.9	23.3	36		10.4	19.7	1.8	1.42	–
	平均值	7.5		7.2	0.45	54.0	0.90	23.3	36.0		10.4	19.7	1.80	1.42	–

县土种名称		pH	水溶性盐分 g/kg	有机质 g/kg	全氮 g/kg	碱解氮 mg/kg	全磷 g/kg	有效磷 mg/kg	全钾 g/kg	速效钾 mg/kg	有效铁 mg/kg	有效锰 mg/kg	有效铜 mg/kg	有效锌 mg/kg	有效硫 mg/kg
壤质下潮土	最大值	8.5	2.8	22.2	1.04	48		18.6		68	14.5	17.4	1.01	2.25	—
	最小值	8.1	0.3	6.3	0.43	47		10.4		53	3.2	9.2	0.58	0.53	—
	平均值	8.3	1.97	14.2	0.70	47.7		14.5		62	10.5	13.3	0.80	1.66	—
弱盐化灰钙土	最大值	8.8	2.7	19.6	1.18	127	1.54	30.6	46.4	332	19	21.6	2.16	2.32	54.5
	最小值	7.5	0.5	5.7	0.25	23	0.95	5.1	36	54	3.3	0.7	0.1	0.23	54.5
	平均值	8.3	1.30	10.5	0.72	65.2	1.28	17.3	42.0	156	9.6	7.5	0.73	0.96	54.5
沙底灰黄土	最大值	8.8	3.9	23.5	1.37	174	1.6	48.6	42.3	388	21.9	23.4	2.41	2.27	—
	最小值	7.6	0.6	5	0.24	29	1.01	3	25.3	57	2.9	0.9	0.17	0.34	—
	平均值	8.2	1.80	12.7	0.74	73.2	1.28	17.0	32.6	196	11.8	9.6	0.93	1.20	—
沙化灰黄土	最大值	8.6	1.7	24.6	1.34	77	1	25.4	31.3	494	13	12.9	1.91	1.35	31.6
	最小值	7.7	1.4	6.8	0.63	29	1	5.2	31.3	79	9.4	9	0.8	0.97	28.2
	平均值	8.1	1.50	15.0	0.98	51.6	1.00	14.8	31.3	216	10.4	10.7	1.28	1.22	29.9
沙壤质薄灌淤土	最大值	8.5	3	24.4	1.32	98	1.67	50	38	266	20.8	21.6	2.39	2.19	—
	最小值	7.7	1.5	5.2	0.44	38	1.27	4.4	24.3	58	9.2	2.6	0.53	0.73	—
	平均值	8.1	2.25	11.9	0.96	62.9	1.47	24.1	33.0	147	15.8	12.2	1.54	1.34	—
砂砾质新积土	最大值	8.8	7.6	21.2	1.31	196	1.7	56.3	45.9	401	21.8	22.4	2.15	2.31	98.3
	最小值	7.5	0.5	6.1	0.3	17	0.95	2.1	25.6	50	3.6	1	0.1	0.27	45.9
	平均值	8.3	1.62	13.3	0.80	67.8	1.32	17.8	36.9	182	10.8	8.8	0.94	1.05	72.1
石灰性新积土	最大值	8.8	3.9	20.4	1.28	139	1.73	36.4	46.8	270	19	22.8	2.18	1.73	—
	最小值	7.6	0.3	5	0.21	28	0.94	2.4	23.2	63	2.5	0.5	0.11	0.2	—
	平均值	8.3	1.43	11.5	0.72	65.0	1.34	14.0	37.3	147	8.9	6.9	0.84	0.86	—

续表3-25

县土种名称		pH	水溶性盐分 g/kg	有机质 g/kg	全氮 g/kg	碱解氮 mg/kg	全磷 g/kg	有效磷 mg/kg	全钾 g/kg	速效钾 mg/kg	有效铁 mg/kg	有效锰 mg/kg	有效铜 mg/kg	有效锌 mg/kg	有效硫 mg/kg
中位夹砾灰黄土	最大值	8.8	3.3	19.3	1.4	134	1.51	52	28.9	386	20.8	20.8	2.3	2.1	—
	最小值	7.9	0.3	6.6	0.4	21	0.93	4.9	23.8	53	3.8	2.2	0.13	0.21	—
	平均值	8.3	1.74	13.0	0.86	73.4	1.22	19.6	26.4	193	12.5	9.6	0.97	1.00	—
中盐化灰钙土	最大值	8.6	1.6	19.8	1.48	146	1.45	56.9	28.6	301	18	17.4	2	1.36	23.2
	最小值	7.5	0.8	7.5	0.44	45	1.39	11.6	24.4	166	6.1	1.1	0.21	0.34	17
	平均值	8.3	1.22	12.7	0.93	71.8	1.42	31.3	26.5	221	10.4	8.7	1.04	0.87	20.1
总计	最大值	8.8	13	24.8	1.49	197	1.8	58.8	47.5	494	22	24.6	2.43	6.26	98.3
	最小值	7.5	0.2	5	0.2	17	0.9	1	22.4	50	2	0.2	0.1	0.2	17
	平均值	8.3	1.60	13.3	0.79	73.8	1.33	17.7	35.4	181	10.8	8.9	0.96	0.98	50.8

表3-26 不同行政村土壤养分含量

乡镇名称	村名称		pH	水溶性盐分 g/kg	有机质 g/kg	全氮 g/kg	碱解氮 mg/kg	全磷 g/kg	有效磷 mg/kg	全钾 g/kg	速效钾 mg/kg	有效铁 mg/kg	有效锰 mg/kg	有效铜 mg/kg	有效锌 mg/kg	有效硫 mg/kg
草窝滩镇	八道泉村	最大值	8.4	1.9	20.5	1.21	98	1	31.8	40.5	308	13	6.8	2.02	1.31	–
		最小值	8.1	1.9	7.5	0.83	80	1	5	40.5	137	10.8	4.1	1	1.05	–
		平均值	8.32	1.9	16	0.98	86	1	23.3	40.5	247.6	11.9	5.45	1.51	1.18	–
	长城村	最大值	8.8	2.6	22.7	1.33	174	2	42.6	45.2	435	21.9	18.6	1.99	2.13	90.4
		最小值	7.8	0.6	6.4	0.35	21	1	3.9	24.8	86	4.6	1.6	0.19	0.23	90.4
		平均值	8.32	1.61	14.5	0.84	72.1	1.3	16.8	34.09	188.71	10.36	7.76	0.94	1.01	90.4
	常丰村	最大值	8.7	3	20.9	1.23	150	2	46.8	46.2	478	18.4	20.4	2.38	2.22	48.7
		最小值	7.7	0.9	8.4	0.55	33	1	4	37.3	69	8.3	3.9	0.15	0.35	28.2
		平均值	8.22	1.76	15.7	0.96	82.5	1.33	23.9	42.7	196.95	14.12	11.24	1.43	1.45	34.3
	陈槽村	最大值	8.8	3.2	22	1.21	170	1	27.4	37.6	304	20.8	22.5	2.17	1.89	–
		最小值	8.1	1.2	7.9	0.66	42	1	9.6	37.6	117	9.7	5.1	0.55	0.21	–
		平均值	8.53	2.27	15.3	0.98	110.4	1	18.3	37.6	219.43	16.87	13.37	1.51	1.01	–
	丰泉村	最大值	8.7	2.9	18.2	1.25	161	1	50	33.3	349	18.9	22.4	2.12	2.25	–
		最小值	8.1	0.7	11.2	0.6	58	1	5.6	30.2	94	10.8	1.5	0.18	0.77	–
		平均值	8.34	2.03	14.5	0.9	89.1	1	22.1	31.23	216.17	16.25	13.74	1.17	1.57	–
	龚家湾村	最大值	8.8	1.5	16.4	1.04	80	2	35.7	45.2	359	20.8	21.1	1.91	2.69	–
		最小值	7.8	0.5	8.1	0.22	54	1	7.2	24.4	85	3.4	0.4	0.15	0.2	–
		平均值	8.29	0.92	13	0.74	69.5	1.33	16	33.37	174.73	10.41	7.15	0.92	1.12	–
	黑咀子村	最大值	8.7	3.2	14.3	0.78	81	1	48.6	40.7	200	21.5	13	2.39	2.12	–
		最小值	8.1	0.6	5.3	0.24	32	1	8.3	31.5	81	5	1.5	0.21	0.35	–
		平均值	8.43	1.24	11.6	0.53	59.1	1	16.1	36.07	143	9.12	7.92	0.97	1.06	–

续表3-26

乡镇名称	村名称		pH	水溶性盐分 g/kg	有机质 g/kg	全氮 g/kg	碱解氮 mg/kg	全磷 g/kg	有效磷 mg/kg	全钾 g/kg	速效钾 mg/kg	有效铁 mg/kg	有效锰 mg/kg	有效铜 mg/kg	有效锌 mg/kg	有效硫 mg/kg
	猎虎山村	最大值	8.5	3.1	15	1.14	127	1	22.4	31.3	236	14.8	21.1	2.19	2.07	–
		最小值	7.7	0.6	9.1	0.63	44	1	17.4	31.3	104	9.7	0.8	0.8	0.97	–
		平均值	8.25	2.17	12.1	0.84	82.7	1	19	31.3	163.25	12.8	10.08	1.35	1.37	–
	青石墩村	最大值	8.7	1.3	23	1.24	98	2	43.3	44.3	273	21.2	19.1	2.29	1.97	–
		最小值	7.6	0.7	8.2	0.25	54	1	4.4	27.6	104	4.1	1.8	0.38	0.51	–
		平均值	8.33	0.96	14.7	0.87	75.3	1.33	18.9	35.4	179.78	12.27	9.7	1.38	1.18	–
	清泉村	最大值	8.8	3.1	16.4	1.29	197	2	36.9	38.1	406	21.8	21.7	2.43	2.16	–
		最小值	7.9	0.5	8	0.49	21	1	3.1	33.5	72	7.1	1.4	0.54	0.29	–
		平均值	8.4	2.2	12.3	0.76	73.7	1.33	17.2	36.1	169.69	16.12	12.91	1.48	1.2	–
	三道梁村	最大值	8.6	2.5	20.5	1.06	174	2	28.6	30.2	388	21.9	22.6	1.81	1.48	–
		最小值	7.7	1	10	0.4	45	1.5	5.4	27.5	111	3.4	5.5	0.15	0.39	–
		平均值	8.19	1.62	14.4	0.73	83	2	19.9	28.85	210	11.24	13.74	0.89	0.77	–
	西和村	最大值	8.8	4.1	19.5	1.21	174	2	51.8	36.7	301	21.2	18	1.7	1.54	–
		最小值	7.9	0.8	6.8	0.34	44	2	2.6	36.7	117	5.9	1	0.1	0.25	–
		平均值	8.45	1.86	12.8	0.7	83.5	2	17	36.7	206.8	11.28	6.98	0.9	0.77	–
	新墩村	最大值	8.8	3.3	19.3	1.37	77		35		355	15.2	20.9	2.32	2.22	–
		最小值	8.3	0.6	10.9	0.53	21		5.2		129	7.5	4.5	0.29	0.36	–
		平均值	8.58	1.76	13.4	0.88	63.6		20.3		195.57	11.34	12.03	1.3	1.25	–
	新建村	最大值	8.7	2.3	13.5	1.04	170	1	55.1	46.4	238	19.6	18.3	2.06	2.32	–
		最小值	7.8	0.5	7.5	0.32	45	1	4	25.6	72	5.4	1.8	0.34	0.38	–
		平均值	8.25	0.91	10.5	0.68	68.2	1	20	36.04	143.17	11.49	8.98	0.89	1.08	–

乡镇名称	村名称		pH	水溶性盐分 g/kg	有机质 g/kg	全氮 g/kg	碱解氮 mg/kg	全磷 g/kg	有效磷 mg/kg	全钾 g/kg	速效钾 mg/kg	有效铁 mg/kg	有效锰 mg/kg	有效铜 mg/kg	有效锌 mg/kg	有效硫 mg/kg
红水镇	杨庄村	最大值	8.4	3.1	19.8	1.03	174	1	29.4	42.1	335	18.6	19.6	1.94	2.29	–
		最小值	7.9	1	10.1	0.61	52	1	12.2	42.1	98	9.2	4.9	0.53	0.53	–
		平均值	8.18	1.77	15.7	0.8	90.3	1	19.1	42.1	210.57	12.4	13.8	1.18	1.6	–
	昌林村	最大值	8.4	0.7	12.5	0.73	71	2	32.6	36.3	261	11.8	12.4	0.81	0.27	–
		最小值	8.2	0.7	6.8	0.25	27	1	2.3	35.7	55	7.4	2.4	0.7	0.23	–
		平均值	8.3	0.7	9.9	0.48	50	1.5	16.6	36	191	10.07	7.93	0.75	0.25	–
	城华村	最大值	8.8	0.6	16.5	1.05	91	2	33.3	35.6	326	12.3	9.1	0.68	1.12	–
		最小值	7.6	0.6	10.6	0.68	54	1	7.1	32	94	6.8	7.1	0.47	1.12	–
		平均值	8.21	0.6	14	0.81	76.1	1.67	14.7	34.13	186.92	9.55	8.1	0.58	1.12	–
	大咀子村	最大值	8.6	0.6	10.8	0.57	71	2	25.6	46.8	190	9.7	14.4	1.35	1.01	–
		最小值	8.1	0.5	6.3	0.32	30	1	2.2	23.8	62	3.7	1.1	0.3	0.3	–
		平均值	8.32	0.55	9	0.45	51.6	1.33	9.8	35.4	124.2	6.36	8.64	0.76	0.62	–
	共建村	最大值	8.5	1.6	14.6	0.81	98	2	28.7	44.5	315	12.8	22.7	1.53	1.22	–
		最小值	8	1.6	6.8	0.36	19	1	9.3	32.3	125	7.4	3.8	0.18	0.28	–
		平均值	8.2	1.6	10.5	0.61	52.2	1.33	17.9	40.27	224.4	9.78	10.06	0.75	0.68	–
	红沙岘村	最大值	8.7	0.7	11.2	0.61	80	2	23.6	43	272	7.2	14.8	0.99	0.87	–
		最小值	7.9	0.5	5	0.36	45	1	5.3	33.4	78	4.1	0.8	0.4	0.26	–
		平均值	8.19	0.57	8.3	0.48	60.3	1.2	14.6	38.42	158.38	6.06	6.96	0.71	0.55	–
	界碑村	最大值	8.8	2.4	20.5	1.21	157	2	39.6	46	365	17.4	17.1	1.92	1.68	57.4
		最小值	7.7	0.5	5.5	0.22	19	1	1.1	22.6	51	2.3	0.2	0.13	0.2	57.4
		平均值	8.27	0.93	9.8	0.57	66.4	1.11	12.1	32.01	135.74	7.21	5.96	0.63	0.55	57.4

续表3-26

乡镇名称	村名称		pH	水溶性盐分 g/kg	有机质 g/kg	全氮 g/kg	碱解氮 mg/kg	全磷 g/kg	有效磷 mg/kg	全钾 g/kg	速效钾 mg/kg	有效铁 mg/kg	有效锰 mg/kg	有效铜 mg/kg	有效锌 mg/kg	有效硫 mg/kg
	清河村	最大值	8.4	2.1	11.8	0.61	144	1	51.4	30.8	130	16.8	17.4	1.69	1.82	—
		最小值	8	1.9	8.4	0.38	45	1	8	30.8	105	4.1	2.6	0.37	0.49	—
		平均值	8.13	1.97	10.1	0.49	90.5	1	32.5	30.8	115.5	11.55	10.07	1.14	1.19	—
	宋家庄村	最大值	8.5	1.9	17.1	0.85	116	2	34.3	42.9	285	9.7	19.7	0.99	0.88	—
		最小值	7.8	0.6	10.1	0.64	62	1.29	3.6	30.2	111	3.5	1	0.15	0.34	—
		平均值	8.15	1	13	0.75	76.5	1.29	13	37.01	182.4	6.59	6.69	0.54	0.67	—
	泰安村	最大值	8.5	2.1	15.8	1.08	134	2	31	42.6	310	16.4	17.9	1.76	1.48	77.4
		最小值	7.8	0.5	6.4	0.43	45	1	4	25.9	70	3.4	0.4	0.19	0.2	46.3
		平均值	8.13	1.25	10.6	0.68	77.7	1.4	15.1	35.08	168.05	9.64	7.7	0.74	0.67	61.9
	小山村	最大值	8.4	4.8	20.9	1.22	134	2	27.4	44.4	214	16.8	14	1.5	1.27	—
		最小值	7.5	0.8	8.2	0.46	23	2	4.8	44.4	86	2.3	1.3	0.27	0.23	—
		平均值	8.04	1.86	12.4	0.74	85	2	13.5	44.4	134.4	9.24	5.54	0.76	0.67	—
	谢家梁村	最大值	8.4	0.7	18.2	0.92	145	2	20.9	46.9	320	15.7	24.6	1.81	3.92	76.8
		最小值	7.7	0.6	9.5	0.59	36	1	2.2	27	103	7.5	1.3	0.39	0.32	24.6
		平均值	8.08	0.68	13.5	0.79	72	1.2	12.1	36.05	181.95	11.44	13.45	1.19	1.18	50.7
	羊城村	最大值	8.7	2.1	18.2	1.07	143	2	37.2	45.6	302	16.5	20.7	1.77	6.26	—
		最小值	7.9	0.5	5.2	0.2	23	1	2.8	23.2	64	4	1.2	0.11	0.26	—
		平均值	8.33	1.03	9.5	0.59	69.5	1.4	13.5	35.26	169.75	10.18	7.26	0.65	1.02	—
	曾家井村	最大值	8.8	2.3	21.6	0.94	88	1	19.8	26.6	329	14.4	22.7	1.35	1.49	—
		最小值	7.8	0.6	5	0.23	34	1	6.8	26.6	78	6.5	5.2	0.3	0.26	—
		平均值	8.2	1.72	12.7	0.56	53.8	1	13.1	26.6	206.83	10.75	10.23	0.97	0.93	—

乡镇名称	村名称		pH	水溶性盐分 g/kg	有机质 g/kg	全氮 g/kg	碱解氮 mg/kg	全磷 g/kg	有效磷 mg/kg	全钾 g/kg	速效钾 mg/kg	有效铁 mg/kg	有效锰 mg/kg	有效铜 mg/kg	有效锌 mg/kg	有效硫 mg/kg
芦阳镇	城北墩村	最大值	8.8	1.8	18.8	1.22	146	2	56.9	41.2	416	16.8	23.5	2	1.39	54.5
		最小值	7.5	0.5	5.2	0.38	23	1	4.3	22.7	54	2	0.7	0.1	0.21	17
		平均值	8.22	1.15	11.7	0.81	64.9	1.13	21.2	29.95	194.79	8.51	8.01	0.77	0.79	36.8
	城关村	最大值	8.4	1.4	11.6	0.82	101	2	26	37	222	12.4	7.9	1.21	0.92	–
		最小值	7.5	1.4	11.6	0.47	36	1	1	36.4	74	6.5	4.6	0.3	0.92	–
		平均值	8	1.4	11.6	0.69	64.7	1.5	10.8	36.7	152.67	10.03	6.5	0.83	0.92	–
	东关村	最大值	8.8	4.5	19.3	1.09	124	1	55.8	42.6	299	10.9	19.1	1.53	1.68	–
		最小值	7.5	0.6	15.3	0.3	50	1	7	42.6	78	5.2	6.2	0.7	0.68	–
		平均值	8.2	2.13	17.4	0.74	91.6	1	37.7	42.6	173.2	7.94	10.62	1.09	1.01	–
	东新村	最大值	8.8		17.3	0.99	123	1	50.8	45.7	326					–
		最小值	7.7		5.6	0.52	24	1	5.7	27.6	87					–
		平均值	8.24		13.5	0.77	70.3	1	18.8	36.65	182.93					–
	芳草村	最大值	8.7	1.9	23.7	1.24	108	1	56.3	33.3	432	12.9	17.2	1.71	1.85	–
		最小值	7.6	0.5	12.3	0.3	39	1	5.9	24.6	147	6.7	1.1	0.56	0.42	–
		平均值	8.36	1.37	15.5	0.82	75.8	1	25.7	27.57	237.79	9.64	7.4	1.06	0.95	–
	红光村	最大值	8.2		10.8	0.84	61		5.1		212	12.6	8.6	0.58	0.32	–
		最小值	8.2		10.8	0.84	61		5.1		212	12.6	8.6	0.58	0.32	–
		平均值	8.2		10.8	0.84	61		5.1		212	12.6	8.6	0.58	0.32	–
	芦阳村	最大值	8.8	2.7	24.7	0.93	170	2	50.6	46.9	368	12.6	12.6	1.29	1.34	92.3
		最小值	7.5	1	5.3	0.38	47	1	1.1	27	85	5.2	2.4	0.1	0.26	92.3
		平均值	8.19	1.64	15.1	0.69	92.1	1.17	23.2	34.02	174.6	8.1	8.28	0.7	0.78	92.3

景泰县耕地质量评价

续表3-26

乡镇名称	村名称		pH	水溶性盐分 g/kg	有机质 g/kg	全氮 g/kg	碱解氮 mg/kg	全磷 g/kg	有效磷 mg/kg	全钾 g/kg	速效钾 mg/kg	有效铁 mg/kg	有效锰 mg/kg	有效铜 mg/kg	有效锌 mg/kg	有效硫 mg/kg
	十里村	最大值	8.8	0.6	21.2	0.33	65		7.6		114	3.6	2.8	0.34	0.65	—
		最小值	8.8	0.6	21.2	0.33	65		7.6		114	3.6	2.8	0.34	0.65	—
		平均值	8.8	0.6	21.2	0.33	65		7.6		114	3.6	2.8	0.34	0.65	—
	石城村	最大值	8.8	2.8	15.9	1.37	139	2	42.8	45.9	293	21.6	21.3	2.38	2.28	—
		最小值	7.6	0.8	10.2	0.55	31	1	6.8	28.8	86	5.4	2.6	0.63	0.33	—
		平均值	8.37	2.05	13	0.92	68.1	1.33	23	39.57	190.22	13.43	11.03	1.28	1.08	—
	寺梁村	最大值	8.8	1.8	22.9	1.16	150	2	55.1	46.2	233	14	17	2.07	1.4	—
		最小值	7.7	0.7	7.3	0.37	43	1	5.9	32.1	85	5.2	0.8	0.24	0.36	—
		平均值	8.32	1.22	15.1	0.78	80.7	1.17	25.9	39.15	166.94	9.18	8.41	0.92	0.75	—
	西林村	最大值	8.5	0.7	20.4	1.17	183	2	32	46.7	261	14.8	10.8	0.88	0.87	—
		最小值	7.6	0.7	13.7	0.71	61	2	10.4	46.7	173	5.7	4.6	0.46	0.87	—
		平均值	8.23	0.7	16.4	0.84	115.5	2	16.9	46.7	214.83	10.25	7.7	0.67	0.87	—
	席滩村	最大值	8.8	2.4	18.7	1.14	116	2	28.2	36.3	281	17	18.1	1.75	1.78	—
		最小值	7.6	1.2	7.5	0.55	58	1	9.9	36.3	85	9	3.7	0.25	0.45	—
		平均值	8.52	1.7	14	0.85	84.5	1	17.6	36.3	186.56	13.09	11.44	0.8	1.15	—
	响水村	最大值	8.8	2.5	19.6	1.01	102	1	40.1	36.4	282	12.9	15.7	1.58	1.72	—
		最小值	7.8	0.5	8.1	0.49	43	1	1.7	29	80	2.7	1.4	0.14	0.2	—
		平均值	8.31	1.37	12.1	0.74	64.6	1	17.9	32.7	182.27	6.41	6.74	0.63	0.62	—
	一条山村	最大值	8.8	3.9	24.8	1.35	143	2	41.8	45.2	410	16.2	17.5	1.81	1.89	—
		最小值	7.6	0.8	9.1	0.55	19	1	4.2	22.4	114	7.1	1.2	0.13	0.22	—
		平均值	8.37	1.65	16.8	0.92	78.3	1.2	21	35.28	242.57	11.56	8.76	0.95	1.14	—

续表3-26

乡镇名称	村名称		pH	水溶性盐分 g/kg	有机质 g/kg	全氮 g/kg	碱解氮 mg/kg	全磷 g/kg	有效磷 mg/kg	全钾 g/kg	速效钾 mg/kg	有效铁 mg/kg	有效锰 mg/kg	有效铜 mg/kg	有效锌 mg/kg	有效硫 mg/kg
漫水滩乡	北梁村	最大值	8.7	1.7	17.2	1.03	122	2	31.6	43	410	15.9	14.9	1.91	1.52	–
		最小值	7.6	0.6	7.5	0.32	33	1	1	23.7	60	6.3	0.8	0.29	0.36	–
		平均值	8.31	1.14	12.1	0.72	74.6	1.33	13.5	33.4	196.9	10.54	8.17	0.95	0.87	–
	北崖村	最大值	8.7	4.2	12.4	1.09	157	2	32.8	40.7	179	17.1	12.7	1.4	1.76	–
		最小值	8.1	0.5	7.4	0.43	52	1	1.2	40.4	69	2	0.8	0.29	0.24	–
		平均值	8.29	1.46	10.4	0.69	77.5	1.5	13.3	40.55	132.57	8.47	5.77	0.88	1.23	–
	富民村	最大值	8.5	1.4	14.8	1.14	139	2	19.4	39.8	270	16.8	10.9	1.87	1.75	–
		最小值	7.6	0.7	5	0.29	17	1	2.4	25.3	57	2.9	0.9	0.21	0.32	–
		平均值	8.16	0.98	8.9	0.6	59.3	1.25	7.9	32.05	141.33	9.49	4.64	0.8	1.2	–
	高墩村	最大值	8.8	2.5	21.6	1.05	168	2	44.8	45.4	313	17.4	18.3	1.51	1.65	–
		最小值	7.5	0.9	6.6	0.39	27	1	9	28	63	2.2	0.8	0.17	0.2	–
		平均值	8.31	1.72	12.5	0.67	80.3	1.33	23.9	39.33	175.18	8.91	6.25	0.76	0.77	–
	漫水滩村	最大值	8.7	3.4	18.9	1.11	152	1	37.3	37.5	490	13	14.3	1.6	1.88	93.8
		最小值	7.5	1	5.7	0.57	29	1	3.6	26.2	112	6.4	1.8	0.14	0.38	81.5
		平均值	8.14	2.02	11.5	0.83	82.5	1	14.5	32	201.18	9.51	6.44	0.93	0.86	87.7
	双树村	最大值	8.6	1.4	17.4	1	152	2	47.2	44.4	346	15.3	17	1.66	1.89	–
		最小值	7.5	0.7	5	0.36	38	1	2.2	29.9	101	5.1	3.1	0.14	0.32	–
		平均值	8.01	0.98	11.5	0.64	77.8	1.5	17.5	38.63	202.14	10	9.46	0.71	0.94	–
	西井村	最大值	8.4		8.1	0.36	45	2	3.3	45.3	160	10.2	17.1	1.66		–
		最小值	8.4		8.1	0.36	18	2	2.1	34.6	53	7.4	16.5	0.81		–
		平均值	8.4		8.1	0.36	31.5	2	2.7	39.95	106.5	8.8	16.8	1.23		–

续表3-26

乡镇名称	村名称		pH	水溶性盐分 g/kg	有机质 g/kg	全氮 g/kg	碱解氮 mg/kg	全磷 g/kg	有效磷 mg/kg	全钾 g/kg	速效钾 mg/kg	有效铁 mg/kg	有效锰 mg/kg	有效铜 mg/kg	有效锌 mg/kg	有效硫 mg/kg
上沙沃镇	新井村	最大值	8.8	1.6	20.1	0.99	116	2	34.7	47	454	16.2	14.4	1.71	1.85	-
		最小值	7.7	1.6	8	0.36	44	1	3	28.3	97	6.6	2.2	0.26	0.81	-
		平均值	8.24	1.6	13.4	0.76	80.6	1.71	11.6	36.11	198.38	11.5	7.15	0.89	1.27	-
	杨柳村	最大值	8.8	3.3	13.2	0.99	187	1	28.4	33.5	375	11.7	11.1	1.52	1.24	-
		最小值	7.5	0.5	8.4	0.54	26	1	2.9	29.8	101	3.4	0.4	0.14	0.24	-
		平均值	8.1	1.37	10.7	0.71	79.9	1	12	31.17	208.64	8.44	4.93	0.66	0.84	-
	白墩子村	最大值	8.8	3.4	15.9	1.19	82	2	38.8	38.4	379	11.8	10.1	1.4	1.29	-
		最小值	8	0.8	5.3	0.31	22	1	3.2	28.8	66	3.8	0.5	0.22	0.21	-
		平均值	8.36	1.39	10	0.63	54.5	1.25	15.7	33.2	170.59	6.66	5.54	0.79	0.73	-
	边外村	最大值	8.5	2.1	15	1.1	100		28.1		302	12.6	12.5	1.33	1.35	-
		最小值	7.8	0.6	8	0.21	33		8.4		94	5.3	1.3	0.11	0.69	-
		平均值	8.27	1.33	10.9	0.68	60.8		14.7		203.38	8.35	5.99	0.73	0.97	-
	大桥村	最大值	8.8	1.6	21.6	1.01	171	2	36.6	45.2	440	11.1	13.1	1.3	1.35	98.3
		最小值	7.7	0.5	5.7	0.34	33	1	3.2	27.1	63	2.5	1.1	0.14	0.2	45.9
		平均值	8.29	0.88	11.2	0.64	72.2	1.5	16.4	34.18	157.41	6.48	4.86	0.66	0.64	72.1
	梁家槽村	最大值	8.8	1.9	14	1.15	104	2	34.6	32	281	12.1	13.1	1.42	1.18	-
		最小值	7.9	0.7	6.4	0.21	29	1	2.4	29	50	4.1	1	0.11	0.37	-
		平均值	8.28	1.14	10	0.57	62.2	1.5	14.3	30.5	153.25	7.05	7.7	0.78	0.72	-
	三个山	最大值	8.8	2.7	13.7	0.69	73	2	27.2	44.2	244	11	13.2	1.44	1.29	-
		最小值	8	0.6	6.5	0.43	34	2	9.6	44.2	89	3.7	3.5	0.42	0.22	-
		平均值	8.28	1.42	10.6	0.63	51.8	2	19.2	44.2	166.67	8.25	8.2	0.88	0.77	-

续表3-26

乡镇名称	村名称		pH	水溶性盐分 g/kg	有机质 g/kg	全氮 g/kg	碱解氮 mg/kg	全磷 g/kg	有效磷 mg/kg	全钾 g/kg	速效钾 mg/kg	有效铁 mg/kg	有效锰 mg/kg	有效铜 mg/kg	有效锌 mg/kg	有效硫 mg/kg
	三个山村	最大值	8.2	0.6		0.98	46		5.2		206	5.8	8.2	0.69		–
		最小值	8.2	0.6		0.98	46		5.2		206	5.8	8.2	0.69		–
		平均值	8.2	0.6		0.98	46		5.2		206	5.8	8.2	0.69		–
	上沙沃	最大值	8.7	1.8	12.5	0.99	84		24.8		156	11.5	12.8	1.42	1.12	–
		最小值	8.3	0.8	10.5	0.65	54		12.6		129	6.6	0.5	0.27	0.84	–
		平均值	8.5	1.43	11.4	0.86	66.8		18.3		137.5	9.02	6.75	0.86	0.96	–
	上沙沃村	最大值	8.8	1.9	21.6	1.1	139	2	43.2	46.8	282	12.8	13.6	1.36	1.31	–
		最小值	7.7	0.6	5	0.22	29	1	5.4	23.2	82	3.2	0.5	0.2	0.27	–
		平均值	8.28	1.3	13.2	0.65	68.7	1.33	16.2	39.87	165.64	8.7	7.91	0.67	0.72	–
	王庄村	最大值	8.7	1.8	19.3	1.13	174	2	39.8	41.3	401	14.9	13.6	1.63	1.65	–
		最小值	7.9	0.5	5.7	0.32	25	1	3.9	33.9	77	3.8	1.5	0.12	0.3	–
		平均值	8.29	1.26	11.8	0.7	67.3	1.43	12.6	37.31	190.75	8.26	8.32	0.76	0.91	–
寺滩乡	大庄村	最大值	8.2	0.7	8.8	0.54	43		2.9		127	5.2	5.6	0.81	0.51	–
		最小值	8.2	0.7	8.8	0.54	43		2.9		127	5.2	5.6	0.81	0.51	–
		平均值	8.2	0.7	8.8	0.54	43		2.9		127	5.2	5.6	0.81	0.51	–
	单墩村	最大值	8.4	0.6	13.9	0.7	157	2	5.6	45.5	378	11.4	8.7	1.13	0.6	–
		最小值	7.7	0.5	9.6	0.55	62	2	3	45.3	101	8.2	4.5	0.82	0.25	–
		平均值	8.05	0.55	11.8	0.63	92.8	2	4.3	45.4	231	9.55	7.25	0.94	0.43	–
	东梁村	最大值	8.6	2.3	21	1.21	90	2	45.8	35.7	389	14.5	9.6	1.04	1.24	–
		最小值	7.8	0.5	9.6	0.55	36	1	4.9	23.8	53	7.3	2.9	0.52	0.22	–
		平均值	8.14	1.7	13.6	0.76	69	1.5	19.8	29.75	201.8	10.42	5.5	0.74	0.54	–

续表3-26

乡镇名称	村名称		pH	水溶性盐分 g/kg	有机质 g/kg	全氮 g/kg	碱解氮 mg/kg	全磷 g/kg	有效磷 mg/kg	全钾 g/kg	速效钾 mg/kg	有效铁 mg/kg	有效锰 mg/kg	有效铜 mg/kg	有效锌 mg/kg	有效硫 mg/kg
	付家庄村	最大值	8.7	2.3	21.6	1.4	134		58.2		494	15.7	16.3	1.83	1.86	–
		最小值	7.9	1.2	5.2	0.4	23		4.4		101	7.3	2.4	0.15	0.3	–
		平均值	8.26	1.69	13.9	0.82	75.4		24.7		240.54	10.81	6.71	0.91	1.14	–
	郭台村	最大值	8.4	1.3	14.8	1.28	107		12		214	11.2	12.6	1.38	1.29	–
		最小值	8.1	0.6	9.8	0.66	35		5.9		176	8.7	7	0.71	0.36	–
		平均值	8.27	0.97	13	0.95	73		8.4		190	9.73	9.93	1.04	0.82	–
	铧尖台村	最大值	8.8	2.6	17.3	1.28	100	2	21	28.6	236	16.7	17.3	1.46	1.88	–
		最小值	7.6	0.7	5.2	0.41	23	1	1.7	26.4	63	3.7	2	0.31	0.36	–
		平均值	8.31	1.53	10.7	0.81	63.8	1.5	11.4	27.5	156.36	11.39	7.19	0.92	1	–
	九支村	最大值	8.7	2.5	24.7	1.49	129	2	47.1	39.7	353	15.3	18.6	1.89	1.78	–
		最小值	7.5	0.7	7.5	0.36	23	1	5.6	28.3	105	6.1	2.2	0.24	0.41	–
		平均值	8.13	1.26	14.9	0.86	77.3	1.5	21.4	34	226.08	10.83	11.64	1.05	0.9	–
	宽沟村	最大值	8.4	1.2	8	0.83	35		7.4		178	8.8	6.7	0.97	0.6	–
		最小值	8.4	1.2	8	0.83	35		7.4		178	8.8	6.7	0.97	0.6	–
		平均值	8.4	1.2	8	0.83	35		7.4		178	8.8	6.7	0.97	0.6	–
	刘庄村	最大值	8.5	2.5	22.4	1.27	134	1	50.4	32.2	165	11.7	14.2	1.19	1.22	–
		最小值	8	0.9	13.4	0.61	23	1	5.9	32.2	94	7.3	7.5	0.25	0.39	–
		平均值	8.14	1.93	17	0.98	88.4	1	18.2	32.2	128	9.56	10.74	0.59	0.95	–
	三好村	最大值	8.5	2	19.3	0.93	196	1	26.4	33.6	298	17.2	12.6	1.22	1.2	–
		最小值	8	0.7	8.7	0.36	23	1	5.2	30.9	64	8.1	0.5	0.12	0.22	–
		平均值	8.21	1.62	12.6	0.7	90	1	13.8	32.33	180.14	11.26	7.79	0.69	0.83	–

乡镇名称	村名称		pH	水溶性盐分 g/kg	有机质 g/kg	全氮 g/kg	碱解氮 mg/kg	全磷 g/kg	有效磷 mg/kg	全钾 g/kg	速效钾 mg/kg	有效铁 mg/kg	有效锰 mg/kg	有效铜 mg/kg	有效锌 mg/kg	有效硫 mg/kg
	寺滩村	最大值	8.4	1.9	15.9	1.14	116	1	34.4	47.5	337	15.6	14.8	1.51	1.58	—
		最小值	7.6	0.7	6.6	0.35	23	1	2	30.1	94	7.5	2.2	0.53	0.33	—
		平均值	8.12	1.36	10.9	0.75	50.8	1	13.3	38.8	179.6	10.29	9.74	1.05	0.94	—
	新墩湾村	最大值	8.4		18.6	1.16	152	1	9.6	40.6	222	13.6	8.4	0.91	0.39	—
		最小值	8.2		18.2	1.16	62	1	6.8	27.6	217	4.8	8.4	0.9	0.39	—
		平均值	8.3		18.4	1.16	107	1	8.2	34.1	219.5	9.2	8.4	0.91	0.39	—
	永川村	最大值	8.7	1.9	23.8	1.34	196	2	58.2	47.5	397	12.2	17.5	1.44	0.54	31.7
		最小值	7.8	1.9	13.2	0.41	54	1	3.8	25.6	64	6.2	4.4	0.48	0.27	31.7
		平均值	8.18	1.9	18.1	0.93	104.4	1.33	27.1	34.27	219	8.52	8.69	0.87	0.43	31.7
	永泰村	最大值	8.7		16.8	1.03	89	2	11.3	36.8	230	9	8.2	1.12	0.42	—
		最小值	8		11	0.77	58	1	4.1	27.7	112	6.9	6.5	0.72	0.31	—
		平均值	8.35		13.6	0.89	77	1.33	7	30.93	190.25	7.95	7.35	0.92	0.36	—
五佛乡	冬青村	最大值	8.6	2.8	16.6	1.32	98	1	18.6	30	213	21.9	19.3	1.16	2.26	63.3
		最小值	8.4	1.7	6.3	0.43	30	1	3.6	30	65	3.2	0.6	0.66	0.53	22.1
		平均值	8.5	2.25	12.9	0.92	58.3	1	10.9	30	139.67	15.12	12.65	0.97	1.56	42.7
	金坪村	最大值	8.2	2.6	17.3	1.02	77		20.2		155	20.3	21.4	1.59	2.05	—
		最小值	8.1	0.5	9.7	0.24	53		3.4		68	11	6.1	0.86	1	—
		平均值	8.15	1.8	13.5	0.72	65		13.5		113	14.1	13.63	1.23	1.48	—
	老湾村	最大值	8.6	3	24.4	1.21	185	2	25.3	36.6	250	20.5	21.6	2.39	1.94	37.5
		最小值	7.7	1.1	6.9	0.44	42	1	2.8	23.3	79	9.2	4	0.34	0.54	29.9
		平均值	8.1	1.93	16.1	0.92	85	1.33	14.7	28.07	167.2	13.52	9.4	1.41	1.08	33.7

续表3-26

乡镇名称	村名称		pH	水溶性盐分 g/kg	有机质 g/kg	全氮 g/kg	碱解氮 mg/kg	全磷 g/kg	有效磷 mg/kg	全钾 g/kg	速效钾 mg/kg	有效铁 mg/kg	有效锰 mg/kg	有效铜 mg/kg	有效锌 mg/kg	有效硫 mg/kg
	泰和村	最大值	8.8	2.8	22.2	1.1	88	1	52.6	36.9	266	19.9	23	2.3	2.25	67.6
		最小值	7.9	1.2	6.1	0.25	19	1	4.4	30.4	53	3.1	0.9	0.24	0.35	21.5
		平均值	8.3	2.15	14.3	0.82	59.2	1	23	33.65	119.7	14.89	8.88	1.21	1.48	43.8
	西源村	最大值	8.5	3	10.7	1.32	98	1	43.4	38	153	21.8	21.9	2.35	2.35	–
		最小值	7.5	1.4	5.2	0.45	29	1	11.2	36	50	10.4	1.1	0.53	0.99	–
		平均值	8.15	2	8	0.85	56.9	1	23.6	37	89.63	15.36	12.33	1.59	1.55	–
	兴水村	最大值	8.8	3.1	16.3	1.32	100	2	41.8	44.8	198	21.7	21.8	2.41	2.37	63.5
		最小值	7.5	0.6	5.7	0.3	27	1	3.3	31.1	53	4.6	1.1	0.13	0.5	33
		平均值	8.26	1.94	11.5	0.87	64.4	1.17	19.1	38.35	98.58	14.33	10.93	1.25	1.22	45.5
喜泉镇	北滩村	最大值	8.8	1.8	21.3	1.23	170	1	25.8	45	382	18.1	15.6	1.56	85	–
		最小值	7.8	0.6	8.9	0.5	42	1	2.3	26.1	86	5.9	1.3	0.31	0.23	–
		平均值	8.31	1.05	15.6	0.92	80.2	1	14.9	38.2	200.82	11.34	7.3	0.88	8.58	–
	陈庄村	最大值	8.8	2.8	24	1.36	148	1	45.3	45.9	365	21	22.1	2.36	2.23	65.6
		最小值	7.6	0.8	10.3	0.28	36	1	5.2	40.7	74	6.3	2.9	0.14	0.23	65.2
		平均值	8.15	1.59	17.4	0.94	92.7	1	19.3	43.53	205.09	13.9	11.71	1.33	1.12	65.4
	大安村	最大值	8.5	2	22.7	1.39	87	1	20.7	42.2	256	20.8	16.5	0.75	1.53	–
		最小值	8	1.8	6.4	0.86	33	1	2.8	42.2	75	6.2	4.9	0.13	0.4	–
		平均值	8.3	1.9	14.1	1.16	62.3	1	11.3	42.2	176.25	12.27	9.63	0.51	0.96	–
	大水㟖村	最大值	8.5	0.9	8.4	0.46	57	2	45	43.8	147	12.7	7.8	0.91	0.9	–
		最小值	8.1	0.9	8.4	0.28	45	2	3.9	43.8	120	12.7	4.4	0.62	0.53	–
		平均值	8.3	0.9	8.4	0.37	51	2	24.5	43.8	133.5	12.7	6.1	0.77	0.71	–

乡镇名称	村名称		pH	水溶性盐分 g/kg	有机质 g/kg	全氮 g/kg	碱解氮 mg/kg	全磷 g/kg	有效磷 mg/kg	全钾 g/kg	速效钾 mg/kg	有效铁 mg/kg	有效锰 mg/kg	有效铜 mg/kg	有效锌 mg/kg	有效硫 mg/kg
	福禄村	最大值	8.3	1.7	15.7	0.64	161	2	9	27.2	182	7.1	7.1	0.99	0.34	32.4
		最小值	8	1.7	9	0.61	58	2	1.8	27.2	101	3.7	6.5	0.96	0.32	32.4
		平均值	8.15	1.7	12.3	0.63	109.5	2	5.4	27.2	141.5	5.4	6.8	0.97	0.33	32.4
	马莲水村	最大值	8.5	2.8	19.1	0.97	111		42.1		212	13.8	20.2	1.98	2.18	–
		最小值	7.9	2.6	16.4	0.65	89		12.6		109	12.2	10.1	0.37	1.02	–
		平均值	8.2	2.7	17.8	0.81	100		27.3		160.5	13	15.15	1.18	1.6	–
	南滩村	最大值	8.7	2.8	18.2	1.35	123	2	40.1	34.8	259	20	15.7	1.35	2.22	–
		最小值	7.5	0.8	9.1	0.5	18	1	3.3	27	60	4.6	0.7	0.1	0.28	–
		平均值	8.26	1.77	13.2	0.81	65.4	1.33	13.9	30.07	159.13	11.86	8.16	0.85	1.37	–
	三塘村	最大值	8.8	1.4	24.8	1.26	157		20.5		274	11.1	10.8	1.01	1.06	–
		最小值	8	0.5	8	0.35	44		7.4		67	3.5	1.7	0.13	0.47	–
		平均值	8.38	0.88	12.7	0.9	72.3		15.9		160.13	6.9	7.22	0.59	0.7	–
	尚家坝村	最大值	8.8	1.9	18.9	1.19	111	2	29	36.7	320	11.5	10.7	1.38	0.97	–
		最小值	7.6	0.7	6.5	0.29	18	1	3.3	25.3	85	4.4	0.6	0.16	0.21	–
		平均值	8.25	1.23	14.5	0.92	70	1.2	13.4	31.48	175	8.41	5.7	0.81	0.53	–
	喜集水村	最大值	8.8	3.9	19.1	1	96	2	46.4	46.4	239	9.7	10.5	1.88	1.39	–
		最小值	7.6	0.5	7.7	0.29	27	1	2.4	26.1	56	3.4	0.5	0.25	0.2	–
		平均值	8.34	1.02	11.5	0.76	55.3	1.14	13.5	37.99	135.39	6.18	5.16	0.7	0.63	–
	新民村	最大值	8.8	2.9	21.6	1.22	134	1	34.9	45.6	401	19.8	14.5	1.84	1.37	–
		最小值	7.9	0.5	6.8	0.3	30	1	11.2	45.6	110	3.9	1.2	0.24	0.42	–
		平均值	8.39	1.43	16	0.78	80.7	1	19.8	45.6	214	9.86	6.92	0.65	0.83	–

续表3-26

乡镇名称	村名称		pH	水溶性盐分 g/kg	有机质 g/kg	全氮 g/kg	碱解氮 mg/kg	全磷 g/kg	有效磷 mg/kg	全钾 g/kg	速效钾 mg/kg	有效铁 mg/kg	有效锰 mg/kg	有效铜 mg/kg	有效锌 mg/kg	有效硫 mg/kg
一条山镇	新庄村	最大值	8.6	1.8	23.7	1.45	132		52.6		320	11.2	12.2	1.23	0.84	–
		最小值	7.5	0.5	11.4	0.38	42		7		122	3.4	0.5	0.12	0.22	–
		平均值	8.15	0.98	17	0.89	89.2		22.1		201.25	6.46	4.06	0.51	0.53	–
	兴泉村	最大值	8.8	2.4	23.2	1.28	186	1	34.6	36.7	481	14.1	15.8	1.62	2.18	–
		最小值	7.8	0.7	7.9	0.37	19	1	7.2	25.3	59	4.7	0.7	0.12	0.22	–
		平均值	8.31	1.41	13.8	0.84	71.6	1	15.4	29.86	194.65	8.86	8.12	0.85	1.07	–
	余梁村	最大值	8.8	1.7	20.9	1.21	104	2	40	38	271	14.9	14.2	1.92	1.8	–
		最小值	7.7	0.8	12.5	0.5	30	1	6	35.6	106	3.8	1.9	0.34	0.38	–
		平均值	8.38	1.11	16.5	0.96	75.6	1.5	17	36.8	188.9	9.4	8.58	0.99	0.95	–
	石门村	最大值	8.8	5	23.2	1.48	197	2	55.8	47.4	459	22	24.5	2.42	3.4	–
		最小值	7.5	0.5	6.1	0.29	25	1	1	24	55	4.6	0.5	0.11	0.2	–
		平均值	8.17	2.07	14	0.86	74.9	1.38	21.5	36.34	194.22	15.13	12.11	1.29	1.29	–
	水源村	最大值	8.7	2.5	17.6	1.31	115	1	33.2	31	353	17.2	19.6	2.15	2.31	–
		最小值	8.1	0.6	13.4	0.72	35	1	13.1	31	162	9.3	3.5	0.81	0.47	–
		平均值	8.38	1.33	15.5	1.04	69.1	1	20.6	31	224.25	13.71	10.96	1.44	0.96	–
正路乡	长川村	最大值	8.1				187	1	5.6	30.6	369	8.9	6.7	0.86		–
		最小值	8.1				187	1	5.6	30.6	369	8.9	6.7	0.86		–
		平均值	8.1				187	1	5.6	30.6	369	8.9	6.7	0.86		–
	川口村	最大值	8.6	1.8	19.9	1.98	103		23.2		142	10.7	7.6	0.87	0.93	62.7
		最小值	8	0.6	11.8	1.98	42		3.8		98	5.4	0.8	0.43	0.39	62.7
		平均值	8.3	1.24	15.9	1.98	87.6		11		120.6	9.22	4	0.57	0.64	62.7

续表3-26

乡镇名称	村名称		pH	水溶性盐分 g/kg	有机质 g/kg	全氮 g/kg	碱解氮 mg/kg	全磷 g/kg	有效磷 mg/kg	全钾 g/kg	速效钾 mg/kg	有效铁 mg/kg	有效锰 mg/kg	有效铜 mg/kg	有效锌 mg/kg	有效硫 mg/kg
	大滩村	最大值	8.2	1.8	19.6		90		6.4		176	8.3	9.4	0.52	0.42	–
		最小值	8.1	1.8	17.5		46		2.8		84	5.7	7.4	0.46	0.42	–
		平均值	8.15	1.8	18.6		68		4.6		130	7	8.4	0.49	0.42	–
	红岘村	最大值	8.8	1.7	22.8	1.7	139		58.8		281	12.3	13.6	0.9	1.4	–
		最小值	8	1.2	20.5	1.7	51		1.6		224	5.5	4.1	0.65	0.42	–
		平均值	8.32	1.5	21.6	1.7	98.2		29.6		255	7.2	7.24	0.78	0.81	–
	黄崖村	最大值	8.3	1.8	21	1.33	45	1	13	36.6	196	12.1	11	0.92	1.3	–
		最小值	8.2	1.4	15.6	0.63	23	1	4.3	36.6	72	7.2	4.7	0.47	0.24	–
		平均值	8.27	1.6	17.4	1.01	36.7	1	7.3	36.6	149.67	10	7.7	0.73	0.9	–
	拉牌村	最大值	8.4	1.8	16.9	1.22	82		9		118	8.5	12.7	1.21	0.5	–
		最小值	8.2	0.7	12.5	0.88	81		2.8		94	6.2	6	0.85	0.39	–
		平均值	8.3	1.25	14.7	0.94	81.5		5.9		106	7.35	9.35	1.03	0.44	–
	三墩村	最大值	8.5		9.6	0.5	29		2.9		148	7.5	8.8	1.05	0.46	–
		最小值	8.5		9.6	0.5	29		2.9		148	7.5	8.8	1.05	0.46	–
		平均值	8.5		9.6	0.5	29		2.9		148	7.5	8.8	1.05	0.46	–
	双墩村	最大值	8.5	1.2	15.2	0.89	68		1.7		129	4.6	5.7	0.81	0.6	–
		最小值	8.5	1.2	15.2	0.89	68		1.7		129	4.6	5.7	0.81	0.6	–
		平均值	8.5	1.2	15.2	0.89	68		1.7		129	4.6	5.7	0.81	0.6	–
	兔窝村	最大值	8.8	1.9	24.8		127		36.4		418	12	11.9	1.31	1.12	–
		最小值	8.4	0.9	10.2		81		3.4		119	5.7	4.8	1.02	0.31	–
		平均值	8.58	1.24	18.5		97.2		18.5		260.8	9.18	7.92	1.12	0.71	–

续表3-26

乡镇名称	村名称		pH	水溶性盐分 g/kg	有机质 g/kg	全氮 g/kg	碱解氮 mg/kg	全磷 g/kg	有效磷 mg/kg	全钾 g/kg	速效钾 mg/kg	有效铁 mg/kg	有效锰 mg/kg	有效铜 mg/kg	有效锌 mg/kg	有效硫 mg/kg
中泉乡	峡儿水村	最大值	8.7	1.6	21.6	2.53	156	1	43.6	35.7	448	13.4	16.3	2.07	1.27	–
		最小值	7.8	0.9	12.1	2.23	31	1	3.6	30.1	78	5.1	4.3	0.31	0.2	–
		平均值	8.31	1.2	17.4	2.38	84.5	1	26	32.9	251.25	9.52	8.94	1	0.6	–
	正路村	最大值	8.4	4.8	21.6	1.29	81		45.8		479	11.8	13.5	1.36	1.36	–
		最小值	8.1	0.8	21.1	1.29	50		9.6		200	6	2.9	0.33	0.24	–
		平均值	8.22	1.62	21.4	1.29	67.4		21.5		351.5	8.92	7.8	0.84	0.67	–
	长生村	最大值	8.6	2.7	17.6	1.08	81	2	33.2		263	19	22.8	2.18	1.26	–
		最小值	8.3	1	7.1	0.38	29	2	4		63	7.3	6.9	0.25	0.84	–
		平均值	8.47	1.7	11.2	0.79	56.7	2	16.2		150.83	13.93	13.92	1.15	1.05	–
	崇华村	最大值	8.8	1.7	17	1.11	124	2	44.1	34.2	244	16.1	16.7	2.28	1.83	–
		最小值	7.7	0.8	5.5	0.62	46	2	4.8	34.2	136	6.4	2.5	0.22	0.55	–
		平均值	8.3	1.18	11	0.81	81	2	19.2	34.2	169.8	10.55	8.8	1.19	1.06	–
	大水村	最大值	8.7	1.8	21.3	1.34	96	1	41.7	37.6	374	13.5	13.1	1.48	1.38	67.9
		最小值	7.6	0.7	6.7	0.5	29	1	1.1	34.5	79	5.7	2	0.24	0.41	67.9
		平均值	8.22	1.32	10.4	0.91	51.9	1	17.5	36.05	183	9.04	8.31	1.03	1.02	67.9
	红岘台村	最大值	8.8	1.7	24.6	1.49	189	2	32.6	45.3	494	16.3	17.1	1.91	1.73	–
		最小值	7.5	0.8	6.1	0.32	35	1	1.1	23.7	74	3.7	4.3	0.1	0.25	–
		平均值	8.3	1.22	13.2	0.87	87.8	1.5	12.1	31.85	183.36	9.93	10.43	0.99	0.92	–
	胡麻水村	最大值	8.8	3.1	7.6	1.31	81	2	31.8	47.1	322	20.2	22.9	1.42	1.48	–
		最小值	7.9	1.3	6.6	0.54	17	2	2.7	47.1	73	4.8	2.9	0.81	0.45	–
		平均值	8.35	2.13	7	0.93	48.3	2	11.6	47.1	197.5	13.15	11.07	1.07	0.75	–

续表3-26

乡镇名称	村名称		pH	水溶性盐分 g/kg	有机质 g/kg	全氮 g/kg	碱解氮 mg/kg	全磷 g/kg	有效磷 mg/kg	全钾 g/kg	速效钾 mg/kg	有效铁 mg/kg	有效锰 mg/kg	有效铜 mg/kg	有效锌 mg/kg	有效硫 mg/kg
	龙湾村	最大值	8.8	3	17.4	1.37	138	2	47.8	47.5	256	21.5	23.4	2.38	2.19	–
		最小值	7.9	0.7	5.7	0.2	29	1	1.6	30.2	52	7.1	0.7	0.16	0.32	–
		平均值	8.44	2.24	11.4	0.75	60.9	1.25	19.3	39.3	127.12	12.65	10.82	1.2	0.95	–
	脑泉村	最大值	8.8	2.6	11.4	1.09	69	1	41.1	35.4	271	21.8	18.8	0.88	1.24	–
		最小值	8.1	0.5	10.4	0.23	42	1	2.1	35.4	66	7.6	4.6	0.51	0.29	–
		平均值	8.45	1.74	10.8	0.6	57.5	1	17.6	35.4	157.6	12.08	10.53	0.73	0.73	–
	三合村	最大值	8.8	4.4	17.5	1.1	93	1	26.8	27	164	18	21.6	1.88	1.64	–
		最小值	8	1	6.1	0.39	19	1	1.8	27	71	5.6	0.8	0.13	0.24	–
		平均值	8.42	1.92	12.1	0.69	55.8	1	12.6	27	91.63	12.22	10.94	0.91	0.86	–
	尾泉村	最大值	8.7	2.6	14.1	1.27	106	2	41.6	45.6	186	17.4	15.8	1.63	1.84	–
		最小值	8	0.6	6.3	0.4	19	1	1.3	25.4	53	6	1.4	0.19	0.22	–
		平均值	8.39	1.8	11.1	0.83	60	1.33	17.6	36.97	95.5	12.47	6.93	0.8	0.96	–
	腰水村	最大值	8.7	1.8	18	1.28	81	2	27	35.9	150	15.6	17.3	1.58	0.65	–
		最小值	8.3	0.8	14.5	0.64	45	2	5.3	35.9	60	7.9	2.6	0.18	0.65	–
		平均值	8.5	1.3	15.7	0.94	64.7	2	19	35.9	100.67	11.27	7.77	1.04	0.65	–
	中庄村	最大值	8.8	1.3	20.5	1.32	124	1	20	41.1	227	12.1	9.1	1.88	1.86	–
		最小值	8.2	0.6	13.8	0.63	45	1	1.4	41.1	119	7.5	4.5	0.75	0.2	–
		平均值	8.47	0.83	16.5	0.95	79.5	1	9.8	41.1	180.67	9.48	6.93	1.16	0.83	–
景泰县	景泰县	最大值	8.8	5	24.8	1.49	197	2	58.8	47.5	494	22	24.6	2.43	85	98.3
		最小值	7.5	0.5	5	0.2	17	1	1	22.4	50	2	0.2	0.1	0.2	17
		平均值	8.27	1.52	13.3	0.8	73.35	1.27	17.51	35.21	177.1	10.7	8.72	0.95	1.01	56.6

第四章　耕地地力评价方法与程序

第一节　耕地地力评价基础

耕地地力评价工作,就是要全面收集整理第二次土壤普查等历史资料、建立规范的县域耕地资源基础数据库,对测土配方施肥及相关数据进行标准化处理和规范化管理,建立县域耕地资源管理信息系统,采用综合指数法对耕地地力进行评价,为不同尺度的耕地资源管理、农业结构调整、养分资源综合管理和测土配方施肥指导服务。

一、耕地地力评价基本概念

(一)耕地及耕地地力

耕地是指种植农作物的土地,包括新开荒地、休闲地、轮歇地、旱田轮作地,以及以种植农作物为主,间有零星果树、桑树和其他树木的土地。

耕地地力是指耕地的生产能力,是一个反映耕地内在的、基本素质的地力要素所构成的概念,也就是由耕地土壤的地形、地貌条件、成土母质特征、农田基础设施及培肥水平、土壤理化性状等综合构成的耕地生产能力。

(二)耕地地力评价

耕地地力评价是指以利用方式为目的,估价耕地生产潜力和土地适宜性的过程,揭示生物生产力的高低和潜在生产力。耕地地力评价的任务就是通过对耕地资源的科学评价,了解耕地资源的利用现状,存在的问题,从而合理利用现有的耕地资源;治理或修复退化、沙化以及受污染的土壤;为农业结构调整、无公害农产品生产等农业决策提供科学依据,保障农业持续发展。耕地地力评价大体可分为以产量为依据的耕地当前生产能力评价和以自然要素为主的生产潜力评价。生产潜力评价又可分为以气候因素为主的潜力评价和以土壤因素为主的潜力评价。在一个较小的区域范围内(县域),气候因素相对一致,耕地地力评价可以根据所在地的地形地貌、成土母质、土壤理化性状、农田基础设施等因素相互作用表现出来的综合特征,揭示耕地潜在生产力的高低。本次评价是以土壤因素为主的潜力评价。

(三)耕地地力等级

耕地地力等级是耕地潜在生产能力的描述,计算耕地潜在生产能力,就是对每一地块的潜在生产能力指标化。

我国根据耕地基础地力不同所构成的生产能力,采用当地典型的粮食种植制度的近期正常年份全年粮食产量水平计算,将全国耕地分为十个地力等级,其中一等地大于13 500kg/hm²、十等地小于1500kg/hm²,其余各等级之间相差1500kg/hm²。

二、耕地地力评价基本原理

目前应用最多的方法就是3S技术与参数法相结合的评价方法。参数法又称评分法,是土地评价数量化的一种方法,它是根据土地评价的目的,选取有关的土地特性和其他社会经济特征,根据其内部或相互之间的重要性分别给出数值来替代评价要素;然后按照数学规律将这些数值加以结合,其中考虑到各要素之间的相互关系和相互作用,产生最后的性能指数;最后将这种指数按值的次序对土地进行分等,用以反映土地质量的高低。现代土地资源的评价参数方法一般有:加权指数和法、回归分析法、层次分析法、模糊综合评价法等。

(一)加权指数和法

耕地地力的高低归根结底可以表现在作物的生物量上,因此,评价时需要充分运用农学、地学知识,掌握各土地自然因素、社会经济因素对作物产量的影响,选取合适的评价因子,根据经验或一定的数学方法确定各因子的权重,通过作物的理论产量与因子权重进行四则运算求得反映耕地地力的综合指数,常用的是加权指数和法、加权指数乘法。

加权指数和法的公式如下:

$$IFI = b_1x_1 + b_2x_2 + \cdots\cdots + b_nx_n$$

式中:

IFI=耕地地力指数(Integrate Fertility Index);

X_i=耕地自然属性(参评因素);

b_i=该属性对耕地地力的贡献率(层次分析方法或专家直接评价打分得到)。

该方法的关键是如何确定各参评因子的权重,常用的方法有经验法、回归分析法、层次分析法。最后将最终所求的指数用聚类分析法、判别分析法、自然断点法、总分值频率曲线法、平均值法等方法划定各评价单元的等别界限,并与实际情况对照,据此判定每个单元所属的等级。

(二)回归分析法

回归分析法是一种统计分析方法。通过大量的统计数据,确定各个因素之间的关系,建立回归分析方程。在进行耕地地力评价时,先确定耕地地力与哪些因素有关,然后建立回归模型,从而可计算出单个或多个因素指标影响下的耕地地力评分值。借助计算机,应用回归模型进行耕地地力评价,能提高评价的精度和工作的效率。但是回归分析法比较适于研究呈线性分布的现象,尤其是要求数量足够且代表性好的样本,因此使回归分析法在土地评价中广泛和可靠应用受到了限制。

回归分析法的公式如下:

$$Y = b_0 + b_1x_1 + b_2x_2 + \cdots\cdots + b_nx_n$$

式中:Y=单位面积产量;

　　X_i=耕地自然属性(参评因素);

　　b_i=该属性对耕地地力的贡献率(解多元回归方程求得)。

(三)层次分析法

层次分析法是美国运筹学家、匹兹堡大学萨迪(T.L.Saaty)教授于上70世纪年代初期提出的。一经提出就受到了人们的广泛关注,并逐步应用到计划制定、资源分配、方案排序、决策预报等相当广泛的领域中。层次分析方法(AHP)是一种定性与定量相结合的决策分析方法,它是一种将决策者对复杂系统的决策思维过程模型化、数量化的过程。

运用AHP方法,决策者可将复杂问题分解为若干层次和若干因素,在各因素之间进行简单的比较和计算,就可以得出不同方案重要性程度的权重,为最佳方案的选择提供依据。其基本原理是把复杂问题中的各个因素按照相互之间的隶属关系排成从高到低的若干层次,根据对一定客观现实的判断就同一层次相对重要性相互比较的结果,决定层次各元素重要性先后次序,大致步骤如下:

1.建立系统的递阶层次结构;

2.构造两两比较判断矩阵(正互反矩阵);

3.针对某一个标准,计算各备选元素的权重;

4.计算当前一层元素关于总目标的排序权重;

5.进行一致性检验。

(四)模糊综合评价法

由于耕地质量是由各种因素综合决定的,不仅每一种因素对土地质量的影响是复杂的,而且因素之间又是相互联系相互制约的,这些制约因子的作用还难以用精确的数字来表达。同时,耕地质量本身在"好"与"不好"之间也无截然界限,这类界限具有模糊性。因此,使用模糊综合评判方法可以比较理想的处理评价因子与耕地等级之间的模糊关系,在一定程度上避免了精确数学模型处理非精确数值所产生的弊端。

模糊评价方法是利用土地质量分级差异中间过渡的模糊性,将土地质量因子问题按照标准,通过建立隶属函数,在闭合区间(0,1)内连续取值来进行评价的方法。主要步骤有:

1.对各项土地质量因子指标分别建立隶属函数,求出隶属度;

2.建立模糊关系矩阵;

3.计算各土地质量因子的权系数;

4.进行综合评判,评判系数最大者为该监测点土地质量级别。

该方法注意到了土地质量分级差异中间过渡的模糊性,避免了评价结果是一个平均值或简单累加情况的出现。

三、耕地地力评价技术流程

(一)评价原则

为了使耕地地力的评价结果更具科学性,以便最终达到对耕地科学分等定级的既定目标,实现耕地利用的合理、高效,在景泰县耕地评价过程中,主要依据以下原则来进行地力等级评价。

1.主导因素分析与综合因素研究相结合的原则

主导因素是指对耕地地力起决定作用的、相对稳定的因子,在评价中要重点对其进行研究分析。土地是一个自然经济综合体,是人们利用的对象,对土地质量的鉴定涉及自然和社会经济多个方面,耕地地力也是各类要素的综合体现。综合因素研究是指对地形地貌、土壤理化形状、相关社会经济因素进行全面的研究、分析与评价,以全面了解耕地地力状况。因此,把主导因素与综合因素结合起来进行评价则可以对耕地地力做出科学准确的评定。

2.共性评价与专题研究相结合的原则

耕地利用中存在粮田、菜地多种利用类型,土壤理化性状、环境条件、管理水平等不相同,因而耕地地力水平有较大的差异。而研究耕地地力评价须考虑其系统性、可比性,针对不同的耕地利用状况,还必须采用统一的评价指标和标准。为了解不同土地利用类型的耕地地力状况及其内部的差异性,则需对代表性的主要类型进行专题的深入研究。这样,共性的评价与专题研究相结合,使整个的评价和研究具有更大的价值。

3.定量与定性相结合的原则

土地系统是一个复杂的灰色系统,定量和定性因素共存。因此,为了保证评价结果的客观合理,宜采用定量和定性评价相结合的方法对可定量化的评价因子,如有机质等养分含量、土层厚度等,按其数值参与运算;对非数量化的定性因子,如土壤表层质地、剖面构型等则进行量化处理,确定其相应的指数,并建立评价数据库,通过计算机进行运算和处理,尽力避免人为随意性因素影响。在评价因素筛选、权重确定、评价标准、等级确定等评价过程中,尽量采用定量化的数学模型,在此基础上运用专家知识,对评价的中间过程和评价结果进行必要的定性调整,定性和定量相结合,保证评价结果的准确合理。

(二)技术路线

本次耕地地力评价立足于我县目前的资料、数据的现状以及现有的计算机软硬件技术和工具,根据《甘肃省县域耕地资源管理信息系统建立实施方案》和《县域耕地资源管理信息系统及相关技术培训教材》以及《测土配方施肥技术规范》中有关耕地地力评价的要求,制定了景泰县耕地地力评价的主要工作步骤及技术路线图(见图4-1)。其主要工作步骤如下:

第一步:收集整理以第二次土壤普查成果为主的所有相关历史数据资料和测土配方施肥数据资料,采用地理信息系统技术和数据库技术,以县为单位建立耕地资源基础数据库。

第二步:建立县域耕地资源管理信息系统。利用县域耕地资源管理信息系统,建立工作空间,将我县土壤图、行政区划图、农用地地块图、灌溉分区图等空间数据与耕地资源管理单元属性数据表、土壤典型剖面属性数据表等属性数据导入工作空间,并完成空间数据与属性数据的关联。

第三步:利用景泰县土壤图、土地利用现状图、行政区划图等相交,生成管理单元图,确定评价单元。

第四步:通过空间插值、以点带面、DEM分析、区域统计等方法对每个评价单元赋值,并将管理单元图与属性数据分离,生成耕地资源管理单元图与耕地资源管理属性数据库。

第五步:在省级专家技术组的主持下,吸收县级有实践经验的专家参加,结合我县实际,从农业部耕地地力评价指标体系中,选择我县的耕地地力评价指标。

第六步:用特尔斐法计算每个评价因素的隶属度。

第七步:利用层次分析法,结合特尔斐法计算单因素权重。

第八步:利用加法模型,计算耕地地力综合指数。

第九步:利用累计曲线法,划分耕地地力等级。

第十步:利用评价结果,做专题图及编写评价报告。

第十一步:归入国家耕地地力等级体系。

第十二步:评价结果检验。

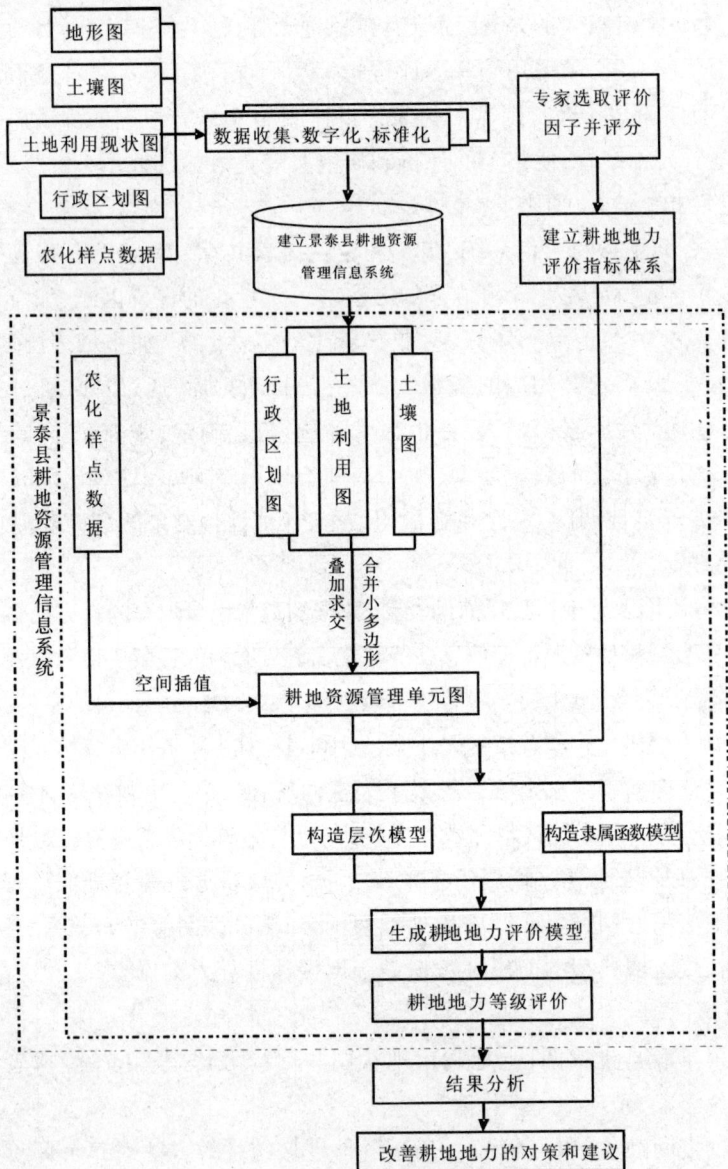

图4-1 景泰县耕地地力评价流程图

(三)技术支持

地理信息系统(GIS,Geographic Information System),是在计算机软硬件的支持下,运用系统科学和信息科学的理论,科学管理和综合分析具有空间内涵的地理数据,为规划、管理、决策和研究等提供所需信息的技术系统。它的兴起为土地资源评价的定量化、自动化提供了现代化的技术工具。

GIS的引入大大提高了资源管理与可持续利用的决策效率。通过地理信息系统软件建立空间数据库和属性数据库,进行评价单元的划分、评价因素选取、评价信息获取和评价模型计算,可以全面快速得出评价结果,并且对评价结果的调整也比较方便。随着3S和自动制图等高新技术的发展和应用,耕地资源数据更新、动态评价和评价精度均取得较大发展,快速的多维、多元信息复合分析开始出现,耕地资源管理与使用更加合理。近年来发展的空间决策支持系统通过GIS技术与专业模型的集成,将更有利于土壤资源的合理管理与使用。

四、资料收集与标准化

(一)专题图件资料

景泰县土地利用现状图(1:10万);

景泰县土壤图(1:5万);

景泰县地形图(1:10万);

景泰县行政区划图(1:15万);

景泰县地貌类型图(1:5万);

景泰县灌溉分区示意图(1:10万)。

以上图件资料均采用地理信息系统软件ArcGIS或ArcView进行数字化、图形编辑、图幅误差校正、拓扑查错等处理。

(二)数据及文本资料

1.土壤耕层养分含量属性资料

土壤肥力普查的农化样点数据是由景泰县测土配方施肥项目2007年所测定,在该项目实施中总计采取土样4095个,其中一般农户调查农化样4000个,示范田基础样42个,试验田基础样53个。对于各样点的采集主要根据景泰县自然地理、气候条件、土地利用类型、土壤状况、农业生产水平、耕作制度、作物布局等因素,以村为基本行政规划单元,确定样点分布密度,水地每9.67hm²设一个样点,旱地每14.33hm²设一个样点。每个采样点的地块面积在0.07~0.67hm²之间,并采用GPS定位,记录经纬度且精确到0.1″。粮食作物采样深度为20cm,果园采样深度为40cm。所采集的土样由15~20个样点混合而成,每个采样点的取土深度及采样量均匀一致,土样上层与下层的比例相同。取样工具用不锈钢土钻或塑料取样器,确保采集的土样具有较好的准确性和代表性。

2.土壤典型剖面及理化性状数据

土壤典型剖面理化性状统计数据主要是以《景泰县第二次土壤普查报告》为依据,将报告中有关景泰县各土壤类型的剖面理化性状整理成相应的电子表格,主要记录了64种土种类型的发生层次、层次特征、采样地点、采样深度、土壤容重以及有机质、速效钾、有效磷等表征土壤肥力的指标数据。

土壤分类系统数据是以《景泰县第二次土壤普查报告》中的各种土种为基础,根据国家土壤分类方法和省级土壤分类方法,将景泰县县级土壤分类系统与省级和国家的土壤分类系统相对应,生成土壤分类系统数据表。

(三)资料来源

1.空间数据资料

项目所需的空间数据资料及其来源(表4-1)。

表4-1　景泰县县域耕地资源空间数据库主要图层配置及其资料来源

序号	图层名	图层属性	资料来源
1	土地利用现状	多边形	土地利用现状图(县国土局)
2	土壤	多边形	土壤普查资料(县农技中心)
3	行政区划	多边形	行政区划图(县民政局)
4	地貌类型分区	多边形	编绘(县第二次土壤普查报告)
5	等高线	线	地形图(县国土局)
6	土壤养分分布	多边形	土壤普查或更新(县农技中心)
7	耕地地力调查点点位	点	GPS定位(县农技中心)
8	行政边界	线	行政区划图(县民政局)
9	县、乡、村位置	点	行政区划图(县民政局)
10	面状水系	多边形	土地利用现状图(县国土局)
11	灌溉分区示意图	多边形	灌溉分区示意图(县水务局)

2.属性数据资料

项目所需的属性数据资料及其来源(表4-2)。

表4-2　景泰县县域耕地资源主要属性资料及其来源

编号	名称	来源
1	行政区基本情况数据表	县民政局
2	县级行政区划代码表	县统计局
3	土壤分类系统表	第二次土壤普查报告
4	耕地地力调查点基本情况及化验结果数据表	县农技中心
5	土壤典型剖面属性数据表	第二次土壤普查报告
6	土壤肥力普查农化样点数据表	县农技中心

(四)资料的处理及规范

1.利用MAPGIS软件分别对景泰县土地利用现状图,景泰县土壤图,景泰县行政区划图,景泰县地貌类型图,景泰县灌溉分区图进行数字化处理,得到各种电子图件,即耕地地力评价所需的空间数据,并统一保存为ArcView shape格式文件。

2.依据数据字典的要求将各种空间数据的名称进行规范化命名,将与空间数据相关联的属性数据表中的各个字段,赋予标准的字段类型和长度。

3.对空间数据设定统一的坐标系统,具体投影参数设定如下:

坐标系统:Beijing_1954_GK_Zone_18

投影类型:Gauss_Kruger(高斯—克吕格)

假东:18500000.000000

假北:0.000000

中央经线:105.000000

比例因子:1.000000

中央纬度:0.000000

地理坐标系统:GCS_Beijing_1954

大地基准:D_Beijing_1954

4.数据库建立遵从以下规范:《测土配方施肥数据字典规范要求》《测土配方施肥技术规范》《县域耕地资源管理信息系统数据字典应用》《县域耕地资源管理信息系统数据字典》《全国耕地类型区、耕地地力等级划分》(NYPT 309-1996)。

景泰县行政区划图中总共208个行政单位,其中有村144个、公地10块、公司3个、良种场4个、林场5个、农场34个、苗圃1个、示范场2个、水管所1个、羊场1个、园艺场1个、治沙站1个、自然保护区1个(见表4-3)。

表4-3 景泰县行政区单位类型

单位类型	个数
村	144
公地	10
公司	3
良种场	4
林场	5
农场	34
苗圃	1
示范场	2
水管所	1
羊场	1
园艺场	1
治沙站	1
自然保护区	1
总数	208

第二节　县域耕地资源管理信息系统建立

在县域耕地资源管理信息系统中,建立景泰县工作空间,然后分别通过该系统提供的空间数据维护和外部数据维护功能,将经过规范化处理的标准化的各种空间数据(土地利用现状图、土壤图、灌溉分区图、地貌类型图和行政区划图)以及属性数据(典型剖面理化性状统计表、土壤分类系统表和土壤肥力普查农化样点数据表等)导入到系统中。通过县内行政码、地类号等关键字段相关联,建立了景泰县的县域耕地资源信息管理系统,建成的系统可有效地管理、分析和利用包括测土配方施肥在内的数据资料,并为耕地地力评价提供数据来源(见图4-2)。

第三节　评价单元的确定

耕地地力评价单元是由对耕地质量具有关键影响的土壤要素组成的空间实体,是耕地地力评价的最基本单位,是耕地地力评价的基础。其在生产上用于实际的农事管理,在评价系统中是用于制图的区域。同一评价单元耕地的气候、立地条件、剖面性状、理化性状、障碍因素、土壤管理基本一致;不同单元之间,既有差异性,又有可比性。耕地地力评价就是要通过对每个评价单元的评价,确定其地力级别。

评价单元的空间界线及行政隶属关系明确,有准确的面积,地貌类型及土壤类型一致,利用方式及耕作方法基本相同,最终评价结果不仅可应用于农业结构调整规划、耕地质量保护和建设,还可用于指导实际的农事操作开展测土配方施肥技术服务。

景泰县耕地资源管理单元图是由土壤图、行政区划图、土地利用现状图相交以后生成的。土壤图图斑数1616个,行政图图斑数208个,农用地地块图图斑数34 055个,灌溉分区图土壤图图斑数1770个,地貌类型分区图图斑数17个。通过相交叠加,形成最终评价单元数45 760个(见附图22)。

关键字段

第二次土壤普查表层土壤养分含量表	剖面编号	第二次土壤普查耕层采样点图
剖面形态	剖面编号	典型土壤剖面点位图
农用地块数据表	内部标识	农用地块图

行政区划图

土壤图

灌溉分区图

层次分析法

耕地地力评价单元图 · 耕地地力评价属性数据表

耕地地力评价图

耕层厚度分布图

常年积温分布图

常年降雨分布图

有机质分布图

全氮分布图

全磷分布图

全钾分布图

水解氮分布图

有效磷分布图

缓效钾分布图

速效钾分布图

铜含量分布图

锌含量分布图

铁含量分布图

锰含量分布图

……

属性数据库

空间数据库

土壤类型代码表

典型土壤剖面属性数据表

行政区基本情况数据表

县级行政区划代码表

土地利用现状地块数据表

耕地地力调查基本及化验结果数据表

耕地地力评价结果数据表

耕地地力评价图

非农用地块图

等高线图

道路图

地形地貌图

点注记图

灌溉农区

行政界线图

面状水系图

辖区边界图

田间道路图

县乡村位置图

线状水系图

渠道图

乡面图

乡镇位置图

行政区划图

土壤图

采样点分布图

土地利用现状图

土地改良利用分布图

作物产量分布图

盐渍化分布图

……

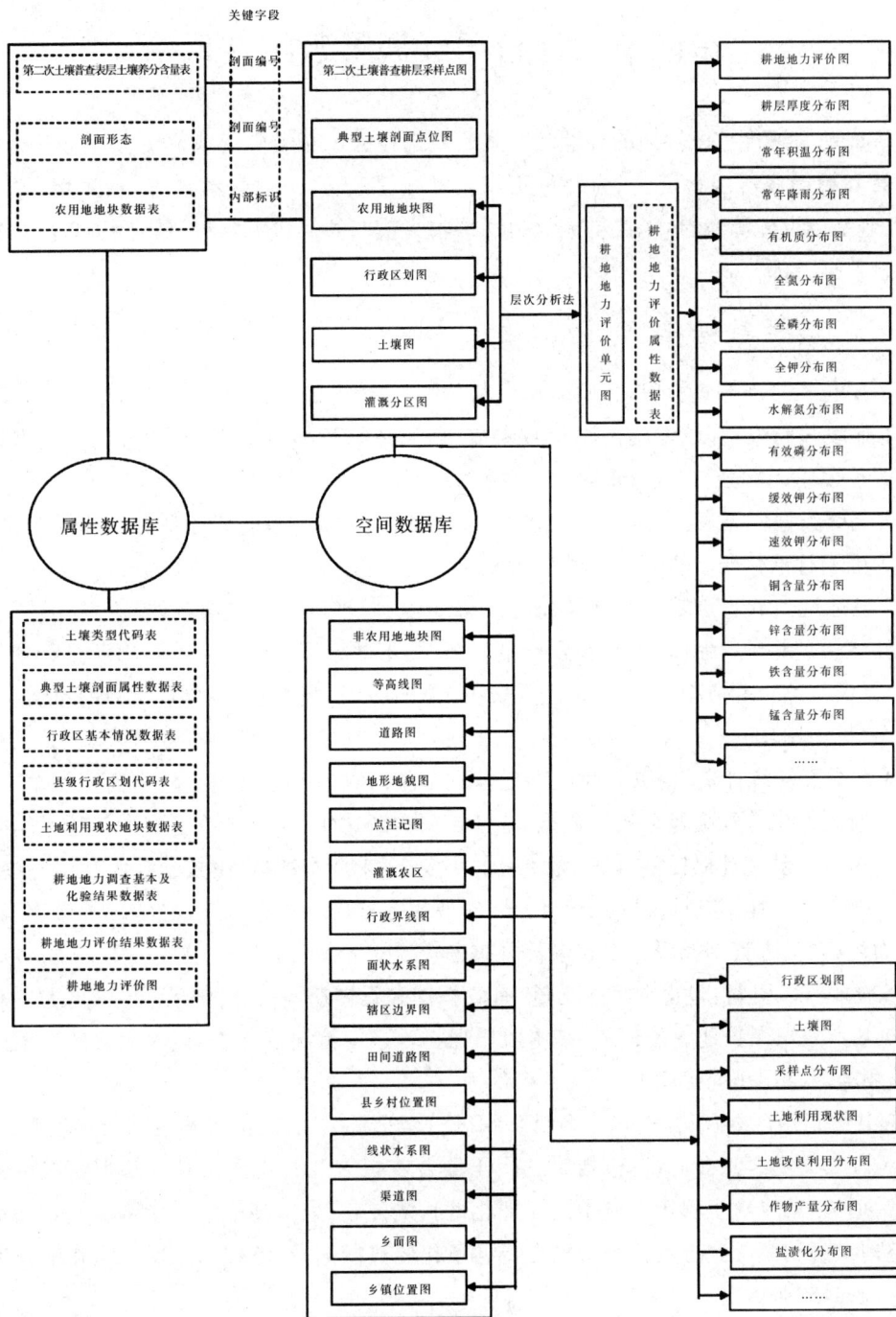

图4-2　系统数据结构图

第四节　评价单元属性数据获取

耕地地力评价是以耕地的各性状要素为基础，因此必须广泛地收集与评价有关的各类自然和社会经济因素资料，为评价工作做好数据准备。根据景泰县气候、土壤、立地条件、农业基础设施等特点，本次耕地地力评价收集获取的资料主要包括属性资料数据和图件资料数据两部分。

一、属性数据库

主要包括野外调查资料、化验分析资料、社会经济等属性资料。

1.邮政编码表：邮政编码由六位数组成，由当地邮政部门查询，是调查与采样点统一编号的重要组成部分，在调查前进行了收集和整理。

2.土壤类型代码表：县内土壤类型代码表是以第二次土壤普查土壤分类系统为准，并归并为国家标准代码，用1-8位字符表示。

3.耕地地力调查点基本情况及化验结果属性数据表：包括立地条件、土壤类型、土壤理化性状、熟制、种植制度、常年粮食产量等，从测土配方施肥汇总系统导出后进行规范化处理。景泰县测土配方施肥数据库记载表记录数4192个，其中参与耕地地力评价的记录数1396个(见附图19)。

4.社会经济统计资料：以行政区划为基本单位的人口、土地面积、作物面积和单产，以及各类投入产出等社会经济指标数据，统计资料为2010年《景泰年鉴》(景泰年鉴编辑委员会编)，由景泰县统计局提供；以村为单位的小麦、玉米调查产量，由景泰县农技中心提供。

5.农业生产概况资料：包括农业机械、农业生产施肥、农业基础设施状况等数据，统计资料为《景泰县志》(1996版)，由景泰县县志办提供。

6.农业气象资料：包含常年降雨量、有效积温和无霜期等信息，由景泰县气象局提供。

7.基本农田保护地块登记表、基本农田保护区基本情况统计表：包含地块的法定面积信息，由景泰县国土局提供。

8.县级行政区划代码表：11个乡(镇)编码，144个村级编码，由景泰县民政局提供。

9.第二次土壤普查资料：包括第二次土壤普查报告及农化样采样点基本情况及检测结果数据等；第二次土壤普查典型剖面理化性状统计表；景泰县第二次土壤普查剖面记载表。整理景泰县第二次土壤普查采样点1590条化验数据记录，整理第二次土壤普查典型剖面记载表2454张。

对收集的资料，以《县域耕地资源管理信息系统数据字典》为标准，导入景泰县数据，根据数据库自检功能，对每个指标进行完整的命名和格式、类型、取值区间等定义，使数据符合数据字典规范。评价单元的属性信息用Access数据库录入，建立和评价单元图相对应的内部标识码，应用GIS技术实现图和属性数据的链接。

对照《县域耕地资源管理信息系统数据字典》，建立了规范的景泰县县域耕地资源基础数据库,共计11张属性数据表,名称分别为:测土施肥农化样点测试分析结果数据表、地貌类型分区属性数据表、非农用地地块属性数据表、耕地地力评价结果数据表、耕地资源管理单元属性数据表、灌溉分区属性数据表、农用地地块数据表、土地利用现状图属性数据表、土壤典型剖面属性数据表、县级行政区划代码表、行政区基本情况数据表。

评价过程土壤养分资料选取时间为2007年~2010年。

二、空间数据库

图件资料指印刷的各类地图、专题图、卫星照片以及商品数字化矢量图和栅格图。

1.景泰县地形图(1:5万):通过地形图可以生成数字高程模型(DEM),然后通过区域统计获得每个采样点、调查点、管理单元的坡度、坡向及海拔高度等信息。从甘肃省测绘局购买。

2.景泰县土壤图(1:5万):通过土壤图可以了解本县的土壤类型情况、土壤立地条件、土壤剖面性状、障碍因素等,并且可以与土地利用现状图合理划分耕地资源管理单元,便于耕地地力评价。由景泰县第二次土壤普查资料获得。

3.景泰县土地利用现状图(1:10万):通过土地利用现状图可以获取景泰县土地利用信息,并与土壤图合理划分耕地资源管理单元,便于耕地地力评价(见附图20)。

4.景泰县行政区划图(1:10万):通过行政区划图可以统计各行政区域内土壤养分或耕地地力的分布情况。从甘肃省测绘局购买。

5.景泰县地貌类型图(1:5万),由景泰县第二次土壤普查资料获得。

6.景泰县灌溉分区示意图(1:10万)(见附图21)。

7.景泰县面状水系图(1:5万),来源土地利用现状图。

景泰县地图采用1:5万地形图为空间数学框架基础。投影方式为高斯—克吕格投影,6度分带。坐标系及椭球参数为北京54,克拉索夫斯基。高程系统为1956年黄海高程基准。应用ArcGIS软件,在1:1500比例尺下完成配准、描绘、输入代码、校核、拓扑检查和投影变换等处理。

三、评价单元土壤耕层养分获取

从景泰县测土配方施肥项目中选择了1396个样点,对有机质、pH、全氮、碱解氮、有效磷、速效钾及微量元素锰、铁、铜、锌等指标,利用ArcGIS中Geostatiscal Analyst模块采用普通克里格方法进行空间插值。

四、土壤典型剖面及理化性状数据获取

对土壤肥力普查农化样点数据、土壤典型剖面理化性状统计和土壤分类系统数据,统一以Microsoft Access数据库中的表格格式进行存储,并分别依据数据字典的要求,将各属性字段的名称、大小和类型进行规范化处理,以符合数据进入县域耕地资源管理信息系统

的入库要求。

五、其他数据的获取

评价单元图的每个图斑都必须有参与评价指标的属性数据。根据不同类型数据的特点,采用了以下几种途径为评价单元获取数据:(1)对于点分布图,先进行插值形成栅格图,与评价单元图叠加后采用加权统计的方法给评价单元赋值。(2)对于矢量图,直接与评价单元图叠加,再采用加权统计的方法为评价单元赋值。(3)地形图提取高程坡度等数据,采用的办法是用地面高程模型生成栅格图,再与评价单元图叠加,采用分区统计的方法给评价单元赋值。(4)成土母质、土壤侵蚀类型、土壤侵蚀程度、剖面构型、质地构型、有效土层厚度、耕层厚度、障碍层类型、障碍层出现位置、障碍层厚度、质地、容重等数据是利用土壤图关联土壤典型剖面属性数据表后在合成管理单元图的过程中获取。

第五节　评价指标选取

一、选取原则

评价指标的选取主要遵循6个原则:

1.重要性原则。选取的因子应对耕地生产能力有比较大的影响,如地形因素、土壤因素、灌排条件等。

2.差异性原则。选取的因子在评价区域内的变异较大,便于划分耕地地力等级。如在地形起伏较大的区域,地面坡度对耕地地力有很大影响,必须列入评价项目之中;有效土层厚度是影响耕地生产能力的重要因素,在多数地方都应当列入评价指标体系。

3.稳定性原则。选取的评价因素在时间序列上应具有相对的稳定性,如土壤的质地、有机质含量等,评价结果有效期较长。

4.易获取原则。通过常规的方法即可以获取,如土壤养分含量、耕层厚度和灌排条件等。

5.必要性原则。选取评价因素与评价区域的大小有密切的关系。当评价区域很大时(国家或省级耕地地力评价),气候因素(降雨、无霜期等)就必须作为评价的因素。

6.精简性原则。并不是选取的指标越多越好,选取的太多,工作量和费用都要增加。一般8~15个指标能够满足评价的需要。

二、选取方法和理由

依据以上6个原则,景泰县邀请了省、市、县8名专家,采用特尔斐法,从全国65项评价因子中选取了9项作为评价指标,其中土壤养分状况2项,分别为有效磷和有机质;剖面性状2项,分别为有效土层厚度和质地构型;立地条件2项,为海拔和地貌类型;土壤管理3项,为一米土层含盐量、障碍类型和灌溉保证率。在这9项评价因子中,4项因子为概念型函数,5项因子是数值型函数。

景泰县不同土类的土壤有机质、有效磷含量不均,将土壤有机质、有效磷选为评价因子;景泰县有效土层厚度和质地构型与土壤类型关系密切,县境内差异很大,因此有效土层厚度和质地构型被选为评价因子;景泰县的地貌类型分为侵蚀构造中山、构造侵蚀丘陵、山前洪积侵蚀平原、构造堆积盆地、河谷堆积阶地、侵蚀堆积黄土、风成沙地,地形由西向东倾斜,海拔相差2046m,海拔高度不同造成积温的差异,使景泰县种植的部分作物,在海拔较高的地方个别年份不能成熟,地貌类型和海拔被选为评价因子;由于景泰耕地经过大水漫灌、自流灌以及长期形成的不合理灌溉模式造成地下水位上升,地表经长时间形成盐霜、盐斑和盐结皮等,容易造成作物苗期死亡,严重影响农业生产,因此将1米土层含盐量选为评价因子。由于景泰县土壤是在洪积物、冲积物上发育而成的,沉积层中含有砂砾石和红锈砂等,将障碍层类型选为评价因子;由于景泰县地处欧亚大陆中心,远离海洋,属温带大陆性干旱型气候,其特点是:干旱少雨、蒸发强烈、日照充足、温差大、风沙多,因此灌溉保证程度是影响耕地生产量的重要因素,所以灌溉保证率被选为评价因子。

第六节　各评价因子权重的确定(层次分析法)

由于各评价因素对耕地地力的影响程度是有差异的,必须确定它们的权重。确定评价因素权重可以有多种方法,如主成分分析、多元回归分析、逐步回归分析、层次分析等。本次评价选用层次分析法(AHP)来确定各评价因子的权重。

层次分析法(AHP)的原理是把复杂问题中的各项因素按照相互之间的隶属关系排成从高到低的若干个层次,根据对一定客观现实的判断就同一层次相对重要性相互比较的结果,决定该层次各元素重要性的先后顺序。用层次分析法做系统分析,首先要把问题层次化,根据问题的性质和要达到的总目标,将问题分解为不同的组成因素,并按照因素间的相互影响关系及隶属关系,将各因素按不同层次聚合,形成一个多层次的分析结构模型,并最终把系统分析归结为下层相对于上层的相对重要性权值的确定或相对优劣次序的排序问题。

层次分析法确定参评因素的步骤如下。

一、建立层次结构

根据指标选取原则,按照所选取的9个评价因子各自的属性和特点,将它们归入到土壤养分、剖面形状、立地条件和土壤管理四个准则层中,其结构关系见图4-3。

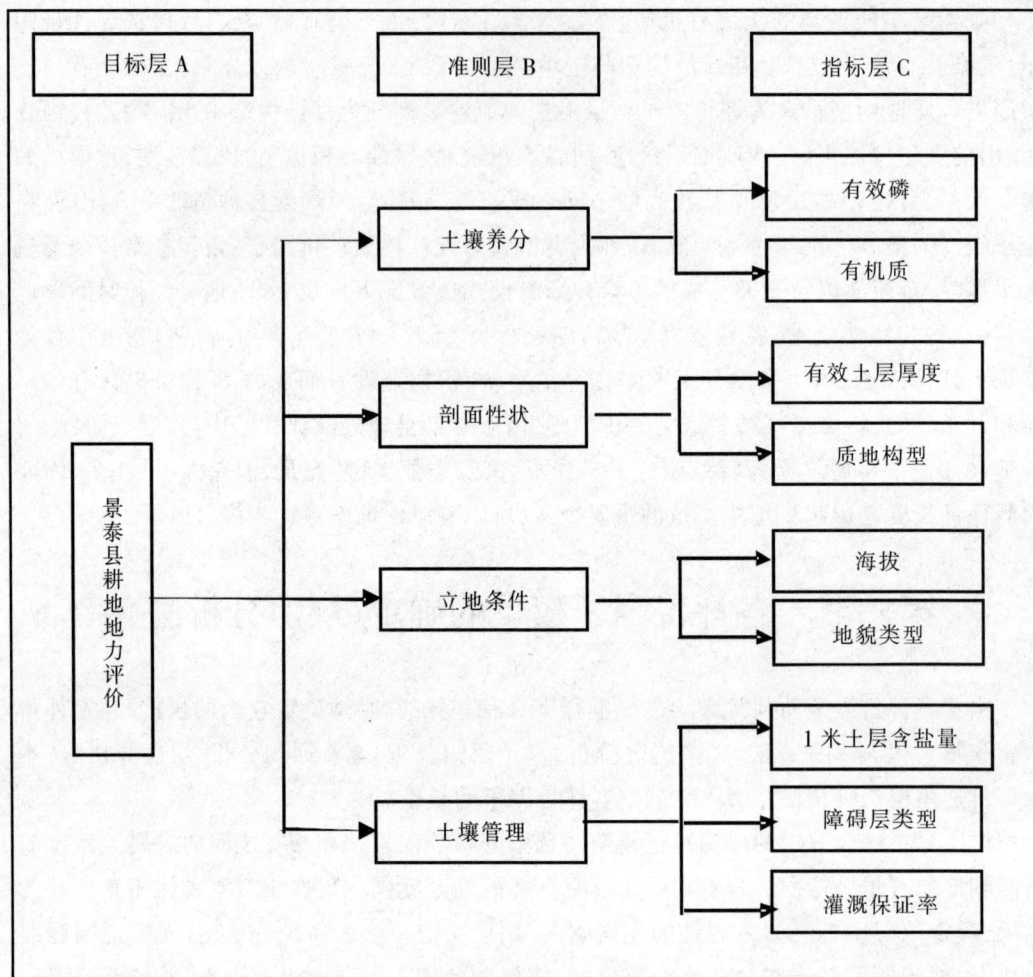

图4-3　评价因子层次结构图

二、构造判断矩阵

根据表4-4中的1~9标度法,针对各准则层及指标层各指标之间的相互关系,由8位专家通过特尔斐法按照准则层对目标层、指标层各因素对准则层相应因素的相对重要性,给出数量化的评估,经专家多次反馈和商讨,最终建立了6个判断矩阵(见表4-5至4-10)。

表4-4　层次判断矩阵标度

1	表示两个因素相比,具有同样重性
3	表示两个因素相比,一个因素比另一个因素稍微重要
5	表示两个因素相比,一个因素比另一个因素明显重要
7	表示两个因素相比,一个因素比另一个因素强烈重要
9	表示两个因素相比,一个因素比另一个因素极端重要
2,4,6,8	上述两相邻判断的中值
倒数	因素 i 与 j 比较得判断 bij,则因素 j 与 i 比较的判断 bji=1/bij

三、计算各因子权重

建立判断矩阵以后,就可以求出各个因素的权重。在县域耕地资源管理系统中,系统将直接根据所构建的判别矩阵,首先计算出各判别矩阵的权重值,然后计算同一层次所有因素对于总目标相对排序权值,即进行层次总排序,最终所得到的表4-10中的组合权重即为各耕地地力评价因子的权重值。

计算判断矩阵的权重后,还要进行逻辑一致性检验。通常用CR=CI/RI值来检查决策者判断思维的一致性。一般认为CR<0.1时,判断矩阵具有很好的一致性。因此,根据表4-5至4-10中的CR值可知,各判断矩阵和组合权重均通过了一致性检验,具有很好的一致性。

表4-5 目标层判断矩阵及权重

耕地地力评价	土壤养分	剖面性状	立地条件	土壤管理	权重
土壤养分	1.0000	0.5556	0.4348	0.3333	0.1219
剖面性状	1.8000	1.0000	0.6667	0.5000	0.2013
立地条件	2.3000	1.5000	1.0000	0.6667	0.2812
土壤管理	3.0000	2.0000	1.5000	1.0000	0.3956

特征向量:[0.1219,0.2013,0.2812,0.3956]

最大特征根为:4.0058

CI=1.93399487274467E-03

RI=0.9

CR=CI/RI=0.00214888 < 0.1

一致性检验通过!

表4-6 准则层判断矩阵(土壤养分)

土壤养分	有效磷	有机质
有效磷	1.0000	0.5556
有机质	1.8000	1.0000

特征向量:[0.3572,0.6428]

最大特征根为:2.0000

CI=3.99992000321703E-05

RI=0

CR=CI/RI=0.00000000 < 0.1

一致性检验通过!

表4-7 准则层判断矩阵(剖面性状)

剖面性状	有效土层厚度	质地构型
有效土层厚度	1.0000	0.5556
质地构型	1.8000	1.0000

特征向量 : [0.3572,0.6428]

最大特征根为 : 2.0000

CI=3.99992000321703E-05

RI=0

CR=CI/RI=0.00000000 < 0.1

一致性检验通过!

表4-8　准则层判断矩阵(立地条件)

立地条件	海拔	地貌类型
海拔	1.0000	0.5556
地貌类型	1.8000	1.0000

特征向量 : [0.3572,0.6428]

最大特征根为 : 2.0000

CI=3.99992000321703E-05

RI=0

CR=CI/RI=0.00000000 < 0.1

一致性检验通过!

表4-9　准则层判断矩阵(土壤管理)

土壤管理	1米土层含盐量	障碍层类型	灌溉保证率
1米土层含盐量	1.0000	0.5000	0.3333
障碍层类型	2.0000	1.0000	0.5000
灌溉保证率	3.0000	2.0000	1.0000

特征向量 : [0.1638,0.2973,0.5390]

最大特征根为 : 3.0092

CI=4.58599539378524E-03

RI=0.58

CR=CI/RI=0.00790689 < 0.1

一致性检验通过!

经《县域耕地资源管理信息系统V3.2》分析运算得出 :

表4-10　各个因素的组合权重计算结果

层次 A	土壤养分 0.1219	剖面性状 0.2013	立地条件 0.2812	土壤管理 0.3956	组合权重
有效磷	0.3572				0.0435
有机质	0.6428				0.0783
有效土层厚度		0.3572			0.0719
质地构型		0.6428			0.1294
海拔			0.3572		0.1004
地貌类型			0.6428		0.1808
一米土层含盐量				0.1638	0.0648
障碍类型				0.2973	0.1176
灌溉保证率				0.5390	0.2132

层次总排序一致性检验：

CI=1.83846850303528E–03

RI=0.229457340324044

CR=CI/RI=0.00801225 <0.1

总排序一致性检验通过！

四、层次分析结果

由层次分析结果可以看出：景泰县耕地地力影响因素的影响程度由大到小依次是灌溉保证率、地貌类型、质地构型、障碍类型、海拔、有机质、有效土层厚度、1米土层含盐量、有效磷。

第七节　各评价因子隶属度的计算(模糊评价法)

一、基本原理

1.模糊评价法基本原理

模糊数学的概念与方法在农业系统数量化研究中得到广泛的应用。模糊子集、隶属函数与隶属度是模糊数学的三个重要概念。一个模糊性概念就是一个模糊子集，模糊子集$\underline{A}$的取值自0→1中间的任一数值。隶属度是元素x符合这个模糊性概念的程度。完全符合时隶属度为1，完全不符合时为0，部分符合即取0与1之间一个中间值。隶属函数$\mu_{\underline{A}}(x)$是表示元素x_i与隶属度u_i之间的解析函数。根据隶属函数，对于每个x_i都可以算出其对应的隶属度u_i。

2.建立隶属函数的方法：最小二乘法

隶属函数可以简单理解为经验公式，是两个变量的函数关系近似表达式。函数关系$y=f(t)$的常数如何确定，因此，我们只能要求选取这样的a、b，使得$f(t)=at+b$在$t_0, t_1, t_2, \cdots, t_7$处的函数值与实验数据$y_0, y_1, y_2, \cdots, y_7$相差都很小，就是要使偏差

$$y_i-f(t_i) \quad (i=0,1,2,\cdots,7)$$

都很小，那么如何达到这一要求呢？能否设法使偏差的和$\sum\limits_{i=0}^{7}[y_i-f(t_i)]$很小来保证每个偏差都很小呢？不能，因为偏差有正有负，在求和时，可能互相抵消，为了避免这种情形，可对偏差取绝对值再求和，只要

$$\sum_{i=0}^{7}|y_i-f(t_i)|=\sum_{i=0}^{7}|y_i-(at_i+b)|$$

很小，就可以保证每个偏差的绝对值都很小，但是这个式子中有绝对值记号，不便于进一步分析讨论。由于任何实数的平方都是正数或零，因此我们可以考虑选取常数a、b，使

$$M=\sum_{i=0}^{7}[y_i-(at_i+b)]^2$$

最小来保证每个偏差的绝对值都很小，这种根据偏差的平方和为最小的条件来选择常数a、b的方法叫做最小二乘法。

3.特尔斐法

特尔斐法是美国兰德公司于1964年首先采用的一种方法。这个方法的核心是充分发挥专家对问题的独立看法,然后归纳、反馈,逐步收缩、集中,最终产生评价与判断。特尔斐法的基本过程如图4-4所示。

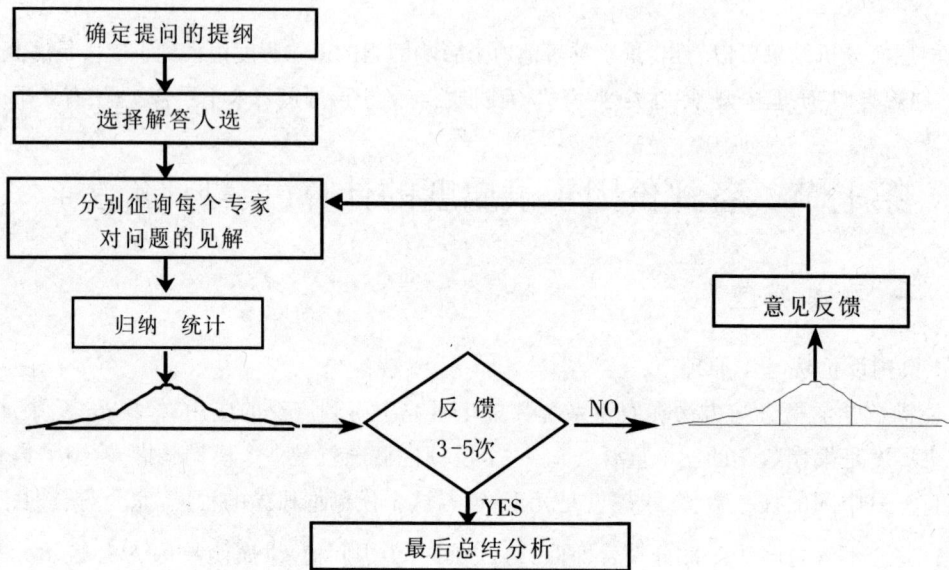

图4-4　特尔斐法示意图

二、数值型指标隶属度的确定

各评价因子的隶属度通过专家评分得到表4-11至表4-15。

表4-11　海拔高度隶属度

海拔m	1301	1501	1701	1901	2101	2301	2501	2701	2901	3110
隶属度	0.9556	0.8778	0.8078	0.7000	0.6056	0.4833	0.3944	0.2944	0.2056	0.1256

表4-12　土壤有效磷含量隶属度

有效磷 mg/kg	11.4	13.2	15	16.8	18.6	20.4	22.2	24	25.8	27.6
隶属度	0.4278	0.5278	0.6444	0.7333	0.8333	0.9222	0.95	0.9722	0.9833	1

表4-13　土壤有机质含量隶属度

有机质 g/kg	6.4	8.8	11.2	13.6	16.0	18.4	20.8
隶属度	0.3111	0.4222	0.5000	0.6778	0.8111	0.9167	1.0000

表4-14　有效土层厚度隶属度

障碍层位置(cm)	16	36	56	76	96	116	136	156	176	196
隶属度	0.2056	0.3556	0.5556	0.7056	0.8333	0.9056	0.9556	0.9889	0.9944	1

表4–15　1米土层含盐量隶属度

1米土层含盐量	0.0	0.2	0.4	0.6	0.8	1.0	1.2	1.4	1.6	1.8	2.0
隶属度	1.0	0.95	0.90	0.80	0.70	0.60	0.50	0.45	0.40	0.20	0.10

三、概念型指标隶属度的确定

对于评价指标体系中概念性指标隶属度的确定不需要建立隶属函数,可依据这些指标对耕地生产潜力的影响由专家直接评分确定隶属度。各概念型指标隶属度(见表4–16至表4–19)。

表4–16　地貌类型隶属度

地貌名称	山前洪积侵蚀平原	构造堆积盆地	构造侵蚀丘陵	侵蚀构造中山	风成沙地	河谷堆积阶地	侵蚀堆积黄土
隶属度	0.90	0.82	0.66	0.45	0.63	0.83	0.7

表4–17　质地构型隶属度

质地构造	隶属度	质地构造	隶属度	质地构造	隶属度
夹砂轻壤	0.7	砂质轻壤	0.5	均质重壤	0.55
壤身重壤	0.45	粉砂壤土	0.48	壤底砂壤	0.53
粉砂壤土	0.8	砂质重壤	0.3	壤质重壤	0.45
夹砾轻壤	0.6	均质轻壤	0.8	砂底轻壤	0.48
砂身轻壤	0.5	均质砂壤	0.7	黏底轻壤	0.6

表4–18　障碍层类型隶属度

障碍类型	风化碎屑	红锈砂	硫酸盐	砂砾石	石膏结核	碳酸钙	锈纹斑	无
隶属度	0.4	0.47	0.57	0.29	0.75	0.75	0.68	1.0

表4–19　灌溉保证率隶属度

灌溉保证率	100	90	0.85	30	0
隶属度	1	0.8	0.7	0.3	0

第八节　评价因子隶属函数的建立

拟合隶属函数时,需要用特尔斐法对单个参评要素的一组实测值评估出相应的一组隶属度,然后建立该组实测值与评定的隶属度之间函数关系,要求两者之间的差值平方和最小,即满足最小二乘法要求的函数关系为该参评因素的隶属函数。根据模糊数学的理论,将选定的评价指标与耕地生产能力的关系分为戒上型、戒下型、峰型和直线型4种类型的隶属函数(见表4–20)。

表4-20　常用隶属函数表

	数学表达	函数图形
戒上型	$y_i = \begin{cases} 0, & u_i \leqslant u_t \\ 1/(1 + a_i(u_i - c_i)^2), & u_t < u_i < c_i, (i = 1, 2, \cdots, m) \\ 1, & c_i \leqslant u_i \end{cases}$ y_i 为第 i 个因素评语；u_i 为样品观测值；c_i 为标准指标；a_i 为常数；u_t 为指标下限值。	
戒下型	$y_i = \begin{cases} 0, & u_t \leqslant u_i \\ 1/(1 + a_i(u_i - c_i)^2), & c_i < u_i < u_t, (i = 1, 2, \cdots, m) \\ 1, & u_i \leqslant c_i \end{cases}$ u_t 为指标上限值。	
峰型	$y_i = \begin{cases} 0, & \\ 1/(1 + a_i(u_i - c_i)^2), & u_i > u_{t1} \text{ 或 } u_i < u_{t2} \\ 1, & c_i < u_i < u_t, (i = 1, 2 \cdots m) \\ & u_i = c_i \end{cases}$ u_{t1}、u_{t2} 分别为指标上、下限值	
直线型	$y_i = b + a_i * u_i$	

数值型指标的隶属函数见表4-21。

表4-21　数值型指数隶属函数模型

函数类型	项目	函数关系式	a 值	c 值	Ut 值
戒下型	海拔	$y_i = 1/(1 + a(X - c)^2)$	0.000003	1724.85	3100
戒上型	有效磷	$y_i = 1/(1 + a(X - c)^2)$	0.00617	24.8174	11.4
戒上型	有机质	$y_i = 1/(1 + a(X - c)^2)$	0.00961	21.028	6.4
戒上型	有效土层厚度	$y_i = 1/(1 + a(X - c)^2)$	0.000084	160.074	16
戒下型	1m 土层含盐量	$y_i = 1/(1 + a(X - c)^2)$	0.907062	0.098029	4.1

第九节 耕地地力等级的确定

一、计算耕地地力综合指数

用指数和法来确定耕地的综合指数,公式为:$IFI=\sum F_i \times C_i$,式中:IFI(Integrated Fertility Index)代表耕地地力综合指数;F_i=第i个因素评语;C_i=第i个因素的组合权重。

具体操作过程:在县域耕地资源管理信息系统中,在"专题评价"模块中编辑层次分析模型以及各评价因子的隶属函数模型,然后选择"耕地生产潜力评价"功能菜单进行耕地地力综合指数计算。

二、确定最佳的耕地地力等级数目

景泰县耕地地力分级标准取值为0.8600,0.7850,0.6500,0.5900。根据每个评价单元的综合指数和《全国耕地类型区、耕地地力等级划分》(NYPT 309-1996)标准,将景泰县耕地地力划分为5个等级。景泰县耕地中1级、2级和3级耕地占耕地面积的绝大部分。评价区域总面积8.066076万hm²,平均平差率0.4194726,通过平差计算,净耕地面积4.682667万hm² (见图4-5)。

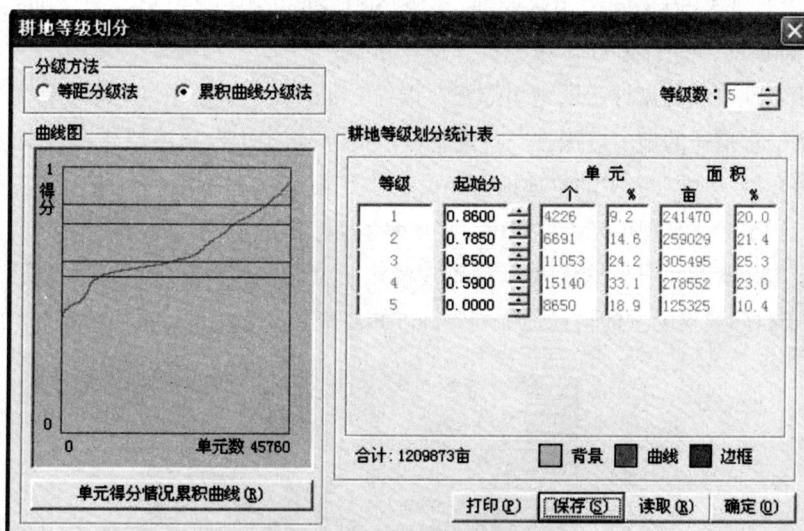

图4-5 耕地地力等级曲线图

根据图4-5,统计出五个等级耕地的综合指数见表4-22。

表4-22 景泰县耕地地力等级综合指数

IFI	>0.8600	0.7850~0.8599	0.6500~0.7849	0.5900~0.6499	<0.5899
面积(hm²)	9345.84	10025.41	11823.85	10781.00	4850.58
县耕地地力等级	一等	二等	三等	四等	五等

第十节 绘制耕地地力等级分布图

利用已建立的景泰县"县域耕地资源管理信息系统"中的数据,在ArcGIS软件的支持下,进行耕地地力评价图及专题图的制作。其步骤大致分以下几步:扫描矢量化图件→编辑点、线、面→点、线、面校正处理→统一坐标系→编辑并对其赋属性→根据属性定义颜色→根据属性加注记→图幅整饰输出。

以景泰县全境为区域,编辑评价单元图斑、各评价要素图斑和调查点位数据、线状地物和注记。要素的颜色、图案、线型等遵从规范要求。图外要素包括图名、图例、坐标系及高程系说明、成图比例尺、制图单位全称、制图时间等。景泰县耕地地力等级图见附图22。

第十一节 评价结果归入全国耕地地力等级体系

根据自然要素评价耕地生产潜力,评价结果可以很清楚地表明不同等级耕地中存在的主导障碍因素,可直接应用于指导实际的农业生产,如根据土壤养分的丰缺状况指导农民平衡施肥等。农业部于1997年颁布了《全国耕地类型区、耕地地力等级划分》农业行业标准。该标准根据粮食单产水平将全国耕地地力划分为十个等级。以产量表达的耕地生产能力,年单产大于13500kg/hm²为一等地,小于1500kg/hm²为第十等地,每1500kg为一个等级。因此,将耕地地力综合指数转换为概念型产量。

应用耕地自然要素评价的地力等级在指导实际的农业生产中具有重要作用,用平均产量或概念型产量描述的地力等级在合理配置耕地资源,制定土地利用总体规划等方面具有重要意义。我们以自然要素为主的耕地地力评价基础上,随机选取了每一个地力等级上10%的管理单元,获得了639个管理单元上的IFI值,并获取了所选取的管理单元上近3年粮食(小麦、玉米)平均产量作为概念性产量,然后对所选管理单元上的IFI值和概念性产量进行回归拟合函数关系,获得了自然要素为主的耕地地力划分标准相对应的概念性产量分级标准(见图4-6)。

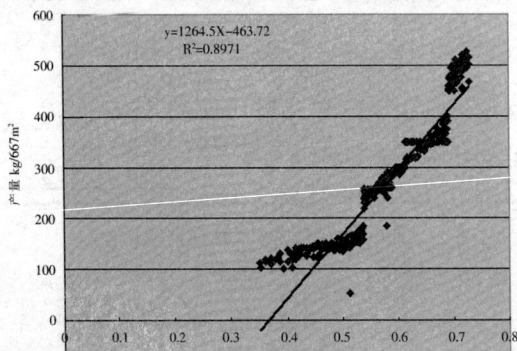

图4-6 景泰县耕地地力综合指数和实际产量的散点图

依据上述方法所模拟出的IFI值与实际产量之间的回归方程为:

$$Y=1264.5x-463.72$$

由图4-5可以看出,概念性产量与以自然要素为主的耕地地力综合指数(IFI)之间存在较好的直线关系,决定系数R^2=0.8971。对管理单元点的概念型产量进行汇总分析,景泰县概念性产量在100~521kg/667m²。在不同等级之间随着IFI指数的增大,粮食产量也相应增高,而在同一耕地地力等级下,即在一定的IFI区间内,粮食产量也相对集中在一个范围之内。依据上述模拟方程可计算出一等至五等地的IFI区间与粮食产量范围的对应关系,与农业部1997年颁布了《全国耕地类型区、耕地地力等级划分》(NY/T 309-1996)国家标准相对比,可将此次评价得出的县级地力等级纳入国家耕地地力评价体系中,其中县级一等地对应于国家六等地,年产量每公顷平均大于6000kg,县级五等地对应于国家十等地,年产量每公顷小于1500kg。景泰县谷类作物选为小麦,其他经济作物产量折算为小麦产量(见表4-23)。

表4-23　归并后的景泰县耕地地力等级

产量水平(kg/hm²)	全国耕地地力等级	景泰县耕地地力等级(小麦)
6000~7500	6	1
4500~6000	7	2
3000~4500	8	3
1500~3000	9	4
<1500	10	5

第十二节　评价结果检验

耕地地力评价涉及相互关联的许多自然要素和部分人为因素(如灌溉),这些要素有些是可以定量的,如耕层厚度、土壤有效磷含量等。有些要素是概念型的,如土壤剖面构型等。在评价时,概念型因素的描述是通过专家的经验或应用某种数量化方法转换为定量的描述。在确定每个要素对地力的贡献时,也依赖于专家的经验。由于专家认识上的分歧和数学方法的局限,评价结果与耕地的实际生产能力难免会发生一定的偏差。景泰县评价工作完成后,邀请部分参与制定隶属函数和层次分析判断矩阵的专家,依据调查产量对评价结果进行评估,基本符合实际情况。评价完成后在不同乡村抽样调查500户农户地块,根据农户反映,基本符合当地实际情况(见表4-24)。

表4-24　耕地地力等级评价结果评估统计表

项目	符合	基本符合	不符合
地块数(个)	266	198	36
百分率(%)	53.2	39.6	7.2

第十三节　划分中低产土壤类型

根据景泰县耕地地力评价结果,将景泰县耕地地力划分为五个等级,以此为基础将景泰县耕地三等地划分为中产土壤,四、五等地划分为低产土壤。

通过对全县耕地地力状况的调查,根据土壤主导障碍因素的改良主攻方向,依据农业部发布的行业标准NY/T310-1996,引用农业部耕地地力划分标准,结合实际进行分析,景泰县中低产土壤包括五种类型:干旱灌溉型、瘠薄培肥型、沙化耕地型、障碍层次型和盐碱耕地型。

第五章　耕地地力等级结果分析

本次耕地地力分析,以测土配方施肥项目为基础,根据评价的规程及相关标准,结合当地实际情况,选取了对耕地地力影响较大、区域内变异明显,在时间序列上具有相对稳定性,与农业生产有密切关系的9个因素,建立评价指标体系。以土壤图、土地利用现状图、行政区划图、灌溉分区图和地貌类型图叠加形成评价单元,应用层次分析法,通过综合分析,将景泰县耕地共划分为5个等级,根据评价结果进行耕地地力的系统分析。

第一节　耕地地力等级与分布

一、不同等级耕地面积统计

根据耕地地力评价结果数据表,汇总各等级耕地的面积,以《2010年景泰年鉴》景泰县耕地总面积为基准进行平差,统计出不同等级耕地面积。

景泰县总耕地面积为4.68万hm²,其中二、三和四等地占的比例较大,分别为21.41%、25.25%和23.02%,占总耕地的69.68%;一等地和五等地占的比例较小,分别为19.96%和10.36%(见表5-1、图5-1)。

表5-1　不同等级耕地面积统计

县地力等级	一等地	二等地	三等地	四等地	五等地	合计
评价单元个数	4226	6691	11053	15140	8650	45 760
面积(hm²)	9345.84	10 025.41	11 823.85	10 781.00	4850.58	46 826.69
所占比例(%)	19.96	21.41	25.25	23.02	10.36	100

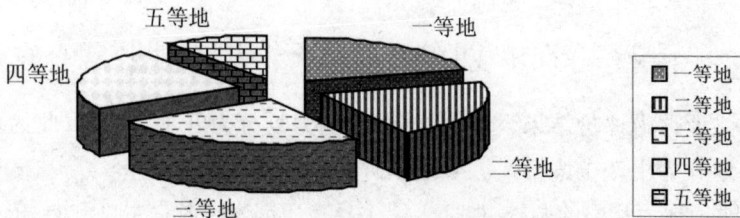

图5-1　不同等级耕地所占比例

二、不同等级耕地空间分布特征

(一)不同等级耕地分布特点

景泰县耕地地力等级分布有三个特点:(1)耕地地力等级与土壤管理关系密切。灌溉保证率高的耕地大部分属一等地和二等地;非灌区无灌溉条件,大部分土壤属四等地和五等地。(2)耕地地力等级与地貌类型关系密切。山前洪积侵蚀平原和构造堆积盆地地势平坦,坡度小,土层深厚,大部分属一、二等地,构造侵蚀丘陵和侵蚀构造中山,旱地坡度大、土层较薄,大部分属三、四和五等地。(3)耕地地力等级与土壤类型密切相关。潮土、灌淤土、灰钙土和灌漠土大部分属一等地和二等地,灰钙土、风沙土大部分为三等地,栗钙土、灰钙土大部分为四等地,粗骨土、石质土大部分属五等地。(4)耕地地力等级与土壤质地构型相关。均质轻壤、均质砂壤大部分为一等地,壤底砂壤、砂身轻壤、黏底轻壤大部分为二等地,夹砂轻壤、夹砾轻壤、均质重壤大部分为四、五等地。(5)耕地地力等级与障碍类型有关。灌溉地一等地基本无障碍因素,二等地有部分红锈砂、砂砾石等障碍层,三等地有沙化现象。

(二)不同等级耕地空间分布

从景泰县耕地地力等级图和耕地地力评价结果数据表(表5-2)可以看出,一等地主要分布在一期灌区一条山镇、芦阳镇、喜泉镇,二等地主要分布在草窝滩镇、上沙沃镇、五佛乡;三等地主要分布在红水镇、漫水滩乡和中泉乡;四等地主要分布在寺滩乡、正路乡和喜泉镇南部;五等地主要分布在正路乡、中泉乡和寺滩乡。

表5-2 各乡镇不同等级耕地面积与比例

乡镇名称	面积及占本乡镇比例	一等地	二等地	三等地	四等地	五等地	合计
草窝滩镇	面积(hm²)	733.33	1829.91	164.36	12.21	49.55	2789.37
	比例(%)	26.29	65.60	5.89	0.44	1.78	100.00
红水镇	面积(hm²)	25.27	865.87	3321.84	325.27	22.73	4560.97
	比例(%)	0.55	18.98	72.83	7.13	0.50	100.00
芦阳镇	面积(hm²)	1491.33	1050.93	705.46	235.66	143.25	3626.62
	比例(%)	41.12	28.98	19.45	6.50	3.95	100.00
漫水滩乡	面积(hm²)	23.96	892.38	1749.08	13.13	22.12	2700.66
	比例(%)	0.89	33.04	64.76	0.49	0.82	100.00
上沙沃镇	面积(hm²)	677.66	911.10	501.14	182.46	167.92	2440.28
	比例(%)	27.77	37.34	20.54	7.48	6.88	100.00
寺滩乡	面积(hm²)	783.49	1086.40	1756.46	3085.59	1294.66	8006.60
	比例(%)	9.79	13.57	21.94	38.54	16.17	100.00
五佛乡	面积(hm²)	453.95	495.66	655.70	57.00	125.06	1787.36
	比例(%)	25.40	27.73	36.69	3.19	7.00	100.00
喜泉镇	面积(hm²)	1496.80	391.96	833.64	1092.66	568.91	4383.97
	比例(%)	34.14	8.94	19.02	24.92	12.98	100.00

乡镇名称	面积及占本乡镇比例	一等地	二等地	三等地	四等地	五等地	合计
一条山镇	面积(hm²)	3631.90	1474.88	125.76			5232.54
	比例(%)	69.41	28.19	2.40			100.00
正路乡	面积(hm²)			714.63	5395.46	1928.97	8039.06
	比例(%)			8.89	67.12	23.99	100.00
中泉乡	面积(hm²)	28.14	1026.34	1295.80	381.57	527.42	3259.26
	比例(%)	0.86	31.49	39.76	11.71	16.18	100.00
总计	面积(hm²)	9345.84	10025.41	11823.85	10781.00	4850.58	46 826.69
	比例(%)	19.96	21.41	25.25	23.02	10.36	100.00

第二节　耕地地力等级分述

一、一等地

(一)面积与分布

一等地,综合评价指数IFI大于0.8600,耕地面积9345.84hm²,占总耕地面积的19.96%,评价单元4226个,其中水浇地7164.21hm²,占一等地面积的76.66%(表5-3)。

一等地主要分布在一条山镇、草窝滩镇、五佛乡、上沙沃镇、芦阳镇东北部、喜泉镇北部,在漫水滩乡、寺滩乡和中泉乡有零星分布。

表5-3　一等地不同耕地利用类型面积

地类名称	果园	旱地	其他园地	设施农用地	水浇地	合计
面积(hm²)	773.74	844.23	473.78	89.89	7164.21	9345.84
评价单元数	432	853	358	237	2346	4226
占一等地的比例(%)	8.28	9.03	5.07	0.96	76.66	100.00

(二)属性分析

一等地土壤主要以潮土、灌淤土和灰钙土为主,土壤质地构型以均质轻壤和夹砂轻壤为主,地貌类型主要为山前洪积侵蚀平原和构造堆积盆地,有灌溉,地势平坦,无明显障碍层,土壤理化性状良好,可耕性强,土壤肥力高。耕层土壤养分含量有机质13.4g/kg,全氮0.80g/kg,碱解氮71.0mg/kg,有效磷17.4mg/kg,速效钾180mg/kg,有效铜0.91mg/kg,有效锌0.84mg/kg,有效铁10.33mg/kg,有效锰8.75mg/kg(表5-4)。

表5-4　一等地土壤主要养分含量

养分	有机质 g/kg	全氮 g/kg	碱解氮 mg/kg	有效磷 mg/kg	速效钾 mg/kg	有效铁 mg/kg	有效锰 mg/kg	有效铜 mg/kg	有效锌 mg/kg
平均值	13.4	0.80	71.0	17.4	180	10.33	8.75	0.91	0.84
等级	五级	五级	六级	四级	四级	二级	三级	三级	三级

（三）合理利用

一等地作为全县的高产稳产田，应进一步完善农田水利基础设施建设；推广测土配方施肥技术，秸秆还田培肥技术，增施有机肥。调整种植结构，发展高产高效作物。

二、二等地

（一）面积与分布

二等地，综合评价指数IFI0.7850~0.8599，耕地面积10 025.41hm²，占总耕地面积的21.41%，评价单元6691个。其中水浇地7786.91hm²，占二等地面积的77.67%（表5-5）。

二等地主要分布在上沙沃镇、草窝滩镇、一条山镇、芦阳镇，在红水镇、漫水滩乡有零星分布。

表5-5　二等地不同耕地利用类型面积

地类名称	果园	旱地	其他园地	设施农用地	水浇地	水田	合计
面积(hm²)	522.12	889.70	565.40	129.68	7786.91	131.60	10 025.41
评价单元数	703	1192	648	325	3771	52	6691
占二等地的比例(%)	5.21	8.87	5.64	1.29	77.67	1.31	100.00

（二）属性分析

二等地土壤主要有潮土、灰钙土、灌淤土、灌漠土和水稻土，土壤质地构型以均质轻壤、壤底砂壤、砂底轻壤和砂身轻壤为主，地貌类型山前洪积侵蚀平原和构造侵蚀丘陵，有灌溉，可耕性较强，土壤肥力较高。耕层土壤养分含量有机质12.8g/kg，全氮0.76g/kg，碱解氮71.2mg/kg，有效磷16.5mg/kg，速效钾173mg/kg，有效铜0.89mg/kg，有效锌0.81mg/kg，有效铁10.33mg/kg，有效锰8.59mg/kg（表5-6）。

（三）合理利用

二等地主要影响因素是障碍层类型，土层中存在不同厚度的红锈砂、砂砾石层。红锈砂层使土壤通透性差，灌水后出现剖面上层滞水往往伴随着斑块状盐渍化现象。土体中上层有砂砾石层或沙层出现，或底部有较厚砂砾石层，漏水漏肥，保水保肥性能差。在农业生产中，要坚持用养结合，合理轮作，增施有机肥，推广秸秆还田培肥技术，土壤深松耕技术，增加土壤活土层厚度。红锈砂层采取中位爆破技术，打破隔水层，提高土壤通透性。推广测土配方施肥技术、农田节水技术。调整种植结构，发展高产高效作物。

表5-6　二等地土壤主要养分含量

养　分	有机质 g/kg	全氮 g/kg	碱解氮 mg/kg	有效磷 mg/kg	速效钾 mg/kg	有效铁 mg/kg	有效锰 mg/kg	有效铜 mg/kg	有效锌 mg/kg
平均值	12.8	0.76	71.2	16.5	173	10.33	8.59	0.89	0.81
等　级	五级	五级	六级	四级	四级	二级	三级	三级	三级

三、三等地

（一）面积与分布

三等地，综合评价指数IFI 0.6500~0.7849，耕地面积11 823.85hm²，占总耕地面积的25.25%，评价单元11 053个。其中水浇地8922.66hm²，占三等地面积的75.46%；旱地1920.78hm²，占三等地面积的16.24%（表5-7）。

三等地主要分布在红水镇、漫水滩乡、中泉乡、五佛乡和寺滩乡，在喜泉镇、正路乡、芦阳镇、上沙沃镇等乡镇都有零星分布。

表5-7　三等地不同耕地利用类型面积

地类名称	果园	旱地	其他园地	设施农用地	水浇地	水田	合计
面积（hm²）	222.78	1920.78	532.97	196.84	8922.66	27.83	11 823.85
评价单元数	932	3386	631	572	5520	12	11 053
占三等地的比例(%)	1.88	16.24	4.51	1.66	75.46	0.24	100.00

（二）属性分析

三等地土壤以风沙土、灰钙土、栗钙土和粗骨土为主，土壤质地构型以砂底轻壤、均质轻壤、壤底砂壤和砂质重壤为主，障碍层一般为砂砾石和红锈砂，地貌类型一般为构造侵蚀丘陵和山前洪积侵蚀平原，土壤理化性状良好，可耕性较强。耕层土壤养分含量有机质12.6g/kg，全氮0.74g/kg，碱解氮70.0mg/kg，有效磷15.4mg/kg，速效钾171mg/kg，有效铜0.84mg/kg，有效锌0.76mg/kg，有效铁9.72mg/kg，有效锰8.19mg/kg（表5-8）。

（三）合理利用

三等地土壤肥力较好，主要影响因素是土壤沙化、灌溉保证率较低、耕种时间较短。主要分布在景电二期灌区。在农业生产中，要坚持用地与养地相结合，调整种植结构，扩大绿肥、饲草种植，粮草轮作，发展以舍饲养殖为主的畜牧业生产，秸秆过腹还田，培肥土壤；推广测土配方施肥技术、农田节水技术。

表5-8　三等地土壤主要养分含量

养分	有机质 g/kg	全氮 g/kg	碱解氮 mg/kg	有效磷 mg/kg	速效钾 mg/kg	有效铁 mg/kg	有效锰 mg/kg	有效铜 mg/kg	有效锌 mg/kg
平均值	12.6	0.74	70.0	15.4	171	9.72	8.19	0.84	0.76
等级	五级	六级	六级	四级	四级	三级	三级	三级	三级

四、四等地

（一）面积与分布

四等地，综合评价指数IFI0.5900~0.6499，耕地面积10 781.003hm²，占总耕地面积的23.02%，评价单元15 140个。其中旱地10 160.38hm²，占四等地面积的94.24%（表5-9）。

四等地主要分布在正路乡、寺滩乡和喜泉镇，在红水镇和芦阳镇山区也有零星分布。

表5-9 四等地不同耕地利用类型面积

地类名称	果园	旱地	其他园地	设施农用地	水浇地	合计
面积(hm²)	3.94	10 160.38	15.92	15.28	585.48	10 781.00
评价单元数	28	14505	23	56	528	15140
占四等地的比例(%)	0.04	94.24	0.15	0.14	5.43	100.00

(二)属性分析

四等地土壤以栗钙土和灰钙土为主,地貌类型以构造侵蚀丘陵和山前洪积侵蚀平原为主,土壤质地构型以均质轻壤、夹砂轻壤和粉砂壤土为主,主要为旱耕地。耕层土壤养分含量有机质14.8g/kg,全氮0.78g/kg,碱解氮79.0mg/kg,有效磷14.9mg/kg,速效钾196mg/kg,有效铜0.81mg/kg,有效锌0.68mg/kg,有效铁9.11mg/kg,有效锰7.86mg/kg(表5-10)。

(三)合理利用

四等地无灌溉条件,土壤水分不足。在农业生产上应注重精细耕作,增施有机肥;更新老砂田,利用好中、新砂田和洪漫地,提高单产,挖掘土地的增产潜力;大力推广地膜覆盖、蓄水保墒技术。

表5-10 四等地土壤主要养分含量

养分	有机质 g/kg	全氮 g/kg	碱解氮 mg/kg	有效磷 mg/kg	速效钾 mg/kg	有效铁 mg/kg	有效锰 mg/kg	有效铜 mg/kg	有效锌 mg/kg
平均值	14.8	0.78	79.0	14.9	196	9.11	7.86	0.81	0.68
等级	五级	五级	六级	五级	四级	三级	三级	三级	三级

五、五等地

(一)面积与分布

五等地,综合评价指数IFI小于0.5899,耕地面积4850.584hm²,占总耕地面积的10.36%,评价单元8650个。其中旱地4335.34hm²,占五等地面积的89.38%;水浇地464.79hm²,占五等地面积的9.58%(表5-11)。

五等地主要分布在正路乡、中泉乡和寺滩乡的丘陵山区,在五佛乡和芦阳镇山区也有零星分布。

表5-11 五等地不同耕地利用类型面积

地类名称	果园	旱地	其他园地	设施农用地	水浇地	合计
面积(hm²)	0.53	4335.34	40.74	9.18	464.79	4850.58
评价单元数	2	8151	32	40	425	8650
占五等地的比例(%)	0.01	89.38	0.84	0.19	9.58	100.00

(二)属性分析

五等地土壤以粗骨土、石质土和灰钙土为主,地貌类型以构造侵蚀丘陵为主,土层薄。

土壤质地构型以砂质轻壤和夹砾轻壤为主。耕层土壤养分含量有机质14.3g/kg，全氮0.78g/kg，碱解氮76.5mg/kg，有效磷15.2mg/kg，速效钾195mg/kg，有效铜0.81mg/kg，有效锌0.72mg/kg，有效铁9.11mg/kg，有效锰7.96mg/kg（表5-12）。

表5-12　五等地土壤主要养分含量

养　分	有机质 g/kg	全氮 g/kg	碱解氮 mg/kg	有效磷 mg/kg	速效钾 mg/kg	有效铁 mg/kg	有效锰 mg/kg	有效铜 mg/kg	有效锌 mg/kg
平均值	14.3	0.78	76.5	15.2	195	9.11	7.96	0.81	0.72
等　级	五级	五级	六级	四级	四级	三级	三级	三级	三级

(三)合理利用

五等地多分布在干旱山区，海拔高，积温低，无灌溉水源，作物种类少。在农业生产中，发展粮油豆为主，更新品种；推广地膜覆盖抗旱栽培技术，精耕细作，蓄水保墒；禁止不合理的乱垦乱耕，搞好山坡地退耕还林。

景泰县不同地力等级具体属性见表5-13至表5-18。

表5-13 景泰县不同地力等级养分含量

土壤养分 地力等级	pH	有机质 g/kg	水溶性盐 g/kg	全氮 g/kg	碱解氮 mg/kg	全磷 g/kg	有效磷 mg/kg	全钾 g/kg	速效钾 mg/kg	有效铁 mg/kg	有效锰 mg/kg	有效铜 mg/kg	有效锌 mg/kg	有效硫 mg/kg
一等地	8.29	13.4	1.60	0.80	71.0	1.02	17.4	35.4	180	10.33	8.75	0.91	0.84	49.9
二等地	8.29	12.8	1.60	0.76	71.2	1.02	16.5	35.6	173	10.33	8.59	0.89	0.81	52.4
三等地	8.29	12.6	1.52	0.74	70.0	1.01	15.4	35.6	171	9.72	8.19	0.84	0.76	53.3
四等地	8.28	14.8	1.73	0.78	79.0	1.00	14.9	35.1	196	9.11	7.86	0.81	0.68	51.8
五等地	8.29	14.3	1.69	0.78	76.5	1.01	15.2	35.5	195	9.11	7.96	0.81	0.72	52.3
平均值	8.29	13.8	1.64	0.77	74.5	1.01	15.6	35.4	185	9.55	8.15	0.84	0.74	52.2

表5-14 景泰县不同地力等级耕地利用类型面积

单位:hm²

土地利用类型 地力等级	果园	旱地	其他园地	设施农用地	水浇地	水田	合计
一等地	773.74	844.23	473.78	89.89	7164.21		9345.84
二等地	522.12	889.70	565.40	129.68	7786.91	131.60	10 025.41
三等地	222.78	1920.78	532.97	196.84	8922.66	27.83	11 823.85
四等地	3.94	10 160.38	15.92	15.28	585.48		10 781.00
五等地	0.53	4335.34	40.74	9.18	464.79		4850.58
合计	1523.11	18 150.44	1628.81	440.87	24 924.04	159.43	46 826.69

表5-15 景泰县不同地力等级地貌类型面积

单位:hm²

地貌类型 地力等级	风成沙地	构造堆积盆地	构造侵蚀丘陵	河谷合堆积阶地	侵蚀堆积黄土	侵蚀构造中山	山前洪积侵蚀平原	合计
一等地		8.48	280.84	496.80			8559.72	9345.84
二等地	80.21	6.79	1204.77	793.52	14.71		7925.42	10 025.41
三等地	2204.46	3.68	2098.86	877.80	269.02	11.16	6358.87	11 823.85
四等地	316.25		7476.08	1.17	96.40	71.71	2819.41	10 781.00
五等地	77.53	1.66	3458.20		153.22	437.45	722.53	4850.58
合计	2678.44	20.61	14 518.75	2169.29	533.34	520.31	26 385.94	46 826.69

表5-16　景泰县不同地力等级土壤类型面积

单位:hm²

土壤类型＼地力等级	潮土	粗骨土	风沙土	灌漠土	灌淤土	黑钙土	灰钙土	灰褐土	栗钙土	石质土	新积土	水稻土	草甸盐土	合计
一等地	95.87			28.17	236.95		7487.72				1497.13			9345.84
二等地	77.64		50.95	38.06	178.28		8307.61			406.64	834.74	131.51		10 025.41
三等地	0.58	626.34	1872.91	26.45	38.65		7251.16		963.56	480.27	536.11	27.60	0.24	11 823.85
四等地		38.56	268.58				4206.91		5780.75	41.86	444.35			10 781.00
五等地		1537.74	46.23			292.92	1167.38	4.48	342.41	1454.10	5.33			4850.58
合　计	174.08	2202.64	2238.66	92.67	453.88	292.92	28 420.77	4.48	7086.72	2382.86	3317.65	159.11	0.24	46 826.69

表5-17　景泰县不同地力等级土壤质地构型面积

单位:hm²

质地构型＼地力等级	粉砂壤土	夹砾轻壤	夹砂轻壤	均质轻壤	均质砂壤	均质重壤	黏底轻壤	壤质重壤	壤底砂壤	砂底轻壤	砂身轻壤	砂质轻壤	砂质重壤	合计
一等地	69.07		925.05	7425.91	95.87				334.15	495.79				9345.84
二等地	78.09	406.64	441.34	3048.96	77.64		131.51		2367.34	2851.33	571.62		50.95	10 025.41
三等地	223.65	480.27	641.28	1758.42	0.58		27.60	0.24	1110.75	5035.27	46.55	626.34	1872.91	11 823.85
四等地	1094.60	41.86	2122.86	6430.11					481.47	293.80	9.18	38.56	268.58	10 781.00
五等地	254.92	1454.10	67.24	352.33		292.92			778.96	41.48	24.67	1537.74	46.23	4850.58
合计	1720.33	2382.86	4197.77	19 015.72	174.08	292.92	159.11	0.24	5072.67	8717.68	652.01	2202.64	2238.66	46 826.69

表5-18　景泰县不同地力等级障碍类型面积

单位:hm²

障碍类型＼地力等级	风化碎屑	红锈砂	硫酸盐	砂砾石	石膏结核	碳酸钙	无	锈纹斑	总计
一等地					69.071		9276.765		9345.836
二等地	406.638	1567.97	571.623	929.075	78.087	182.461	6289.559		10 025.413
三等地	480.265	1736.35	46.546	3826.887	223.647	1900.502	3609.41	0.242	11 823.849
四等地	41.86	3.515	9.175	82.526	1094.598	268.578	9280.751		10 781.003
五等地	1454.095	6.25	24.668	1835.635	254.922	46.234	1228.78		4850.584
总计	2382.858	3314.085	652.012	6674.123	1720.325	2397.775	29 685.265	0.242	46 826.685

第六章 景泰县中低产田土壤类型与改良利用分区研究

第一节 目的意义

中低产田是指土壤环境因素不良或土体内存在一种或几种障碍因子，影响土壤生产能力发挥，从而导致农作物产量低而不稳的耕地。

景泰县地处甘肃北部、黄河西岸，属于黄土高原与腾格里沙漠过渡地带，风大沙多，干旱缺水。海拔1275~3321m，地势西南高，东北低。景泰县总土地面积54.85万hm²，耕地面积4.68万hm²。由于土壤自然条件的限制和农田管理薄弱等原因，使该区的中低产田面积占总耕地的60%左右，粮食产量低而不稳，严重困扰着当地农村经济的发展和农民生活水平的提高。

"景电工程"成为景泰改造中低产田的有力、有效、有利途径。依托灌溉工程，结合旱作区农业技术改良景泰中低产田，不但具有保证粮食安全和保护生态环境双重意义，而且是实现土地资源可持续利用和经济可持续发展的重要途径。景电一、二期工程投入使用以来，景泰县农业部门广泛发动群众，加大投资力度，加强项目管理，因地制宜，针对土壤主要障碍因素，采取工程措施、农艺措施和生物措施相结合，增肥、改土、治水、良种、良法相结合等方式，对中低产田进行综合治理，使得农业基本生产条件和土壤肥力有了较为明显的改善，但其综合治理的成效还有待于进一步扩大和提高。

本专题结合景泰县耕地地力评价结果，对景泰县中低产田土壤主导限制因素进行了深入分析，依照各类限制因素划分了中低产田的类型，提出了具体的改造技术与措施，旨在为增强中低产田土壤综合生产能力、改善该区农业生产条件提供帮助。

第二节 调查方法

一、组织形式

本项专题研究是在充分利用景泰县耕地地力评价结果的基础上进一步展开的。为了全面、细致地做好本项专题研究，景泰县农业技术推广中心委托甘肃农业大学资源与环境学院专门组建了"景泰县中低产田类型划分与改造研究"工作组，欲借助后者在耕地地力评价工作中积累的大量数据和在中低产田改造方面的技术优势,切实分析景泰县中低产田的限制因素,并针对依照限制因素种类划分的障碍类型提出具体的改造技术和措施。

二、技术路线

通过组建专业资料信息组、野外采样和调查组,明确各自分工,积极组织协调各类资料的收集与整理工作,在充分利用景泰县耕地地力评价结果的基础上,对景泰县目前耕地土壤现状与农作物生产中存在的问题进行调查,划分出影响农作物生产的耕地类型及分布区域,并提出相应的改良利用具体措施。技术路线如图6-1所示:

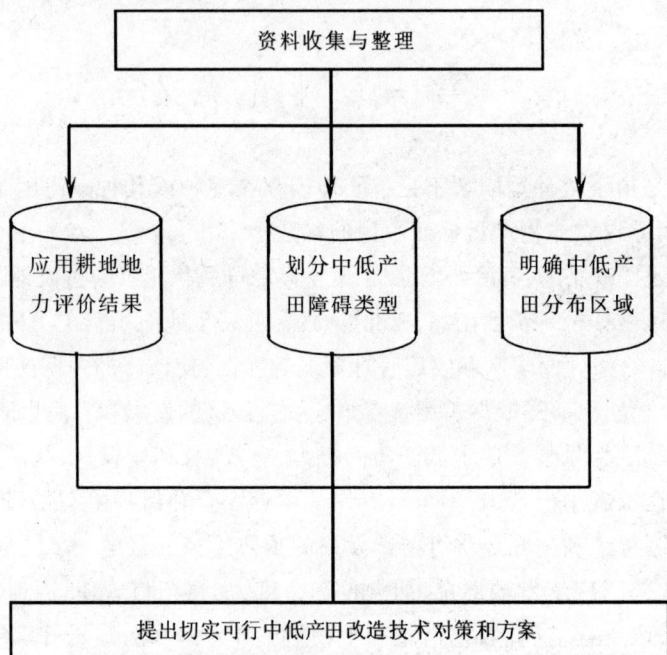

图6-1 技术路线

第三节 结果分析

景泰县总耕地面积46 826.69hm²,其中旱地21 533.49hm²,水浇地25 293.2hm²。全县耕地土壤类型有13个土类、17个亚类,31个土属,44个土种。景泰县耕地土壤类型面积及比例表6-1。

表6-1 耕地土壤类型面积汇总表(省土类)

土类名称	耕地面积(hm²)	占总耕地面积比例(%)
草甸盐土	0.242	0.001
潮土	174.1	0.37
粗骨土	2203	4.70
风沙土	2239	4.78
灌漠土	92.67	0.20

土类名称	耕地面积(hm²)	占总耕地面积比例(%)
灌淤土	453.9	0.97
黑钙土	292.9	0.63
灰钙土	28421	60.69
灰褐土	4.483	0.01
栗钙土	7087	15.13
石质土	2383	5.09
水稻土	159.1	0.34
新积土	3318	7.08
总计	46827	100.00

通过在景泰县县域耕地资源管理信息系统中建立的耕地潜在地力评价模型,利用样点数与耕地地力综合指数制作累计频率曲线,且根据样点分布的频率,分别用耕地地力综合指数IFI>0.8600、0.7850~0.8599、0.6500~0.7849、0.5900~0.6499和<0.5899,将景泰县耕地地力分为五级,并绘制出相应的景泰县耕地地力等级图(见附图22)。

一、景泰县中低产田面积统计

表6-2　景泰县不同等级耕地面积统计表

县地力等级	一等地	二等地	三等地	四等地	五等地	合计
对应的国家地力等级	六等地	七等地	八等地	九等地	十等地	
面积(hm²)	9345.84	10 025.41	11 823.85	10 781.00	4850.58	46 826.69
占耕地面积比例(%)	19.96	21.41	25.25	23.02	10.36	100.00

为了进一步明确景泰县耕地地力水平与中低产田间的关系,项目依据《全国中低产田类型划分与改良技术规范》(NY/T 310-1996)的同时,考虑到农业生产的区域性,将景泰县耕地地力一、二等地农田界定为高产田;三等地对应的农田界定为中产田,四、五等地对应的农田界定为低产田(见附图23、表6-3)。

表6-3　景泰县高中低产田面积统计表

产田类型	面积(hm²)	占总耕地面积的百分比(%)
高产田	19 371.25	41.37
中产田	11 823.85	25.25
低产田	15 631.58	33.38

景泰县耕地面积46 826.69hm²,其中中产田面积11 823.85hm²,低产田面积15 631.58hm²,共计中低产田耕地面积为27 455.43hm²,占总耕地面积的58.63%。

二、景泰县中低产田土壤空间分布及土壤类型

由附图24、表6-4、表6-5可知,中低产田主要分布在景泰县的西南、北部地区和一些丘陵沟壑

区,包括正路乡、喜泉镇、寺滩乡、中泉乡、红水镇和漫水滩乡,该区灌溉保证率低,土壤贫瘠。主要土壤类型有灰钙土、栗钙土、粗骨土、石质土和风沙土。

中低产田土壤空间分布面积最大的是正路乡,为8039.06hm²,占全乡耕地面积的100%;寺滩乡和红水镇,分别为6136.71hm²、3669.84hm²,占全乡镇耕地面积的76.65%、80.46%;一条山镇的中低产田面积最小,为125.76hm²,占全镇耕地面积的3.2%。低产田面积较大的是正路乡和寺滩乡,中产田主要分布在红水镇、漫水滩乡和中泉乡。景泰县各乡镇不同等级耕地面积及比例见表6-4。

景泰县中低产田土壤类型灰钙土面积最大,为12 625.45hm²,占总耕地面积的26.96%;栗钙土、风沙土分别为2187.72hm²、7086.72hm²,分别占总耕地面积的15.13%、4.67%。

中低产田的土地利用类型主要集中在旱地,为16 416.5hm²,占中低产田面积的59.8%。

中低产田具体属性见表6-4至表6-8。

表6-4　景泰县各乡镇中低产田耕地面积及比例

乡镇名称	面积及占本乡镇比例	三等地	四等地	五等地	合计
草窝滩镇	面积(hm²)	164.36	12.21	49.55	226.12
	比例(%)	5.89	0.44	1.78	8.11
红水镇	面积(hm²)	3321.84	325.27	22.73	3669.84
	比例(%)	72.83	7.13	0.50	80.46
芦阳镇	面积(hm²)	705.46	235.66	143.25	1084.37
	比例(%)	19.45	6.50	3.95	29.90
漫水滩乡	面积(hm²)	1749.08	13.13	22.12	1784.33
	比例(%)	64.76	0.49	0.82	66.07
上沙沃镇	面积(hm²)	501.14	182.46	167.92	851.52
	比例(%)	20.54	7.48	6.88	34.90
寺滩乡	面积(hm²)	1756.46	3085.59	1294.66	6136.71
	比例(%)	21.94	38.54	16.17	76.65
五佛乡	面积(hm²)	655.70	57.00	125.06	837.76
	比例(%)	36.69	3.19	7.00	46.88
喜泉镇	面积(hm²)	833.64	1092.66	568.91	2495.21
	比例(%)	19.02	24.92	12.98	56.92
一条山镇	面积(hm²)	125.76			125.76
	比例(%)	2.40			2.40
正路乡	面积(hm²)	714.63	5395.46	1928.97	8039.06
	比例(%)	8.89	67.12	23.99	100.00
中泉乡	面积(hm²)	1295.80	381.57	527.42	2204.79
	比例(%)	39.76	11.71	16.18	67.65
总计	面积(hm²)	11 823.85	10 781.00	4850.58	27 455.43
	比例(%)	25.25	23.02	10.36	58.63

表6-5 景泰县中低产田不同土类耕地面积与比例

单位:hm²

县地力等级 \ 土壤类型	潮土	粗骨土	风沙土	灌漠土	灌淤土	黑钙土	灰钙土	灰褐土	栗钙土	石质土	新积土	水稻土	草甸盐土	合计
三等地	0.58	626.34	1872.91	26.45	38.65		7251.16		963.56	480.27	536.11	27.60		11 823.85
四等地		38.56	268.58				4206.91		5780.75	41.86	444.35		0.24	10 781.00
五等地		1537.74	46.23			292.92	1167.38	4.48	342.41	1454.10	5.33			4850.58
合计	0.58	2202.64	2187.72	26.45	38.65	292.92	12 625.45	4.48	7086.72	1976.23	985.79	27.6	0.24	27 455.43
占总耕地面积比例(%)	0.001	4.7	4.67	0.06	0.08	0.63	26.96	0.01	15.13	4.22	2.11	0.06	0.0005	58.63

表6-6 景泰县中低产田不同土地利用类型耕地面积与比例

单位:hm²

县地力等级 \ 地类名称	果园	旱地	其他园地	设施农用地	水浇地	水田	合计
三等地	222.78	1920.78	532.97	196.84	8922.66	27.83	11 823.85
四等地	3.94	10 160.38	15.92	15.28	585.48		10 781.00
五等地	0.53	4335.34	40.74	9.18	464.79		4850.58
总计	227.25	16 416.5	589.63	221.3	9972.93	27.83	27 455.43
占总耕地面积比例(%)	0.49	35.06	1.26	0.47	21.3	0.06	58.63

表6-7 景泰县中低产田障碍类型面积及比例

单位:hm²

县地力等级 \ 障碍类型	风化碎屑	红锈砂	硫酸盐	砂砾石	石膏结核	碳酸钙	无	锈纹斑	总计
三等地	480.265	1736.35	46.546	3826.887	223.647	1900.502	3609.41	0.242	11 823.849
四等地	41.86	3.515	9.175	82.526	1094.598	268.578	9280.751		10 781.003
五等地	1454.095	6.25	24.668	1835.635	254.922	46.234	1228.78		4850.584
总计	1976.22	1746.115	80.389	5745.048	1573.167	2215.314	14 118.941	0.242	27 455.436
占总耕地面积比例(%)	4.22	3.73	0.17	12.27	3.36	4.73	30.15	0	58.63

表6-8 景泰县各乡镇镇碍类型分布

单位：hm²

障碍类型 乡镇	风化碎屑	红锈砂	硫酸盐	砂砾石	石膏结核	碳酸钙	锈纹斑	无	总计
草窝滩镇	82.84	1351.23	106.17	163.36				1085.77	2789.37
红水镇	18.66	821.34		655.51	0.11	1890.49		1174.85	4560.97
芦阳镇	168.82	61.51	346.94	527.88	76.60			2444.87	3626.62
漫水滩乡	20.08	735.57		916.15	0.51	9.33		1019.02	2700.66
上沙沃镇	155.36	200.06	58.33	345.86	9.75	22.84	0.24	1647.85	2440.28
寺滩乡	223.26	0.39		766.21	1436.72			5580.03	8006.60
五佛乡	301.04		19.75	151.03		421.96		893.58	1787.36
喜泉镇	175.35	0.12		1019.34	126.64			3062.52	4383.97
一条山镇	280.34	143.87	113.20	630.11		40.83		4024.19	5232.54
正路乡	798.44			833.00				6407.62	8039.06
中泉乡	158.67		7.63	665.68	69.99	12.34		2344.97	3259.26
总计	2382.86	3314.09	652.01	6674.12	1720.33	2397.78	0.24	29 685.27	46 826.69

第四节 目标分类

一、全国中低产田类型

按照《全国中低产田类型划分与改良技术规范》(NY/T 310-1996)的相关界定,根据其土壤主导限制因素及改良主攻方向,对全国范围内的中低产田的类别进行如下划分。

(一)干旱灌溉型

由于降雨量不足或季节分配不合理,缺少必要的调蓄工程,以及由于地形、土壤原因造成的保水蓄水能力缺陷等原因,在作物生长季节不能满足正常水分需要,同时又具备水资源开发条件,可以通过发展灌溉加以改造的耕地。北方可以发展为水浇地的旱地,南方可以开发水源,提高水源保证率,增强抗旱能力的稻田和旱地。其主导障碍因素为干旱缺水,以及与其相关的水资源开发潜力、开发工程量及现有田间工程配套情况等。

(二)渍涝潜育型

由于季节性洪水泛滥及局部地形低洼,排水不良,以及土质黏重,耕作制度不当引起滞水潜育现象,需加以改造的水害性稻田。其主导障碍因素为土壤潜育化、渍涝程度和积水,以及与其相关的包括中地形小地形部位、田间工程配套情况等。

(三)盐碱耕地型

由于耕地可溶性盐含量和碱化度超过限量,影响作物正常生长的多种盐碱化耕地。其主导障碍因素为土壤盐渍化,以及与其相关的地形条件、地下水临界深度、含盐量、碱化度、pH等。

(四)坡地梯改型

通过修筑梯田梯埂等田间水保工程加以改良治理的坡耕地。其他不宜或不需修筑梯田、梯埂,只需通过耕作与生物措施治理或退耕还林还牧的缓坡、陡坡耕地,列入瘠薄培肥型与农业结构调整范围。坡地梯改型的主导障碍因素为土壤侵蚀,以及与其相关的地形、地面坡度、土体厚度、土体构型与物质组成、耕作熟化层厚度等。

(五)渍涝排水型

河湖水库沿岸、堤坝水渠外侧、天然汇水盆地等,因局部地势低洼,排水不畅,造成常年或季节性渍涝的旱耕地。其主导障碍因素为土壤渍涝,与其相关的地形条件、地面积水、地下水深度、土体构型、质地、排水系统的宣泄能力等。

(六)沙化耕地型

西北部内陆沙漠,北方长城沿线干旱、半干旱地区,黄淮海平原黄河故道、老黄泛区沙化耕地(不包括局部小面积质地过沙的耕地)。其主导障碍因素为风蚀沙化,以及与其相关的地形起伏、水资源开发潜力、植被覆盖率、土体构型、引水放淤与引水灌溉条件等。

(七)障碍层次型

土壤剖面构型上有严重缺陷的耕地,如土体过薄、剖面1m左右内有沙漏、砾石、黏盘、铁子、铁盘、沙姜等障碍层次。障碍程度包括障碍层物质组成、厚度、出现部位等。

(八)瘠薄培肥型

受气候、地形等难以改变的大环境(干旱、无水源、高寒)影响,以及距离居民点远,施肥不足,土壤结构不良,养分含量低,产量低于当地高产农田,当前又无见效快、大幅度提高产量的治本性措施(如发展灌溉),只能通过长期培肥加以逐步改良的耕地。如山地丘陵雨养型梯田、坡耕地和黄土高原,很多产量中等的黄土型旱耕地。

二、景泰县中低产田类型

作物的高产、中产、低产是依据耕地相对产量人为划分的。影响农作物产量的主要因素有两方面:一是土壤、温度、降水、光照、大气及地形等自然因素;二是对耕地的管理、物质和科技投入等人为因素。

景泰县地处黄土高原与腾格里沙漠过渡地带,属温带大陆性干旱型气候,年平均气温8.2℃,平均日照时数2725.9h,无霜期141d左右;≥10℃有效积温3038.2℃,极端最高气温36.6℃,极端最低气温−27.3℃,区内地表水、地下水资源短缺,水资源主要依靠景电一期、二期高扬程提灌工程。全县多年平均降水量185mm,蒸发量高达3038.1mm。全县农业用水主要依靠"景电工程",但是由于灌溉方式陈旧,技术设备落后以及农业科技投入不足,尤其进入20世纪90年代以来,随着经济的高速发展、人类对土壤的无限索取和人类对自然环境的破坏以及土壤自身环境的恶化,农业生产受到了严重的威胁。

调查数据显示,景泰县各乡镇耕作土壤剖面存在一些障碍层,且干旱缺水,土壤沙化、风蚀严重;部分条件落后的地区,土壤施肥不到位,管理跟不上;同时,由于长时间的大水漫灌,造成灌区低洼地区土壤局部次生盐渍化。

依据《全国中低产田类型划分与改良技术规范》(NY/T310-1996)中有关中低产田类型的划分结论,结合景泰县耕地地力评价中作物产量限制因子的排序情况,综合考虑影响我县农作物产量中各类因子及其权重,以及在农业生产中的直观性和改良利用的针对性,专题研究组从若干耕地质量评价指标体系中选定灌溉条件、一米土体含盐量、障碍类型、侵蚀类型和有机质含量5个指标作为划分景泰县中低产田限制因子的限制极限指标(表6-9)。

表6-9　景泰县中低产田耕地限制因素及其限制极限指标

限制因子	灌溉限制 干旱限制	盐碱限制	瘠薄限制	障碍限制	侵蚀限制
限制极限指标	没有灌溉条件的	一米土层含盐量≥0.4%	有机质含量<10g/kg	红锈砂	风蚀
	灌溉工艺落后的		有效磷含量<8mg/kg	砂砾石	沙化

将各评价单元的属性数据与限制极限指标进行比较,对照全国中低产田耕地类型划分,结合当地自然资源特点,将景泰县中低产田依次划分为沙化耕地型、瘠薄培肥型、干旱灌溉型、障碍层次型和盐碱耕地型五种中低产田类型。

(一)沙化耕地型

景泰县地处黄土高原和腾格里沙漠的过渡地带,东北紧靠内蒙古。大面积的沙化耕地分布在漫水滩乡西部,红水镇的大咀子、红砂岘、清河、界碑、羊城等村,白墩子滩马梁、周家湾以西至红鼻梁一带,并有流动沙丘活动。主要土壤类型有固定风沙土、半固定风沙土、流动风沙土和沙化灰黄土。降水稀少,常有大风和沙尘暴,风速可达21m/s,耕地沙化呈现南移趋势。植被稀疏,土壤养分极低,主要分布在耕地地力评价三等地中,耕地面积为2357.73hm²,占总耕地面积的5.04%。

(二)瘠薄培肥型

此类中低产田是指主要由土壤养分匮乏或失衡引起作物产量低下的耕地,可通过长期培肥加以逐步改良。这类中低产田在区内分布面积广泛,涉及部分二等耕地及大部分三、四等耕地,也将沙化耕地型的肥料缺失严重包括在内,主要土种为风沙土、砾底厚(中、薄)层淡灰钙土、红砂底厚(中、薄)层灰黄土和壤体灰黄土等;主要分布在红水镇、上沙沃镇和寺滩乡,耕地面积为2651.54hm²,占总耕地面积的5.66%。

(三)干旱灌溉型

此类中低产田是指具备水资源开发条件,可以通过发展灌溉加以改造的耕地。这类中低产田的障碍因素主要为水利设施不配套和水资源利用效率不高引起的土壤水分亏缺。对应景泰县耕地地力评价结果,涉及三、四级耕地,主要分布在景泰县正路乡、寺滩乡和喜泉镇的旱作区,涉及土种主要为覆砂栗钙土、覆砂灰钙土、覆砂淡灰钙土、耕种灰钙土、耕种淡灰钙土等,耕地面积为12 031hm²,占总耕地面积的25.69%。

(四)障碍层次型

这类中低产田主要是指土壤剖面构型上有障碍的耕地。景泰县土壤剖面构型上存在障碍的类型有:风化碎屑、红锈砂、硫酸盐、砂砾石、石膏结核和碳酸钙。其中对耕地影响较为严重的有红锈砂和砂砾石。红锈砂主要分布在草窝滩镇、红水镇、漫水滩乡,主要土种有红砂底厚(中)层灰黄土;砂砾石主要分布在喜泉镇、漫水滩乡、寺滩乡,其他各乡镇有零星分布,主要土种有砾底厚(中、薄)层灰黄土、红砂底厚(中、薄)层灰黄土和上位(中位)夹砾灰黄土。耕地面积为9988.21hm²,占总耕地面积的21.33%。

(五)盐碱耕地型

这类中低产田是由于耕地可溶性盐含量超过限量,影响作物正常生长的多种盐渍化耕地。主要分布在芦阳镇马鞍山、草窝滩镇、上沙沃镇梁槽村和五佛乡等,主要土壤类型为弱盐化灰钙土、中盐化灰钙土、强盐化灰钙土和硫酸盐草甸盐土。其主导障碍因素为土壤盐渍化,以及与其相关的地形条件、地下水临界深度、含盐量等。形成的主要原因是大水漫灌造成低洼处地下水位上升,地下水矿化度升高(梁家槽子最高达28.42g/L),经长时间强烈蒸发,地表形成盐霜、盐斑和盐结皮等。这类土地容易造成作物苗期死亡,严重影响农业生产。耕地面积为652.31hm²,占总耕地面积的1.39%。

第五节 改良对策与建议

一、沙化耕地型

(一)营造防护林,建设隔离带

选择最佳隔离区域植树种草,并且以挡风固沙作用明显的植物为主,例如白杨、钻天杨、白榆、沙枣、沙棘等。这一区域建设防护林可以充分利用景电二期工程,保证防护林和隔离带的建设高速度、高质量。同时,可以实行防护林与用材林、经济林相结合的方法,设置主林带和副林带,并在灌溉渠道两侧,设置护田隔离网;在外缘地带设置防风阻沙林带或封沙育草带,全方位、立体防止风沙向中南方向移动,切实保护耕地。

(二)免耕秸秆覆盖技术

免耕秸秆覆盖技术是在作物收获后,尽早将秸秆切碎成5~10cm均匀地覆盖在地面上。对初次实施免耕秸秆覆盖的农田,覆盖秸秆的用量以把地面盖严但又不压苗为准,若覆盖材料为麦草,则适宜覆盖量一般为4500~6000kg/hm^2,覆盖材料为玉米秸,则适宜覆盖量为6000~7500kg/hm^2,3~4年进行一次深翻。该技术适于景泰县风沙蔓延区,具有创新性、先进性和可行性,通过对农田进行秸秆覆盖,可使地面冬春不裸露,夏秋披绿装,有效地防止土壤水分蒸发和土壤风蚀沙化,有利于农作物的高产稳产。

(三)以肥改土、种植绿肥

在质地较沙的中低产田施用腐熟好的有机肥,用量33750~45000kg/hm^2,加施化肥150~300kg/hm^2,可明显改善土壤理化性状,增加土壤有机质含量,增强土壤保肥保水能力,促进增产增收。种植绿肥可以改土固沙,改善土壤理化性质,提高土壤有机质含量,是种地养地,改良低产土壤的有效途径。试验表明:种植绿肥草木樨,采取就地翻压,当年翻压1hm^{2}地上部鲜草约为5002.5kg,地下部干重约为2002.5kg。第二年翻压鲜草约为19500kg/hm^2,翻压后0~20cm耕层中有机质比翻压前增加0.015%~0.88%,全氮增加0.1%~0.18%,全磷增加0.01%,速效氮增加1.16%,有效磷增加2.05%,土壤容重降低0.03~0.12g/cm^3。

(四)衬膜造田技术

1996年前后,景泰县农业技术推广中心在景电二期灌区红水镇、漫水滩乡等乡镇进行了探索试验,首创了沙化地衬膜造田治理技术,对防治土壤水肥淋失起到了明显作用。衬膜造田技术,就是在土壤底部深度80cm处,铺设一层厚度为0.02mm的塑料薄膜,然后再把挖出的土壤回填进去。衬膜造田后,农业生产具有明显的节水、保肥、增产、增收、便于耕作栽培、操作技术简单、一次性投入长期受益等效果,而且大大提高了地表植物覆盖率,有利于改善沙地的生态环境,并具有潜在的沙区水土资源综合开发利用效益。试验表明:衬膜田生育期每公顷灌水总量为4125m^3,小麦产量达5295kg,较未衬膜田灌水总量5715m^3,小麦产量2370kg,节水1590m³,增产2925kg,增产率123.4%。

二、瘠薄培肥型

(一)土壤理化性状改良技术

土壤肥力包括土壤本身养分含量的多寡和理化性状好坏两个方面。土壤理化性状随着其他农业技术措施和人为活动影响而发生变化。由景泰县耕地地力评价结果可知,贫肥区一般土壤容重较大、孔隙性差、质地偏沙、犁底层较浅且厚、土壤pH值呈微碱性以及砾石含量较高;西南部土壤熟化程度低,而通过深翻、深松可以基本改良上述不良因素外,还可以改善土壤氧化还原状况,使土壤固、气、液三相物质协调,促进微生物活动,使土壤养分发生转化和释放。与此同时,配施大量农家肥、绿肥,改善土壤有机质状况。通常以深翻打破犁底层为佳,把养分高的底层翻到表层,既改良了理化性状,又能提高表层养分含量。

翻地最好是秋季进行,隔年耕翻。零星地块可用手扶拖拉机或木犁耕翻,如果耕深达不到要求,可以用套二犁的方法,使耕层达到30cm,及时整地,保好墒情;大片地可用拖拉机深松或深翻,及时整地保墒。

(二)平衡施肥技术

我国目前农田施肥投入的总养分量中约有1/4以上的氮、80%以上的钾(K₂O)、1/3以上的磷(P₂O₅)以及90%以上的微量元素靠施用有机肥解决。而且有机肥含有丰富的有机质,有机质含量的多寡及其腐解程度,影响着土壤的保水、保肥和供肥能力,以及对土壤酸碱度变化的缓冲能力。施用有机肥是现代农业持续发展的重要基础。充分利用景泰县丰富的农家肥资源,增加有机肥料的用量,一方面可以解决畜禽粪便的污染问题,另一方面可以改善土壤理化性状,有利于农业的可持续发展。

由景泰县第二次土壤普查结果可知,景泰县西南至东南区域,碳酸盐含量大、土壤pH值呈微碱性,土壤磷容易被钙固定为钙磷盐。使得有效性磷酸盐大为减少;钾也易被土粒晶格固定,变成迟效钾。因此,增施有机肥,可以减少磷钾肥与土壤的接触面积,防止磷钾被土壤固定。同时,有机物分解产生的有机酸,有利于提高磷钾的有效化水平。景泰县"三料"(燃料、饲料、肥料)俱缺,秸秆作为"三料"的多用途性目前主要体现于燃料和饲料,传统的收获方式连根拔除,几乎没有还田根茬,更谈不上秸秆还田,如此就形成了生物产量低—秸秆少—秸秆还田率低—地表裸露—水土流失、风蚀严重—土壤生产能力下降—生物产量低的农田生态经济恶性循环。要破解这一恶性循环,必须首先提高作物覆盖期间的生物量,扩源才能增流,大力推广秸秆还田,保证足量的秸秆用于休闲期地表裸露时段覆盖,减轻土壤风蚀,提高土壤综合生产能力。

坚持开展测土施肥,因土供肥,因作物施肥,充分发挥肥料的经济效益,达到改良中低产田土壤的目的。一方面,根据分阶段、有步骤的底肥和追肥相结合的原则施用化肥,使肥效发挥在作物的需肥临界期。氮素肥料要分层深施;磷钾肥料要集中深施,增施生物肥料。根据作物产量及土壤中有效养分含量进行配方施肥和平衡施肥相结合,做到大量微量相结合、有机无机相结合,做到补缺、匀施,为作物生长创造良好生长环境。另一方面,针对小麦缺锰、玉米缺锌的特点,增施微量元素肥料,缓解作物缺素现状。同时,鉴于作物对微量元素丰缺很敏感,施入过多也会造成对作物的伤害,因此,要制定一套微量元素平衡方案,有规律、循序渐进的把土壤微量元素补至合理。

三、干旱灌溉型

山地旱作类土壤,主要是围绕抗旱、保墒工作,做到秋水春用,提高季节降水的利用率。除根据条件铺压新砂田外,对老砂田力求尽可能多的起老更新,力争高产;在丘陵谷地,平整土地和筑堤,引洪灌溉;山川耕地视各地自然条件采取相应的措施;旱作耕地在耕作及栽培上,要充分总结应用群众的旱农经验和科技成果,选育抗旱耐瘠品种,增施肥料,培肥地力,精耕细作,中耕除草,最大限度地挖掘旱作耕地的生产潜力。具体建议有:

(一)扩建水利工程,用好景电工程

景电一、二期在景泰县境内覆盖面广,占到全县耕地的43.87%,灌溉网络遍布全县9个乡镇。但是个别乡镇,例如正路乡尚未大面积修建灌溉工程。正路乡、寺滩乡耕地面积广,其农业生产主要限制因子是无灌溉条件。因此,在发展井灌的同时,可以继续加大投入,实施景电一、二期工程的配套工程或延续工程,抓紧实施"引大入秦"延伸景泰正路乡工程,解决农业用水问题。

(二)改造陈旧的灌溉模式

亦称工程技术。包括水利设施建设、渠系配套和渠道防渗工程、小水利工程建设和加固利用、节水灌溉工程技术、中低产田暗灌工程技术、预制构件制作技术等方面。如贵州省修建以抽、提、引、蓄相配套的拦山沟、小山塘、小水池、小水窖等水利工程,不但改善旱耕地的水利条件,以减轻季节性干旱对旱作农业的影响,提高旱耕地的高产稳产能力,而且,积极推广了节水农业灌溉技术,还达到节水目的。景泰县景电提灌工程虽然有效解决了境内大部分缺水区域的人饮和灌溉问题,但由于目前灌溉模式陈旧,灌溉设备落后,农民的灌溉知识和意识跟不上,大水漫灌和自流灌不但浪费水资源,更容易造成地下水位上升和土壤盐渍化。例如,五佛乡的自流灌使得该区域土壤盐渍化就比较严重,特别是地势低洼区。因此,要改进落后的灌溉模式和设备一是利用节水浇灌的新技术、新设备达到节水的目的;二是根据作物蓄水量和蓄水规律浇好关键水。综合采取沟灌、畦灌、膜下灌和喷灌,坚决杜绝大水漫灌、串灌,禁止跑漏水现象发生,尽量减少蒸发渗漏损失,提高渠系水利用系数、计划用水、合理用水、定额灌溉。同时,对农民节水灌溉意识和节水灌溉知识要有针对性的进行宣传培训,印发相关资料,多样化、多渠道让农民学习农田节水知识。

(三)植物生长营养剂和调节剂使用

以保水剂为例,不同保水剂均有一定的保水保肥增产作用,保水保肥增产尤以SAPI、旱地龙、JPSI为佳。据报道,保水剂用量很低时(拌种或沾根),一般只对当季作物有效,吸水保水性能可维持2~3个月,用量加大到穴施1.5g时,在雨水较多年份会造成根际土壤渍害;试验表明,施用保水剂对作物品质无不利影响。保水剂拌种对玉米生育期无明显影响,对产量的影响主要是通过增加穗长、行数和千粒重来提高产量。

四、障碍层次型

对这类土壤的改良和利用的措施主要有：(一)种植绿肥,改变土体结构,改善土壤通透性,提高土壤养分,增加土壤有机质,每年力争一半以上的耕地套种或复种绿肥,同时不断摸索套种方式,提高土壤肥力。(二)科学用水,合理灌水,红砂底通透性差,切忌大定额灌溉,以防返盐。同时平田整地,改大块地为小块地,改大水漫灌为小水小块灌溉,根据作物生长状况,提倡勤灌浅灌,以减少水的损失,提高水的利用率。(三)合理施肥,增施有机肥,巧施氮肥,配施磷肥及锌、锰等微量元素,改进施肥方法,实行种肥、基肥、追肥相结合的全层施肥方法,做到因土施肥,提高肥料利用率。(四)排除土壤积水,降低地下水位,以增加土壤通透性。可以采用田间开沟方法,即在地面挖开30~40cm深的明沟与60~70cm深的暗沟,这样既可以改善土壤理化性状,增加土温和通气空隙,又可以提高氧化还原电位,增加土壤速效养分。(五)利用农业综合措施,从种子、栽培和植保等工作综合抓起,坚持有机与无机相结合,用地与养地相结合,当前与长远相结合,地力建设与良种良法相结合,不断培肥地力,达到稳产高产。

五、盐碱耕地型

在景泰县盐碱地改良是一个较为复杂的综合治理系统工程,包括水利工程措施、生物措施、农艺措施、化学改良、物理改良等综合治理方法。

(一)水利工程措施

水利工程措施被认为是治理盐渍化耕地最为基础的方法。(一) 根据地下水变化动态和盐化土壤的原因,打破行政界线统一制定改良利用方案,分片实施。(二)按地形和盐化危害状况,开挖排碱沟,建立多级别(干、支、斗、农等)明暗结合的排水系统,开挖数量及大小,视水流大小酌情安排,力争地下水控制在临界深度以下。(三)合理灌溉,严格控制灌水定额,严防大水漫灌,加强渠系配套,减少渠系渗漏,防止次生盐渍化加重。水源充足,排水系统良好时,可采用加大灌溉量,大水洗盐,变积盐向脱盐方向转化。

(二)中层松动爆破

灌区部分地区的旱盐土50~70cm深处有洪积形成的胶结层或红锈砂层,一般厚度20~35cm,土壤通透性极差,灌水后土体上层滞水,地表积盐形成盐斑。必须采用人工措施打破隔水层,才能使土壤渗透性增加,加速土壤脱盐。中层松动爆破的要点在于,打孔深度须穿透胶结层,药量不可过多,爆破后地表保持平整。对于治理海拔较高地区的盐斑型盐渍化耕地,中层松动爆破非常简单有效。

(三)生物措施

生物措施就是在盐渍化耕地种植适宜的耐盐植物。以枸杞、油葵、大麦、草木樨、甜菜为主。植树造林除了能够降低地下水位,抑制盐分上升外,还能调节小气候,减缓旱涝危害。耐盐树种的盐渍地防护林建设、植树造林,能增加蒸腾,降低地下水位,在盐渍化耕地建立防护林网,不但能减少风沙灾害,重要的是通过树木的蒸腾作用,降低地下水位。

（四）农艺、物理措施及化学措施

平整土地。景泰县土地盐渍化的一个主要原因在于地表蒸发量过大。平整土地是盐渍化耕地改良中的重要措施，可以减少地表径流，提高伏雨淋盐或灌水洗盐效果，同时，能防止洼地受淹，高处返盐，也是根治盐斑的有效措施。

覆盖栽培。土壤毛管使水盐上升，水分蒸发后使盐分不间断地聚集在土壤表层。覆盖栽培通过抑制水分蒸发来控制盐分向土壤表层聚集。措施包括地膜覆盖、秸秆覆盖、根茬覆盖等。其他农艺措施还包括增施有机肥、沟植沟播等。

施用改良剂。对中度盐碱土壤，施用磷石膏或其他土壤调理剂。

（五）水盐调控

实行"上控、中提、下排"的调控措施，即上游地区控制灌水量，减少灌溉漏水；在中游地区适当提取地下水与河水配合灌溉，可降低地下水位，防止土壤盐渍化；在下游地区则必须健全排水系统，使地下水降低到临界深度以下。由于"上控"措施涉及的地点多、农户多，联动上控又涉及政策层面和多部门协作，所以实际能够成功实施的期限和效果是难以预期的。

第七章 景泰县玉米适宜性研究

一、概况

景泰县位于甘肃省中部。东濒黄河与靖远县相望,南与白银区、皋兰县及永登县交界,西与天祝藏族自治县及古浪县毗邻,北与内蒙古自治区阿拉善左旗及宁夏回族自治区中卫市接壤。总面积5485km²,拥有耕地4.68万hm²,其中水浇地2.53万hm²。全境东西宽约84km,南北长约102km。地势呈西南高,东北低,山峦丘陵约占全县面积的3/4。最高海拔3321m,最低海拔1276m,属温带干旱型大陆气候。

干旱曾使景泰县走过了极其艰难和漫长的发展过程,1949年后,在党和政府的关怀下,分别于1974年和1994年先后建成被誉为"中华之最"的景电一、二期高扬程提灌工程,黄河水灌溉着景泰2.3万hm²肥沃的土地,建成了国内目前灌溉面积最大的电力提灌工程体系和以景电一、二期灌区为主体,中小提灌、沿河自流灌溉、井泉灌溉为补充的具有特色的灌溉网络。目前,该县立足现代农业,大力发展城郊、沿河灌区精细瓜菜,一、二期灌区早熟洋芋、啤酒大麦、玉米制种、特种玉米,山区绿色小杂粮、强筋小麦等优势产种植业业。延伸草窝滩、上沙沃、漫水滩、红水四乡镇枸杞产业带,推进中泉乡万亩红枣种植,抓好一条山镇333hm²优质梨示范园区建设,继续推进三个"五万亩"林果基地建设。

2008年6月开始,根据农业部办公厅《关于做好耕地地力评价工作的通知》(农办农〔2007〕66号)、《测土配方施肥补贴资金项目实施方案》、《2008年耕地地力调查项目实施方案》和甘肃省农业委员会《关于印发甘肃省耕地地力评价工作方案的通知》文件精神,由甘肃省农牧厅领导,在甘肃省农业节水与土壤肥料管理总站和甘肃农业大学资源与环境学院协助下,景泰县通过收集土壤类型、土地利用类型、作物产量、地形、气候、测土配方施肥调查等各类分析数据及图件,严格按照《测土配方施肥技术规范(试行)修订稿》和《农业部耕地地力评价规程》要求,扎实开展了耕地地力评价工作,并于2010年11月建立了景泰县县域耕地资源管理信息系统,并依托该系统完成了景泰县耕地地力评价工作。

从国家层面上来讲,全面开展耕地地力评价,逐步建立我国耕地质量预警体系,对准确掌握耕地生产能力、因地制宜加强耕地质量建设、指导农业种植结构调整、科学合理施肥、粮食安全等方面都具有重要意义。此外,耕地地力评价结果是科学配置耕地资源,提高耕地利用效率,促进农业可持续发展的基础。通过比较分析耕地地力的变化特征，揭示地力变化规律，研究当前耕地保护和利用对策与确保国家粮食安全的关系，促进国家耕地资源宏观管理。同时，耕地地力评价结果又可以延伸到现行的测土配方施肥实践、精准农业探索等应用型研究领域，是一项从理论到实践的系统工程。从景泰县层面上来讲，该项工作的完成是摸清景泰县耕地资源状况，提高耕地利用效率，促进现代农业发展的重要基础工作，也为进一步优化区域种植业布局、发展特色产业、提升农产品品质提供了科学依据。

近年来，由于产量效益、市场需求等因素的影响，我县玉米种植的趋势有所增加。为了适应农民的种植需求，依托本次耕地地力评价结果，开展景泰县玉米适应性专题研究将对指导今后玉米生产具有重要意义。

二、调查方法

(一)组织形式

本项专题研究是在充分利用景泰县耕地地力评价结果的基础上进一步展开的。为了全面、细致地做好本项专题研究，景泰县农技推广中心委托甘肃农业大学资源与环境学院专门组建了"景泰县种植业布局研究"工作组，利用在耕地地力评价工作中积累的大量数据和在种植业结构调整方面的优势，分析景泰县种植业布局存在的问题，并针对区域土质、气候以及生产条件，提出切实可行的调整对策和方案。

通过对收集到的各等级耕地作物布局及产量状况进行分析与汇总，系统整理景泰县耕地地力评价工作中收集到的"耕地地力调查点基本情况及化验结果数据表"、"耕地资源管理单元属性数据表"、"土地利用现状地块数据表"、"土壤典型剖面属性数据表"，以及"土地利用现状图"、"地形图"等数据及图件资料，对景泰县种植业现状及存在的问题展开调查研究，并就景泰县土壤资源、气候资源对种植业的影响进行分析，最终提出了相应的措施与建议。

(二)技术路线

本项专题调查研究试图通过组建景泰县粮食生产布局专题研究小组，明确各自分工，积极组织协调各类资料的收集与整理工作，在充分利用耕地地力评价结果的基础上，对景泰县目前种植业布局中存在的现状与问题展开调查，并提出相应的规划目标和具体措施，最后将整个工作的结果以报告的形式提交，其技术路线如图7-1所示。

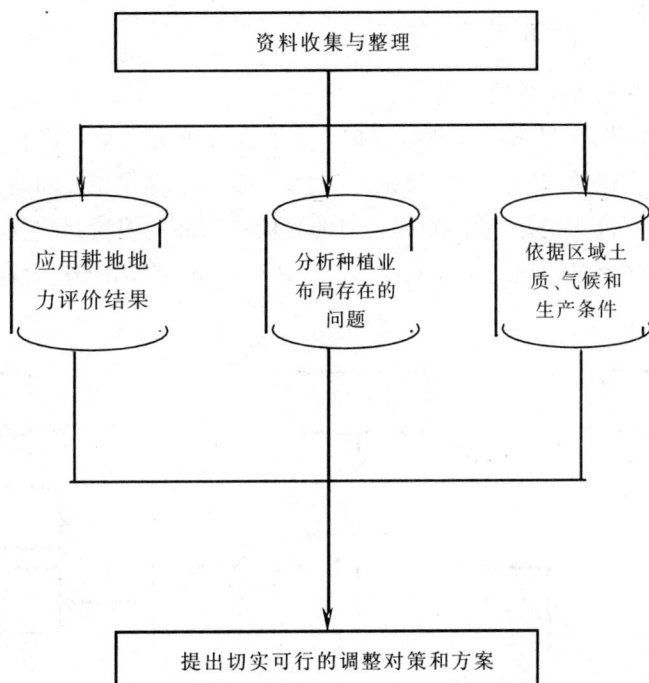

图7-1　技术路线

三、调查结果

全县现有耕地面积4.68万hm²,其中灌溉水浇地面积2.53万hm²,旱地面积2.15万hm²。光热资源丰富,年日照时数为2725.9h,日照百分率62%,太阳年平均辐射量618.3kJ/cm²,年≥0℃的活动积温3614.8℃,≥10℃的有效积温3038℃,无霜期141d,是我国除青藏高原外光热资源最丰富的地区之一。主要耕种土壤类型为灰钙土,面积2.84万hm²,占总耕地面积的60.69%。主栽作物有小麦、玉米、啤酒大麦、洋芋、胡麻、葵花、瓜类和蔬菜等。2010年全县粮食作物播种面积2.79万hm²,其中小麦1.04万hm²,玉米0.78万hm²,马铃薯0.24万hm²,其他0.73万hm²。由于全县各乡镇灌溉、土壤、气候等条件的差异,致使全县作物适应性、单产差异较大,水浇地小麦、玉米、马铃薯亩产分别为436kg、543kg、608kg,而旱地亩产分别为16kg、125kg、102kg。

玉米是景泰县的主要高产粮食作物之一,随着市场需求的增加,灌区玉米种植面积由2000年的0.46万hm²增加到2010年的0.78万hm²,种植比例由19.2%提高到30.8%,主要种植区域为景电一、二期灌区和中电灌区。根据景泰县农业区划资料(1986年),景泰县玉米生育期光资源丰富,日照时数为1546.0h,平均每天实照8h左右。生育期降水量占需水量的30%,其余部分必须依靠灌溉供给。适宜播种期为4月中旬,种植品种主要为中熟品种,生育期150d左右,需≥10℃积温2600℃左右。

四、玉米生产适宜性评价

(一)层次分析构型的建立

2010年12月6日,在景泰县农业技术推广中心召开地方专家评议会,经各位专家的商榷,选定有效磷、有机质、地貌类型、质地构型、≥10℃常年有效积温和灌溉保证率6个因子作为玉米适宜性评价的指标,然后根据各自的属性特点和代表性,将它们分别归入到养分状况、立地条件和土壤管理三个准则层中,构成景泰县玉米生产适宜性层次分析模型结构,如图7-2所示。

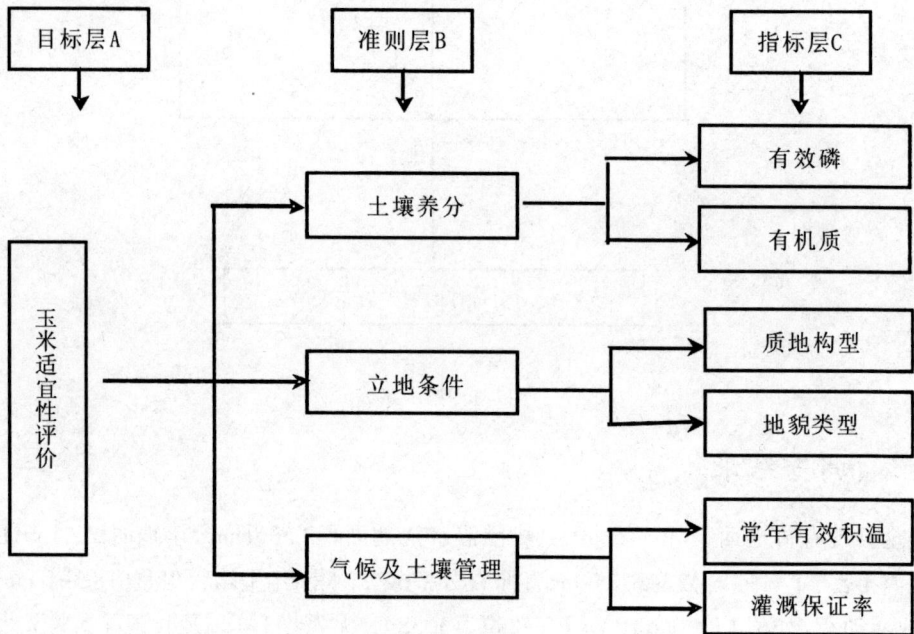

图7-2 景泰县玉米生产适宜性评价层次模型结构

针对以上各准则层及指标层各指标之间的相互关系,由8位专家通过特尔斐法按照准则层对目标层、指标层各因素对准则层相应因素的相对重要性,给出数量化的评估,评估方法见表7-1。

表7-1 层次判断矩阵标度

标度	含义
1	表示两个因素相比,具有同样重性
3	表示两个因素相比,一个因素比另一个因素稍微重要
5	表示两个因素相比,一个因素比另一个因素明显重要
7	表示两个因素相比,一个因素比另一个因素强烈重要
9	表示两个因素相比,一个因素比另一个因素极端重要
2,4,6,8	上述两相邻判断的中值
倒数	因素i与j比较得判断bij,则因素j与i比较的判断bji=1/bij

经专家反复对比与分析,最终建立了4个判断矩阵(表7-2至表7-5)。

表7-2　目标层判断矩阵

指标	养分状况	立地条件	气候及土壤管理
土壤养分	1.0000	0.5556	0.3333
立地条件	1.8000	1.0000	0.5000
气候及土壤管理	3.0000	2.0000	1.0000

特征向量：[0.1702，0.2881，0.5417]

最大特征根为：3.0037

CI=1.8426314876514E-03

RI=0.58

CR=CI/RI=0.00317695<0.1

一致性检验通过！

表7-3　准则层(1)判别矩阵(土壤养分)

指标	有效磷	有机质
有效磷	1.0000	0.6667
有机质	1.5000	1.0000

特征向量：[0.4000，0.6000]

最大特征根为：2.0000

CI=2.49996875076874E-05

RI=0

CR=CI/RI=0.00000000<0.1

一致性检验通过！

表7-4　准则层(2)判别矩阵(立地条件)

指标	质地构型	地貌类型
质地构型	1.0000	0.6667
地貌类型	1.5000	1.0000

特征向量：[0.4000，0.6000]

最大特征根为：2.0000

CI=2.49996875076874E-05

RI=0

CR=CI/RI=0.00000000<0.1

一致性检验通过！

表7-5　准则层(3)判别矩阵(气候及土壤管理)

指标	≥10℃常年有效积温	灌溉保证率
≥10℃常年有效积温	1.0000	0.7692
灌溉保证率	1.3000	1.0000

特征向量：【0.4348，0.5652】

最大特征根为：2.0000

CI=2.00002000039223E−05

RI=0

CR=CI/RI=0.00000000<0.1

一致性检验通过！

(二)计算各因子权重

在县域耕地资源管理系统中,运行层次分析模型编辑菜单,系统根据所构建的判别矩阵,首先获得各判别矩阵的权重值,然后计算同一层次所有因素对于总目标相对排序权重值,即进行层次总排序,最终所得到的组合权重即为各玉米适宜性评价因子的权重值(表7-6):

表7-6　景泰县玉米适宜性评价各因素的组合权重计算结果

	养分状况 0.1702	立地条件 0.2881	气候及土壤管理 0.5417	组合权重 ∑CiAi
有效磷	0.4000			0.0681
有机质	0.6000			0.1021
质地构型		0.4000		0.1152
地貌类型		0.6000		0.1729
≥10℃常年有效积温			0.4348	0.2355
灌溉保证率			0.5652	0.3062

层次总排序一致性检验：

CI=6.21766279276403E−07

RI=0

CR=CI/RI=0.00000000<0.1

总排序一致性检验通过！

由层次分析结果可以看出,各评价因子对玉米生产适宜性的影响程度从大到小依次为:灌溉保证率、≥10℃常年有效积温、地貌类型、质地构型、有机质、有效磷。

(三)隶属函数模型建立及其隶属度确定

各评价因子的隶属度通过专家评分得到表7-7至表7-12。对于评价指标体系中概念性指标隶属度的确定不需要建立隶属函数,可依据这些指标对耕地生产潜力的影响由专家直接评分确定隶属度。

表7-7　土壤有效磷含量隶属度

有效磷 mg/kg	11.4	13.2	15	16.8	18.6	20.4	22.2	24	25.8	27.6
隶属度	0.4278	0.5278	0.6444	0.7333	0.8333	0.9222	0.95	0.9722	0.9833	1

表7-8　土壤有机质含量隶属度

有机质 g/kg	6.4	8.8	11.2	13.6	16.0	18.4	20.8
隶属度	0.3111	0.4222	0.5000	0.6778	0.8111	0.9167	1.0000

表7-9　常年有效积温隶属度

≥10℃有效积温	1450	1600	1750	1900	2050	2200	2350	2450	2500	2550	2600
隶属度	0.1	0.3	0.5	0.55	0.65	0.7	0.8	0.85	0.9	0.95	1.0

表7-10　地貌类型隶属度

地貌类型	山前洪积侵蚀平原	构造堆积盆地	构造侵蚀丘陵	侵蚀构造中山	风成沙地	河谷堆积阶地	侵蚀堆积黄土
隶属度	0.90	0.82	0.66	0.45	0.63	0.83	0.7

表7-11　质地构型隶属度

质地构造	隶属度	质地构造	隶属度	质地构造	隶属度
夹砂轻壤	0.7	砂质轻壤	0.5	均质重壤	0.55
壤身重壤	0.45	粉砂壤土	0.48	壤底砂壤	0.53
粉砂壤土	0.8	砂质重壤	0.3	壤质重壤	0.45
夹砾轻壤	0.6	均质轻壤	0.8	砂底轻壤	0.48
砂质轻壤	0.5	均质砂壤	0.7	黏底轻壤	0.6

表7-12　灌溉保证率隶属度

灌溉保证率	100	90	0.85	30	0
隶属度	1	0.8	0.7	0.3	0

数值型指标的隶属函数见表7-13。

表7-13　数值性指数隶属函数模型

函数类型	项目	函数关系式	a值	c值	Ut值
戒下型	海拔(m)	$y_i=1/(1+a(X-c)^2)$	0.000003	1724.85	3100
戒上型	有效磷(mg/kg)	$y_i=1/(1+a(X-c)^2)$	0.00617	24.8174	11.4
戒上型	有机质(g/kg)	$y_i=1/(1+a(X-c)^2)$	0.00961	21.028	6.4
直线型	≥10℃有效积温	$y_i=aX-c$	0.000686		

(四)玉米生产耕地地力适宜性评价及其结果

通过建立的景泰县玉米生产适宜性评价的层次分析模型和隶属函数模型,关联景泰县耕地资源管理单元的属性数据表,对景泰县县域内所有耕地进行玉米生产适宜性评价。本项目采用的是累积曲线分级法来划分景泰县玉米适宜性评价等级。

在划分等级过程中,考虑到首次评价结果与当地小面积区域实际情况不符,经当地专家现场讨论,在当地专家经验指导下,经过不断调试,设置各等级起始分值,确定将景泰县玉米适宜性评价定为四个等级(图7-3)。等级分值确定之后,系统依据评分生成不同等级的适宜性评价结果图(图7-4)。

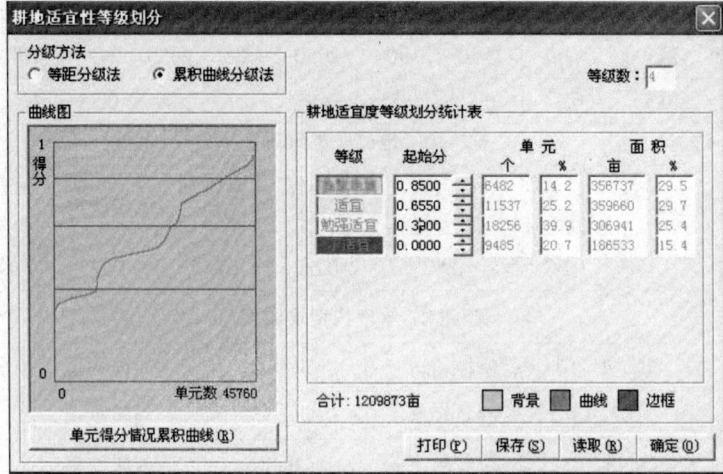

图7-3　景泰县玉米生产适宜性评价划分等级界面

图7-4　景泰县玉米生产适宜性评价图

由图7-4和表7-14可知:景泰县境内耕地评价单元大约半数适宜玉米生产。其中,高度适宜种植玉米的区域分布在景泰县耕地地力评价等级为一级和二级的区域，对应评价单元的属性数据分析,高度适宜区域主要分布在一条山镇、草窝滩镇、芦阳镇和喜泉镇等9个乡镇的1.38万hm²耕地,占全县总耕地面积的29.49%。适宜种植玉米的区域主要分布在红水镇、漫水滩乡、上沙沃镇、五佛、中泉乡和寺滩乡(灌区部分)等10个乡镇,总面积达到了1.39万hm²,占全县总耕地面积的29.73%;勉强适宜种植玉米的区域分布在寺滩乡、喜泉镇(山区部分)和红水镇等10个乡镇的耕地1.19万hm²,占全县总耕地面积的25.37%;不适宜种植玉米的区域主要分布在正路乡和寺滩乡、喜泉镇、中泉乡等海拔较高、有效积温低、灌溉保证率低的山区,涉及全县4个乡镇的耕地7219.54hm²,占全县总耕地面积的15.42%。对各适宜性等级耕地面积进行统计的结果如表7-14所示。

表7-14 景泰县玉米生产适宜性评价等级、面积及占全县总耕地面积比例

乡镇名称	耕地总面积 （hm²）	高度适宜 （hm²）	%	适宜 （hm²）	%	勉强适宜 （hm²）	%	不适宜 （hm²）	%
草窝滩镇	2789.365	1912.976	4.09	807.161	1.72	57.598	0.12	11.63	0.02
红水镇	4560.971			3309.276	7.07	1251.695	2.67		
芦阳镇	3626.615	2528.967	5.4	588.351	1.26	509.297	1.09		
漫水滩乡	2700.664	5.567	0.01	2650.306	5.66	44.791	0.1		
上沙沃镇	2440.282	909.079	1.94	1153.443	2.46	377.76	0.81		
寺滩乡	8006.597	600.982	1.28	1692.741	3.61	5547.722	11.85	165.152	0.35
五佛乡	1787.356	677.62	1.45	942.797	2.01	166.939	0.36		
喜泉镇	4383.973	1953.462	4.17	413.031	0.88	1918.645	4.1	98.835	0.21
一条山镇	5232.536	5087.92	10.87	144.616	0.31				
正路乡	8039.062					1182.677	2.53	6856.385	14.64
中泉乡	3259.264	130.521	0.28	2218.52	4.74	822.688	1.76	87.535	0.19
总计	46 826.685	13 807.094	29.49	13920242	29.73	11 879.812	25.37	7219.537	15.42

第八章 景泰县测土配方施肥补贴
资金项目综述

第一节 项目背景

一、项目来源、立项依据、实施年度

2007年景泰县被列为国家测土配方施肥补贴资金项目县以来，景泰县农技中心按照农业部《测土配方施肥技术规范》、甘肃省农牧厅《2007年测土配方施肥补贴资金项目实施方案》的总体要求，以发展现代农业，增强粮食综合生产能力，扎实推进新农村建设为导向，紧紧围绕环境友好型、资源节约型农业的战略目标，以提高科学施肥技术的入户率、覆盖率、到位率为主攻方向，以测土配方施肥补贴项目为支撑，以实现农业增产、节本增效、农民增收、减轻面源污染为目的，全面开展测土配方施肥技术的研究开发与示范推广，在省、市、县有关行政部门和业务部门的领导和指导下，全面完成了项目的各项任务指标，取得了显著的经济效益、社会效益和生态效益。

二、自然和农业生产概况

(一)地理位置与自然状况

景泰县位于甘肃省北部，黄河西岸，属黄土高原与腾格里沙漠过渡地带，东经103°33′~104°43′，北纬36°43′~37°38′，海拔1276~3321m，地势呈西南高、东北低，山岳丘陵约占全县面积的3/4。光照资源丰富，年均气温8.2℃，年均日照时数2725h，日照百分率为62%，太阳年辐射总量147.8kcal/cm²，≥0℃活动积温3614.8℃，≥10℃活动积温3038℃，无霜期141d左右，年平均降水量180mm，平均蒸发量为3038mm。

(二)农村经济概况

全县共辖11个乡(镇)，136个行政村，785个村民小组，总人口23.36万人，其中农业人口18.7万人，占总人口的80.05%。2007年全县种植业产值3.57亿元，粮食总产量13.5万t，油料产量0.51万t，农民人均纯收入2685元。

2007年，本县国土资源总面积5438km²，拥有耕地4.57万hm²，其中水浇地2.42万hm²，旱地2.15万hm²，人均占有耕地0.19hm²。20世纪70年代以前，我县农业生产主要以旱作农业为主，70年代中后期随着景电一、二期高扬程提灌工程的相继建成，全县农业生产条件得到

了根本改善,农业生产水平大幅度提高。

(三)种植业概况

主要种植的作物是春小麦、玉米、马铃薯、亚麻、油菜、蔬菜、豆类等,2007年农作物总播种面积3.93万hm²,其中小麦2.47万hm²、玉米0.5万hm²、马铃薯0.41万hm²、亚麻0.19万hm²、其他作物及复种作物0.37万hm²。常年每667m²产量水平:小麦350kg、玉米610kg、马铃薯2250kg、亚麻110kg。种植的饲草主要有紫花苜蓿、箭舌豌豆等,栽培的经济林果有苹果、梨、桃、杏、枸杞等。

(四)灌溉条件

全县可利用水资源总量3.4亿m²,其中自产930万m²。剩余为黄河供给,人均水资源占有量189m²。

(五)土壤状况与分布

根据景泰县第二次土壤普查资料,我县土壤类型共分14个土类,23个亚类,37个土属,77个土种。主要土类有亚高山草甸土、灰褐土、黑钙土、栗钙土、灰钙土、灌漠土、风沙土、灌淤土、潮土、水稻土、盐土、石质土、粗骨土、新积土等。其中石质土面积最大,22.44万hm²,占总面积(54.38万hm²)的41.26%;灰钙土次之,面积15.52万hm²,占总面积的28.53%。

我县土壤按地域和农业生产条件大致分为三个区域:一是西部山地旱作农业区,包括亚高山草甸土、灰褐土、黑钙土、栗钙土、灰钙土等,土地面积为45.88万hm²,占总面积的84.37%,其中耕地面积为2.15万hm²。二是中北部灌溉农业区,包括灰钙土、灌漠土、风沙土等,土地面积为7.42万hm²,占总面积的13.64%,其中耕地面积为2.35万hm²。三是东部沿黄灌溉农业区,包括灌淤土、潮土、水稻土,土地面积为1.08万hm²,占总面积的1.98%,其中耕地面积为0.07万hm²。

(六)施肥状况

全县化肥常年用量3万t左右(表8-1)。2007年全县化肥施用量2.8981万t,其中:尿素10 474t,磷二铵6650t,普钙5896t,碳铵5071t,硫酸钾890t。小麦总施肥量6076t,玉米8272t,马铃薯3316t,亚麻800t,其他10 517t。

表8-1　2007年景泰县农作物化肥施用量统计表(实物t)

肥料品种	合计	小麦	玉米	马铃薯	亚麻	其他
尿素	10 474	2928	2562	737	260	3987
碳铵	5071		3660	921		490
普钙	5896	1025	732	737	112	3290
磷酸二铵	6650	1903	1098	737	372	2540
硫酸钾	890	220	220	184	56	210
总计	28 981	6076	8272	3316	800	10 517

(七)建国以来测土配方施肥工作简要回顾

我县耕地施肥情况在20世纪50至60年代主要以农家肥为主,70年代开始施用化肥,主要以氮肥为主,用量较小,80年代化肥用量逐渐增加,开展了初级配方施肥。根据第二次土壤普查的成果,按照土壤有机质、全氮、速效磷等养分状况,对全县耕地土壤分区划片,形成了一套以地力分区为主的氮、磷、钾初级配方施肥技术;90年代以来,相继进行了各种作物的多因素肥料效应试验,研究了不同作物的肥料效应函数,开展了以目标产量法为重点的平衡施肥技术。经过20多年积累,技术研究有了较大的突破,技术内容更加丰富,技术体系日趋完善,技术应用不断扩展。但由于资金和技术手段的限制,测土配方施肥技术的推广应用与全县农业生产的实际要求还存在较大差距。测土施肥技术推广面积小,习惯施肥、盲目施肥的现象仍普遍存在。

(八)当前肥料施用上存在的问题

当前我县农民在肥料使用上存在的主要问题:一是滥用化肥、盲目施肥;二是重施化肥,轻施或不施农家肥;三是化肥施用结构不合理,重施氮磷肥、轻钾肥,重大量元素、轻微量元素;四是施肥方法不尽合理,存在化肥表施或浅施;五是肥料利用率不高。这些问题的存在,不仅造成生产成本的增加,导致增产不增收,而且造成土壤结构的破坏,土壤养分失调,并造成环境的污染。

第二节　项目技术内容及完成情况

一、野外调查与采样

土样采集是测土配方施肥体系中十分重要的技术环节,也是项目实施的基础性工作。确保样品采集的代表性、均匀性,保证样品质量,对于提供科学配方具有重要作用。

(一)野外调查与采样内容

测土配方施肥配方设计在依靠测试结果的同时,还要结合土壤、样点的土壤性状、前茬作物种类、施肥水平和栽培管理等信息。在做好耕层样土采集的同时,还要做好调查工作,调查的内容有:采集地点、样品名称、成土母质、地型地势、耕作制度、前茬作物及产量、施肥情况、灌水情况、灌溉条件、土壤障碍因素、采样点地理位置等。

(二)采样准备

按照农业部《测土配方施肥技术规范》我们进行了采集的规划,首先抽调了23名具有一定采样经验、熟悉采样方法和要求、了解采样区域农业生产情况的采样人员;其次,对抽调的采样技术人员进行了为期3d的相关技术培训;收集采样区域土壤图、土地利用现状图、行政区划图、采样点分布图等相关资料;准备GPS、土钻、采样布袋、采样标签、调查表格(农户施肥情况调查表、测土配方施肥采样地块基本情况调查表)、交通工具等。

(三)野外调查

在做好田间取样的同时,我们对全县11个乡(镇)136个村进行了调查,调查地块4000

个,代表面积4.57万hm²,走访农户4000户,询问农民5345人(次)。主要对取样的地块土壤基本情况、土壤类型、土壤质地、灌溉条件、地形和土层厚度、前茬作物种类、产量、施肥和灌水情况、土壤障碍因素与土壤肥力水平进行了详细的调查登记。完成了4000份《测土配方施肥采样地块基本情况调查表》和200份《农户施肥情况调查表》的调查填写工作。

(四)土壤样品采集

采样点的确定:采样点的确定按照景泰县土地利用现状电子版图,统筹规划,合理布设。全县4.57万hm²耕地,布点采样4000个,其中水地2509个,旱地1491个,水地平均9.67hm²为一个采样单元,旱地14.33hm²耕地为一个采样单位。

采样单元:根据土壤类型、土地利用等因素,将采样区域划分为2个采样单元。每个采样单元的土壤性状均匀一致。为便于田间示范追踪和施肥分区,采样集中在位于每个采样单元相对中心位置的典型地块,采样地块面积为0.07~0.67hm²。采样点位用GPS定位,记录经纬度,精确到0.1″。

采样时间:从2007年6月中旬开始采集到11月中旬结束。

采样部位:耕作层,深度0~20cm。

采样点数量:为保证所采样品能够代表采样单元的土壤特性,每一个代表样由15~20个样点混合而成。

采样路线:按照"随机"、"等量"和"多点混合"的原则进行采样,采用S形布点采样,克服耕作、施肥等所造成的误差。样点避开路边、田埂、沟边、肥堆等特殊部位。

采样方法:每个采样点的取土深度及采样量均匀一致,土样上层与下层的比例相同。取样工具用不锈钢土钻或塑料取样器。土钻垂直于地面入土,深度相同。

样品重量:以所取混和样土1kg左右为宜(用于推荐施肥的0.5kg,用于试验的1kg以上,长期保存备用),用四分法将多余的样土弃去。

样品标记:采集的样品装入布袋,用铅笔写好采样标签,内外各一张,然后在室内晾干待测。

采样数量:4个采样小组在全县11个乡(镇)、136个村、785个组,完成土样采集4000个,开挖耕地土壤质量调查剖面样100个。

(五)外业调查表格填写

在取样的同时,调查田间基本情况。主要调查记录地理位置、自然条件、生产条件、土壤状况、来年种植意向、采样调查单位,包括取样地块户主姓名、乡村社名、经纬度、海拔、前茬作物种类、产量水平和施肥水平等。具体内容按照《2006年测土配方施肥技术规范》"测土配方施肥采样地块基本情况调查表"附件3、附件7进行。

文字和数字按照农业部《测土配方施肥技术规范》标准表述,字段值按照数据字典的要求赋值。

测土配方施肥采样地块基本情况调查表:共填写"测土配方施肥采样地块基本情况调查表"4000份,采集数据24.4万个。主要调查内容是:地理位置,包括乡(镇)村组名称、邮政编码、农户名及电话号码、地块名称、地块位置、距村距离、经纬度、海拔高度;自然条件,包括地形部位、地貌类型、地面坡度、田面坡度、坡向、通常地下水位、常年有效积温、常年降雨量;生产条件,包括农田基础设施、排水能力、灌溉能力、水源条件、输水方式、灌溉方式、熟制、典型种植制度、常年产量水平;土壤情况,包括分类地位、成土母质、剖面构型、土壤质地、土壤结构、障碍因素、侵蚀程度、耕层厚度、采样深度、田块面积、代表面积、来年种植意向等项目。植株样采集地上部分,调查内容主要是:采样地点、样品名称、作物品种、土壤名称、成土母质、地形地势、耕作制度、前茬作物及产量、化肥农药施用情况、灌溉水源、采样点地理位置。

农户施肥情况调查表:填写农户施肥情况调查表4000份,采集数据20.4万个。调查方法是田间了解和入户询问;调查内容是施肥相关情况,包括生长季节、作物名称、品种名称、播种季节、收获日期、产量水平、生长期内降水次数、生长期内降水总量、生长期内灌水次数、灾害情况;推荐施肥情况,包括配方内容、目标产量、是否推荐施肥、指导推荐肥料成本、实际肥料成本、实际产量、N、P_2O_5、K_2O化肥施用量、有机肥料名称及施量等施肥明细情况。

其他相关表格:填写土壤样点登记表55份,土壤剖面样调查表100份,农户满意度调查表60份,土壤化验结果汇总表4000份,农业部标准格式施肥建议卡4000份。

(六)试验田土样和植株样的采集

2007~2009年试验田共采集土样192个,采集植株样168个。播种前对每块试验地采集混和土样1个,每个样由10~15个点组成,样品重量1kg左右。用布袋装好,内外都装上标签注明试验田样品。试验收获后,对试验分小区进行土壤样品的采集,在小区内采集10个点组成一个混合样,采用四分法处理,使样品重量为1kg左右。用布袋装好,用标签注明;采集完整的植株样品,在小麦、玉米上各选择高、中、低肥力的试验田,采用多点取样法,避开田边2米,按"S"形采样法采样,每个小区内采取10个样点的样品组成一个混合样。采样量根据检测项目而定,籽实样品一般1kg左右,装入纸袋或布袋;采集完整植株样品可以稍多些,约2kg左右,用塑料纸包扎好。贴上标签,注明采样序号、采样地点、样品名称、作物品种、土壤名称(或当地俗称)、成土母质、地形地势、耕作制度、前茬作物及产量、化肥农药施用情况、灌溉水源、采样点地理位置简图等。

(七)采样质量控制

由于采样量大、涉及面广、时间要求紧,为确保采集样品的均匀性、代表性、准确性,采取了如下措施:一是利用景泰县耕地利用现状电子版地图,进行耕地土壤样点室内布点工作。布点时以每个采样点的代表面积为单元,将电子地图网格化,以网格交叉点为采样点,确定其地理坐标即数字化采样点,形成1:5万和1:10万耕地土壤样点分布电子地图。二是校正GPS,确保仪器准确度。在景电二期灌区、五佛乡、寺滩乡、一条山镇、中泉乡5个国家地理位置坐标点,对GPS进行了校正。三是制作采样地图。利用PhotoshopCS软件,把全县耕地土壤样点分布电子地图以乡、村为单位,进行截取和放大编辑处理,用A3纸分片打印,便于野外采样人员携带。四是用GPS实地对位。分区域把室内布设的目标采样点的地理坐标(经纬度)输入GPS。工作人员携带GPS(开机)和采样地图到野外采样,到目标采点后,GPS就会根据预设坐标范围自动报警。然后在报警范围内,选择0.07~0.67hm²的地块,采集15~20个分样点组成一个混合样品。五是及时保存采样航迹,定期将航迹导入电脑存贮,确保采样信息完整,用mapsource软件对采样人员是否到达实地取样进行有效监控,保证采集土样的真实可靠。

二、样品检测

(一)化验室建设

化验室维修:根据县级测土配方施肥化验室基本要求和布局标准,我们对原有化验室进行了改造、维修,化验室面积达到了200m²。其中,土壤样品贮藏室15m²,土样处理室15m²,天平室15m²,有机质、pH、N、P、K测定室30m²,Zn、Cu、Fe、Mn、B、S等中微量元素测定室30m²,试剂药品室30m²,高温室15m²,制水室20m²,数据处理室和资料室30m²等;购置维修中央实验台2个、中央实验架2个、药品柜2个、器皿柜2个、高标准通风柜1个、制作实验边台9个、36m;完成了化验室水、电、暖等设施改造。化验室电力配制达到50kW,电压220V;制剂室、浸提室、分析室、制水室等均安装了上下水,配置了防溅洒防护装置,粉刷了墙面;环境温度:15℃~35℃,相对湿度:20%~75%,噪声:仪器室噪声<55dB,工作间噪声<70dB,含尘量:<0.28mg/m³,照度:(200~350)lx;振动:天平室、仪器室在4级以下,振动速度<0.20mm/s,满足规定的环境条件。在检测期间检测工作不受外部环境影响,检测的废液、废水对周围环境未造成污染,同时也未影响检测人员的身体健康。环境条件符合《测土配方施肥技术规范》的要求。

仪器设备采购、安装调试与运行情况:2007~2008年我们通过省土肥站统一委托公开招标,购置采样、化验仪器设备65台(套)。包括田间土壤采样器、GPS定位仪以及化验仪器设备。主要化验仪器设备有:原子吸收分光光度计(TAS-986北京普析通用)、火焰光度计(FP640上海)、紫外—可见分光光度计(T6北京普析通用)、凯氏定氮仪(KDN-08D上海精科)、酸度计(HI221C意大利哈纳)、电导率仪(DDS-307A上海雷磁)、超纯水器(UN18北京普析通用)、电动振荡机(HY-3江苏)、数显电热鼓风干燥箱(9240ME上海博迅)、消煮炉(KDN-20上海)、马弗炉(SX2-4-10),土壤粉碎机(FT102天津)、电冰箱(海尔)、1/10000电子天平(JY2104N上海)、1/100电子天平(JY1002上海)等。购置数据处理、技术培训设备14台(套),包括计算机、打印机、投影仪、扫描仪、数码摄像机、数码照相机等。大中型化验仪器设备均已安装调试合格,已开展有机质、全氮、水解氮、速效钾、速效磷、全磷、全钾、PH值、有效锌、有效锰、有效铜、有效铁等化验工作。仪器运行正常,操作便捷,易于掌握,且数据稳定。

化验人员培训:现有化验人员5名,其中本科学历2名,大中专学历3名,并有3名经过省农科院测试中心两次专门培训。化验室负责人有一定的专业知识和操作技能,擅长化验室的管理,具有解决工作中出现的一般性技术问题的能力。化验人员经过相应的教育、培训,已有相应的技术知识和经验,能够独立开展工作,能严格按照检测的操作步骤操作,遇到问题能够独立解决，一般仪器故障都能自行排除。现阶段每人每天可进行常规化验20项次，全年可完成土样常规化验20000项次，基本实现了样品分析规范化、批量化和数据传输网络化，从而大大提高了测试能力和水平，检测速度大大提高，检测质量明显提升。

(二)样品制备与保存

土壤样品的制备与保存:样品风干:从野外采回的土壤样品及时放在样品盘上，摊成薄薄一层，置于干净整洁的室内通风处自然风干，防止曝晒，并注意防酸、碱等气体及灰尘的污染。风干过程中经常翻动土样并将大土块捏碎以加速干燥，同时剔除土壤以外的侵入体。风干后的土样按照不同的分析要求研磨过筛，充分混匀后，装入样品袋中备用。袋内外各放标签一张，写明编号、采样地点、土壤名称、采样深度、样品粒径、采样日期、采样人及制样时间、制样人等项目。制备好的样品防止日晒、高温、潮湿和酸碱等气体的污染。样品妥为贮存，待全部分析工作结束，分析数据核实无误后，试样还要保存3个月至一年备查，"3414"试验等有价值、需要长期保存的样品，在广口瓶中保存，用蜡封口。

样品处理:(1)一般化学分析试样:将风干后的样品平铺在制样板上，用木棒或塑料棒碾压，并将植物残体、石块等侵入体和新生体剔除干净。压碎的土样用2mm孔径目筛过筛，未通过的土粒重新碾压，直至全部样品通过为止。通过2mm孔径筛的土样可供pH、盐分、交换性能及有效养分等项目的测定。将通过2mm孔径筛的土样用四分法取出一部分继续碾磨，使之全部通过0.25mm孔径筛，供有机质、全氮、碳酸钙等项目的测定。(2)微量元素分析试样:用于微量元素分析的土样，其处理方法同一般化学分析样品，但在采样、风干、研磨、过筛、运输、贮存等诸环节都要特别注意，不接触容易造成样品污染的铁、铜等金属器具。采样、制样使用不锈钢、木、竹或塑料工具，过筛使用尼龙网筛等。通过2mm孔径尼龙筛的样品可用于测定土壤有效态微量元素。

植物样品处理与保存:粮食籽实样品及时晒干脱粒，充分混匀后用四分法缩分至1kg左右。为了防止样品变质、虫咬，定期进行风干处理。植株秸秆和籽粒用粉碎机粉碎，并用0.5mm筛子过筛制成待测样品。测定重金属元素含量不使用能造成污染的器械。完整的植株样品用不污染待测元素的工具剪碎样品，充分混匀用四分法缩分至所需的量，于60℃烘箱中烘干后粉碎备用。

(三)土壤与植物样品测试

土壤样品测试:土壤pH:土液比为1:2.5，电位法测定，测定4192个;土壤有机质:油浴加热重铬酸钾氧化容量法测定，测定4192个;土壤全氮:凯氏蒸馏法测定，测定4192个;土壤水解性氮:碱解扩散法测定，测定4192个;土壤全磷(选10%的样品测定):氢氧化钠熔融——钼锑抗比色法测定，测定400个;土壤有效磷:碳酸氢钠浸提——钼锑抗比色法测定，测定4192个;土壤全钾(选10%的样品测定):氢氧化钠熔融——火焰光度计法测定，测定400个;土壤速效钾:乙酸铵浸提——火焰光度计法测定，测定4192个;土壤有效铜、锌、铁、锰DTPA浸提–原子吸收分光光度法测定，各测定4000个。

植株样品测试:全氮、全磷、全钾测定采用硫酸—过氧化氢消煮。全氮用半微量凯氏法测定，全磷采用钒钼黄比色法测定，全钾采用火焰光度法测定，各测定204个;粗灰分采用烘干法测定,测定204个。

(四)化验室质量控制

化验室质量控制从化验室内质量控制和化验室间质量控制入手,把检测误差控制在允许限度内,保证检测结果具有一定的精密度和准确度,使检测数据在给定的置信水平内,达到所要求的质量。在化验质量控制上,一是标准溶液严格按照国家有关标准配制、标定、使用和保存;二是每个测试批次及重新配制药剂都增加空白;三是准确度采用标准样品作为控制手段。通常情况下,每批样品加测标准样品一个;四是精密度采用平行测定的允许差来控制,对大批量的土壤样品至少作10%~20%的平行样,对少批量样品(5个样品以下)做100%的平行样。平行测试结果符合规定允许差的,最终结果以其平均值报出;平行测试结果超过规定允许差的,再加测一次,取符合规定允许差的测定值报出;如果多组平行测试结果超过规定的允许差,整批重作。每批样品的化验结果都参照标准样品,同时对检测结果进行综合审查,其测试结果与标准样品标准值的差值控制在标准偏差范围内,检测结果准确可靠。样品检测完毕后,必须检查数值记录准确的准确性,计算有无差错,结果实行复核;原始记录有检验人、校核人、审核人三级签字。同时,还要对检测结果依据专业知识进行合理性判断。

(五)检测任务完成情况

根据《全国测土配方施肥技术规范》要求,共采集土样4192个,其中剖面样100个、试验田土样192个。检测项目为有机质、pH值、全氮、碱解氮、全磷、有效磷、全钾、速效钾、有效铁、有效锰、有效铜、有效锌等。完成土壤pH值、有机质、全氮、解碱氮、速效磷、速效钾测定各4192个,有效铜、有效锌、有效铁、有效锰测定各4000个,土壤全磷、全钾测定各400个,共计化验分析41952项次;采集小麦、玉米植株样204个,检测项目为全氮、全磷、全钾、粗灰分,共计化验分析816项次。

三、肥料效应田间试验

(一)试验种类及其分布

"3414"田间肥效试验:2007~2009年在项目区的红水、漫水滩、上沙沃、草窝滩、芦阳、喜泉、南滩7个乡(镇),按高、中、低肥力水平布置"3414"肥料效应试验60个,其中小麦30个、玉米30个。试验布置见表8-2。

表8-2 景泰县"3414"试验和校正试验实施地点及代表肥力水平

年度	作物	地点		肥力水平
		乡(镇)名	村名	
2007-2009	小麦	红水镇	城华	低肥力
			谢家梁	中肥力
			界碑	低肥力
			宋家庄	中肥力
		漫水滩	新井	中肥力
		上沙沃	大桥	低肥力
	玉米	草窝滩	长城	中肥力
			常丰	高肥力
			丰泉	高肥力
		芦阳	东新	中肥力
		喜泉	陈庄	高肥力
			尚坝	高肥力
		寺滩	永川	高肥力

(二)试验设计

"3414"田间肥效试验设计

试验采用"3414"肥料效应试验完全实施设计方案(表8-3),因素选择氮、磷、钾三个大量元素,水平设0、1、2、3四个。0水平指不施肥;2水平指当地最佳施肥水平;1水平=2水平×0.5;3水平=2水平×1.5(该水平为过量施肥水平)。采用二或三列随机排列,不设重复。区内土壤、地形等条件相对一致,试验走道50cm,周围种植保护行,指示品种:小麦永良4号,玉米沈单16号。试验处理均不施农肥。试验作物及4水平施肥量见表8-4、表8-5。

表8-3 "3414"试验方案处理

试验编号	处理	N	P	K
1	$N_0P_0K_0$	0	0	0
2	$N_0P_2K_2$	0	2	2
3	$N_1P_2K_2$	1	2	2
4	$N_2P_0K_2$	2	0	2
5	$N_2P_1K_2$	2	1	2
6	$N_2P_2K_2$	2	2	2
7	$N_2P_3K_2$	2	3	2
8	$N_2P_2K_0$	2	2	0
9	$N_2P_2K_1$	2	2	1
10	$N_2P_2K_3$	2	2	3
11	$N_3P_2K_2$	3	2	2
12	$N_1P_1K_2$	1	1	2
13	$N_1P_2K_1$	1	2	1
14	$N_2P_1K_1$	2	1	1

表8-4 2007~2009年小麦"3414"试验各因素施肥水平

单位：kg/667m²

年度	水平	N	P$_2$O$_5$	K$_2$O
2007 年	0	0.0	0.0	0.0
	1	5.0	3.0	2.0
	2	10.0	6.0	4.0
	3	15.0	9.0	6.0
2008 年	0	0.0	0.0	0.0
	1	5.0	2.5	2.0
	2	10.0	5.0	4.0
	3	15.0	7.5	6.0
2009 年	0	0.0	0.0	0.0
	1	5.0	2.5	2.0
	2	10.0	5.0	4.0
	3	15.0	7.5	6.0

表8-5 2007~2009年玉米"3414"试验各因素施肥水平

单位：kg/667m²

年度	水平	N	P$_2$O$_5$	K$_2$O
2007	0	0.0	0.0	0.0
	1	9.0	6.0	4.0
	2	18.0	12.0	8.0
	3	27.0	18.0	12.0
2008	0	0.0	0.0	0.0
	1	10.0	6.0	4.0
	2	20.0	12.0	8.0
	3	30.0	18.0	12.0
2009	0	0.0	0.0	0.0
	1	10.0	5.0	4.0
	2	20.0	10.0	8.0
	3	30.0	15.0	12.0

校正试验设计：设立3个区，一是空白对照区，面积不少于30m²；二是配方施肥区，面积不少于200m²，施肥量为"3414"的2水平施肥量；三是农民习惯施肥区，面积不少于200m²，施肥量根据当地施肥习惯确定。

(三)试验田间实施

试验地选择平坦、整齐、肥力均匀、具有代表性的地块，试验前按"S"形取样法取10~15

个样点混合成一个基础肥力样。(1)施肥：磷肥与钾肥在春耕时按小区用量一次性施入，氮肥：小麦60%作底肥，40%作追肥；玉米50%作底肥，50%作追肥。(2)施肥方法：小麦底肥均匀撒入相应小区，耕翻施入；玉米分行称量，集中深施。(3)小区打埂。小麦在施肥后打埂；玉米先打埂后施肥。(4)播种：小麦3月10~25日播种；玉米4月10~25日播种，采用地膜穴播，每膜种2行。(5)小区面积："3414"试验小区面积小麦为24m²，玉米为44m²；小麦、玉米校正试验无肥区（空白区）面积不小于30m²，习惯施肥区和配方施肥区不少于200m²。(6)田间管理同大田。

（四）田间观测记载及收获

"3414"试验按小区单收单打，小麦试验小区除去边行各四行，横头地边去除0.5~1m，收获面积为12m²±1m²进行取样；玉米试验除去边行各两行，横头地边去除1m左右，收获面积为17m²±1m²进行取样。用纤维袋或网眼袋分装凉晒。小麦校正试验选取5个点，每个点1m²进行测产；玉米校正试验选取5个点，每个点2~3m²进行测产。测产样品风干至恒重后计产。记载作物生育期及田间管理措施。成熟后按小区取30~50株进行考种。

（五）田间试验质量控制

实行"统一供种，统一供肥，统一称量，统一小区技术、统一田间操作流程"的"五统一"方法，即：选择县良种繁殖场优良品种统一供给各试验点，小麦品种为宁春4号，玉米品种为用沈单16号；按照先化验后供应的办法，统一供给各点供试化肥；在室内统一称量每个小区化肥，玉米施肥分行称量；组织各点技术人员，开展现场技术操作培训，不断完善和统一田间操作流程。通过落实"五统一"，确保试验材料和方法的一致性，有效控制了试验误差。

四、测土配方施肥数据库的建立

数据库的建立是测土配方施和耕地地力评价工作的重要环节，详实规范完整的配方施肥数据库，能够有效地将试验、调查和检测的有关数据及时准确的提供给科学施肥、地力评价等的需求。我县安装了农业部测土配方施肥数据汇总系统和甘肃省测土配方施肥智能化专家系统，对项目实行了电子化管理。

（一）数据资料的收集、整理方法

整理收集了景泰县土壤图、耕地利用现状图、景泰县第二次土壤普查报告及土样、植株样化验结果，农户基本情况调查表、田间试验示范结果汇总表、农户施肥情况调查表、农户测土配方施肥情况反馈表等。并按照收集—登记—整理—筛选—分类—编码—装订—归档的流程进行。

（二）数据库建设的主要内容

主要内容包括农户施肥情况调查表、测土配方施肥采样地块基本情况调查表、田间试验结果汇总表、土壤测试结果表、植物测试结果表、测土配方施建议卡、田间示范结果汇总表、准确度评价统计表。

（三）数据库建立方法

数据库建立方法是通过安装兰州佰仁伟仕科技发现有限责任公司开发的"甘肃省测土配方施肥智能化专家系统"、北京中园博望科技发展有限公司开发的农业部"测土配方施肥数据汇总系统"两套系统中录入建立的。

(四)数据的分析汇总及成果应用

在《甘肃省测土配方施肥智能化专家系统》、《农业部测土配方施肥数据汇总系统》、《农业部测土配方施肥数据管理系统》中,已完成《测土配方施肥采样点基本情况调查表》4000份,《农户施肥情况调查表》4000份,《土壤测试结果汇总表》4075份,《田间试验结果汇总表》72份,《准确度评价表》600份。通过对田间试验结果汇总分析,逐步确立了我县主要作物养分丰缺指标,氮磷钾肥料利用率等基本参数。通过对全县土壤检测数据分析,了解了全县耕地养分状况,为农户进行施肥指导奠定了基础。制作发放施肥建议卡8万份。

(五)数据库的质量控制

数据录入前仔细审核,审核内容主要包括:

(1)数值型资料注意量纲、上下限、精度、数据长度等。

(2)地名注意汉字多音字、繁简体、简全称等问题。

(3)土壤类型、地形地貌、成土母质等注意相关名称的规范性,避免同一土壤类型、地形地貌或成土母质出现不同的表述。

(4)注意对可疑数据的筛选和剔除,根据当地耕地养分状况、种植类型和施肥情况等,确定检测数据与录入的调查信息是否吻合。结合对5%~10%的数据重点审查的原则,确定审查检测数据大值和小值的界限,对于超出界限的数据进行重点审核。对检测数据明显偏高或偏低,不符合实际情况的数据一是剔除,二是返回化验室重新测定。

(5)对于耕地面积数据,以当地政府公布的数据为准。

对所有填写好的表格数据审核定稿后再录入,数据录入有专人负责,录入后再仔细检查,避免错误。根据文件名编码规范命名后保存在数据库中。

五、取得的主要技术成果

(一)建立健全测土配方施肥技术体系

人力资源体系:包括行政领导小组、技术指导小组、专业技术组、密切协作单位、乡农技专干、村科技示范户。

项目下达后,县委、县政府专门召开了测土配方施肥项目工作会议,成立了由县政府分管农业的副县长郭延健同志为组长,财政局局长汪兴国同志、农牧局局长焦占元同志为副组长,全县11个乡(镇)长及土地局、统计局、农技中心、土肥站为成员的领导小组,负责项目的组织实施、协调指导、资金落实和监督检查工作。

技术指导小组由农技中心主任李文仓(高级农艺师)为组长、副主任杨天升为副组长、中心技术骨干为成员组成,负责项目实施方案的制定和具体实施工作等。

五个专业技术组分别为:①资料信息组。负责项目实施中所形成的各种方案、化验数据、土样采集信息、农户施肥调查数据、田间试验示范等资料与信息的整理收藏等工作。②

采样和野外调查组。负责土样的采集与各类调查表的调查填写。③分析化验组。负责样品化验检测工作。④田间试验示范组。负责相关试验研究及示范推广工作。⑤技术培训组。负责技术推广、宣传培训等工作。

在密切协作单位中,县土地局利用高清电子地图为取土点的坐标定位、养分图和施肥分区图的制作提高了不可多得的帮助。县农机局、昌泰农机厂与农技中心合作研制了隔行分层施肥播种机,使尿素的安全深施问题得到有效解决。条农、龙泰、宏翔等农资企业先后在农技中心指导下,引进了硝酸磷肥、硝基复合肥、硝铵磷等化肥新品种,为施肥新技术的示范推广提高了物质保证,在培育扩大各自市场的同时也承担了部分经费开支。

乡农技专干直接参与了示范村和示范户选定、技术培训、农户调查、资料发放等工作。

每村20户的科技示范区户,既是生产标兵,也是和广大农民朝夕相处的科技解说人员。

我们的体会是,人多力量大,人和项目顺,协作能省钱。

测土、试验和培训设施体系:购置化验仪器设备65台(套),基本实现了分析设备自动化,,数据管理信息化。建成控制室、常规分析室、光谱分析室、蒸馏室、浸提室、天平室、制水室、样品制备室、样品陈列室、药品保管室、土样前处理操作室和资料室。

田间试验示范设施中,GPS被直接用于示范区的面积速测和定位。购置了取土、称重、土壤水分速测、农产品水分测定等先进、适用仪器设备,极大地提高了工作效率和准确性。

购置的计算机、打印机、投影仪、扫描仪、数码摄像机、数码照相机等设备,使数据处理和技术培训手段发生了飞跃,体现了时代特色。

技术信息体系:三年来,景泰县农技中心把测土普查、田间试验示范、下乡咨询、大样本调查、典型调查、出门考察、请专家讲课等,作为获取可靠技术信息的重要和相互补充手段来抓。初步建立了集农户调查、田间试验、土壤采样、样品测试、测土配方施肥效果评价为一体的测土配方施肥数据库。初步建立了主要农作物测土配方施肥指标体系。制作了项目区耕地土壤养分图和作物测土配方施肥分区图。研发配方并印制施肥建议卡,为4万户农民提供免费测土配方施肥技术服务。

推广服务体系:测土配方施肥项目的最终目的是服务农民,即为农民群众提供安全、有效、可靠的施肥技术和配套技术服务,促进农业增产增收。在充分利用人力资源体系的基础上,景泰县农技中心狠抓了技术培训的多样化与技术咨询的智能化。培训手段包括冬春季下乡培训、电视讲座、广播、墙报、图书、挂图、施肥建议卡等形式,力争实现快速、面广、可视、可重复、可互动、可交换等效果的有机结合,各种宣传培训活动基本实现了常态化,受到农民群众和各级党政部门的欢迎与好评。

(二)初步建立了主要作物施肥指标体系

适宜施肥量的确定:2007~2008年,在景电灌区范围内针对小麦、玉米两大主要作物安排了"3414"施肥试验,每作物每年10个试验点,两年累计落实40个试验点,得出了N、P_2O_5和K_2O适宜施肥量(见表8-6)。

表8-6　2007~2008年小麦玉米适宜施肥量一览表

单位:kg/667m²

作物	肥力水平	N	P₂O₅	K₂O
小麦	中高肥力	7.87~10.71	2.92~5.22	0
	中低肥力	9.95~15.0	4.26~6.58	0
玉米	中高肥力	21.0	3.1	3.9
	中低肥力	23.1	12.1	7.4

技术参数的确定：

用农业部的统计分析程序,计算得出2008年小麦有关技术参数如下:

土壤速效磷丰缺指标为:>32 mg/kg为高磷;9.0~32.0 mg/kg为中磷;3.3~9.0 mg/kg为缺磷;<3.3 mg/kg,为极缺磷。有效氮和速效钾由于样本数少,回归关系未能达到显著,还不能提出具体丰缺指标,

小麦形成100kg籽粒需要的N、P₂O₅、K₂O量分别为2.59、1.2、4.6kg。

土壤基础供肥量为每667m²N 4.84kg、P₂O₅ 2.64kg、K₂O 8.96 kg。

土壤有效养分校正系数碱解氮为59.07%、速效磷为89.67%、速效钾为73.61%。

肥料当季利用率为氮肥57.17%、磷肥12.27%、钾肥24.17%。

据2008玉米年试验资料分析,我县玉米生产中土壤速效磷丰缺指标为:>53.6mg/kg为高,8.1~53.6mg/kg为中,<8.1mg/kg为低,极低指标未得出。氮钾丰缺指标需进一步试验确定。

玉米每形成100 kg籽粒需要的N、P₂O₅和K₂O分别为2.7、1.2、2.89 kg。

土壤基础供肥量平均N、P₂O₅和分别为15.01、7.75、15.79 kg/667m²,可用于平衡施肥中计算施肥量。

平均氮肥利用率为44.0%,磷肥利用率为12.0%,钾肥利用率为63.0%。

建立施肥指标：

在施肥品种选择上,遵循技术部门推荐、市场供应和农民认可,以及单元肥与复合肥搭配的原则。

在施肥时期和方法的确定上,依据作物需肥规律、肥料特性,兼顾当地生产环境、机械化水平和农民传统习惯的合理成分,力争规范化、合理化。

在指标体系建立时,按照以地定肥,以产定肥的原则,以田间试验、大田调查和高产典型为基本依据,选择全氮、速效磷、速效钾三个养分指标,分别分成高中低三个级别,将三个养分指标完全组合形成土壤肥力类型完全组合,最后将代表面积在1%以上的肥力类型纳入施肥指标体系建立范围。共建立了小麦、玉米施肥指标体系(见表8-7、表8-8),可供指导大田生产。

表8-7　景泰县小麦施肥指标体系

基础肥力类型	基础肥力指标			代表面积%	目标产量 kg/667m²	施肥指标 kg/667m²			第1配方 kg/667m²			第2配方 kg/667m²		
	全氮 g/kg	速效磷 mg/kg	速效钾 mg/kg			N	P_2O_5	K_2O	基肥 磷二铵	基肥 尿素	追肥 尿素	基肥 硝酸磷肥	基肥 磷二铵	追肥 尿素
高氮高磷	>2.0	>30	100~250	1.7	高产470~525	8.5	4.0	0	8.7	9.5	5.5	21.3	3.4	5.1
					中产385~470	7.2	3.4	0	7.4	8.1	4.7	18.1	2.9	4.4
高氮中磷	>2.0	10-30	100~250	5.2	高产470~525	8.5	4.8	0	10.4	8.9	5.5	21.3	5.1	4.5
					中产385~470	7.2	4.1	0	8.9	7.5	4.7	18.1	4.4	3.8
					中产385~470	7.2	4.9	0	10.6	6.8	4.7	18.1	6.1	3.1
中氮高磷	1.0-2.0	>30	100~250	2.6	高产450~500	10.0	4.0	0	8.7	11.8	6.5	25.0	2.4	6.7
					中产360~450	8.5	3.4	0	7.4	10.0	5.5	21.3	2.1	5.7
中氮中磷	1.0-2.0	10-30	100~250	35.7	高产450~500	10.0	4.8	0	10.4	11.1	6.5	25.0	4.2	6.0
					中产360~450	8.5	4.1	0	8.9	9.5	5.5	21.3	3.6	5.1
中氮低磷	1.0-2.0	<10	100~250	16.5	高产450~500	10.0	5.8	0	12.5	10.3	6.5	25.0	6.3	5.2
					中产360~450	8.5	4.9	0	10.6	8.8	5.5	21.3	5.3	4.4
低氮高磷	<1.0	>30	100~250	7.0	高产360~450	12.0	4.0	0	8.7	14.9	7.8	30.0	1.2	8.7
					中产340~360	10.2	3.4	0	7.4	12.6	6.7	25.5	1.0	7.4
低氮中磷	<1.0	10-30	100~250	12.9	高产360~450	12.0	4.8	0	10.4	14.2	7.8	30.0	2.9	8.0
					中产340~360	10.2	4.1	0	8.9	12.1	6.7	25.5	2.5	6.8
低氮低磷	<1.0	<10	100~250	10.4	高产360~450	12.0	5.8	0	12.5	13.4	7.8	30.0	5.0	7.2
					中产340~360	10.2	4.9	0	10.6	11.4	6.7	25.5	4.3	6.1

主要配套措施：巧灌头苗水是提高氮肥利用率的关键措施。应二叶一心期灌头苗水,灌水量70~80m³/667m²。

说明：我县水浇地速效钾含量≥100mg/kg的不缺钾面积大于97%,所以表中未列出缺钾类型。

表8-8 景泰县玉米施肥指标体系

基础肥力类型	基础肥力指标 全氮 g/kg	速效磷 mg/kg	速效钾 mg/kg	代表面积 %	目标产量 kg/667m²	施肥指标 kg/667m² N	P₂O₅	K₂O	第1配方 kg/667m² 基肥 磷二铵	尿素	硫酸钾	追肥 尿素	第2配方 kg/667m² 基肥 过磷酸钙	尿素	硫酸钾	追肥 尿素
高氮高磷极高钾	>2.0	>50	>250	1.2	高产 800~900	15.2	6.0	0.0	13	13	0	15	50	18	0	15
					中产 700~800	12.2	5.1	0.0	11	10	0	12	43	15	0	12
高氮中磷高钾	>2.0	15~50	150~250	4.2	高产 800~900	16.2	7.8	5.0	17	13	11	16	65	19	11	16
					中产 700~800	15.4	6.6	4.0	14	13	9	15	55	18	9	15
高氮低磷高钾	>2.0	<15	150~250	2.7	高产 800~900	16.2	10.1	5.0	22	11	11	16	85	19	11	16
					中产 700~800	13.7	8.6	4.0	19	9	9	13	72	16	9	13
中氮高磷高钾	1.0~2.0	>50	150~250	2.6	高产 800~900	19.0	6.0	5.0	13	18	11	19	50	23	11	19
					中产 700~800	16.2	5.1	4.0	11	15	9	16	43	19	9	16
中氮中磷高钾	1.0~2.0	15~50	150~250	44.0	高产 800~900	19.0	7.8	5.0	17	16	11	19	65	23	11	19
					中产 700~800	16.2	6.6	4.0	14	14	9	16	55	19	9	16
中氮低磷高钾	1.0~2.0	<15	150~250	7.5	高产 800~900	19.0	10.1	5.0	22	14	11	19	85	23	11	19
					中产 700~800	16.2	8.6	4.0	19	12	9	16	72	19	9	16
低氮高磷高钾	<1.0	>50	150~250	7.0	高产 750~850	21.9	6.0	5.0	13	21	11	21	50	26	11	21
					中产 650~750	18.6	5.1	4.0	11	18	9	18	43	22	9	18
低氮中磷高钾	<1.0	15~50	150~250	12.6	高产 750~850	21.9	7.8	5.0	17	19	11	21	65	26	11	21
					中产 650~750	18.6	6.6	4.0	14	17	9	18	55	22	9	18
低氮低磷低钾	<15	<50	<150	10.5	高产 700~800	21.9	10.1	6.5	22	17	14	21	85	26	14	21
					中产 650~700	18.6	8.6	5.2	19	15	12	18	72	22	12	18

主要配套措施：1.用硫酸锌1.5~2kg/667m²作基肥。2.追肥分两次，大喇叭口期占65%，灌浆期占35%。追肥时应防止灌水过量。

(三)基本摸清了土壤养分现状

全县4000个土样化验结果表明,耕层(0~20cm)土壤中有机质平均含量13.06g/kg,相当于全国分级标准五级;全氮平均含量0.79g/kg,相当于全国分级标准六级;速效磷平均含量14.09mg/kg,相当于全国分级标准五级;速效钾平均含量183.3g/kg,相当于全国分级标准四级;土壤有效铁平均含量9.73mg/kg;有效锌平均含量0.70mg/kg;有效锰平均含量8.03mg/kg;有效铜平均含量0.88mg/kg;pH值平均为8.07。与第二次土壤普查(第二次土壤普查全县有机质平均为10.8g/kg,全氮平均为0.75mg/kg,速效磷平均为9mg/kg,速效钾平均为113mg/kg,)相比,全县有机质、全氮、速效磷、速效钾均有所提高,分别提高了2.26g/kg、0.04g/kg、5.1mg/kg、70.3mg/kg。全国土壤养分含量分级表见表8-9、全县耕作层养分概况见表8-10。

表8-9　全国土壤养分含量分级表

级别	有机质 g/kg	全氮 g/kg	碱解氮 mg/kg	有效磷 mg/kg	速效钾 mg/kg
1	>60	>3.0	>300	>50	>300
2	40~60	2.5~3.0	250~300	40~50	250~300
3	30~40	2.0~2.5	200~250	30~40	200~250
4	20~30	1.5~2.0	150~200	20~30	150~200
5	10~20	1.0~1.5	100~150	10~20	100~150
6	6~10	0.5~1.0	50~100	5~10	50~100
7	<6	<0.5	<50	<5	<50

表8-10 景泰县耕作土壤耕作层养分分析结果统计表

项目 地区	PH值 样本个数	PH值 平均值	有机质 g/kg 样本个数	有机质 g/kg 平均值	全氮 g/kg 样本个数	全氮 g/kg 平均值	碱解氮 mg/kg 样本个数	碱解氮 mg/kg 平均值	有效磷 mg/kg 样本个数	有效磷 mg/kg 平均值	速效钾 mg/kg 样本个数	速效钾 mg/kg 平均值	有效锌 mg/kg 样本个数	有效锌 mg/kg 平均值	有效锰 mg/kg 样本个数	有效锰 mg/kg 平均值	有效铜 mg/kg 样本个数	有效铜 mg/kg 平均值	有效铁 mg/kg 样本个数	有效铁 mg/kg 平均值
全县	4075	8.07	4075	13.06	4075	0.79	4075	74.6	4075	14.1	4075	183.27	4000	0.70	4000	8.03	4000	0.88	4000	9.73
五佛	113	8.35	113	14.47	113	0.86	113	118.2	113	23.1	113	203.14	113	1.26	113	12.19	113	1.34	113	15.64
芦阳	456	7.98	456	11.03	456	0.66	456	66.3	456	14.4	456	159.72	450	0.66	450	7.65	450	0.82	450	9.01
喜泉	506	8.02	506	11.51	506	0.7	506	59.7	506	10.8	506	144.66	497	0.58	497	7.35	497	0.80	497	8.80
中泉	341	8.16	341	9.87	341	0.61	341	58.9	341	10.4	341	137.28	341	0.64	341	8.28	341	0.90	341	9.89
正路	502	8.13	502	19.35	502	1.16	502	83.6	502	8.6	502	241.93	502	0.43	502	6.97	502	0.84	502	8.17
寺滩	483	8.13	483	13.29	483	0.8	483	64.6	483	8.9	483	202.78	477	0.53	477	7.62	477	0.88	477	8.95
上沙沃	213	7.88	213	11.36	213	0.68	213	70.1	213	16.1	213	159.08	206	0.63	206	6.60	206	0.67	206	7.44
草窝滩	339	8.08	339	13.42	339	0.79	339	85.1	339	19.4	339	195.35	321	0.92	321	8.83	321	0.97	321	11.65
一条山	379	8.34	379	15.07	379	0.89	379	113.1	379	22.9	379	222.96	379	1.26	379	12.38	379	1.32	379	15.12
漫水滩	245	7.93	245	11.72	245	0.69	245	70.1	245	16.3	245	176.82	237	0.73	237	7.14	237	0.74	237	8.85
红水	498	7.88	498	11.42	498	0.7	498	66.9	498	15.9	498	168.10	477	0.65	477	6.52	477	0.68	477	8.15

(四)创新技术推广服务模式

模式之一,农业技术与农业机械部门相结合,联合研制了水平隔离分层施肥播种机,以水平与垂直隔离并举的方法解决了传统分层施肥播种机化肥(主要是尿素)烧种的问题,从而使麦类作物用尿素作基肥的安全用量由传统的5kg/667m²以下提高到25~30kg/667m²,提高了4倍以上。该播种机由景泰县昌泰农机厂定点生产。经2008年田间试验后,现已投入生产施用,并优先享受国家农机补贴。这种播种机解决了多年困扰技术推广部门的一个难题,即尿素的机械化深施,产生了以下技术效果:第一,优化了氮肥基追比例,显著减少了因随水大量追施尿素产生的淋失。第二,利于麦类等作物顶凌播种,壮苗增产。第三,随着氮肥追施比例的大幅降低,既显著增强了抗倒伏、抗干热风、抗条锈病能力,也降低了植株体内氮素含量的剧烈波动,改善了氮素的吸收运转,增进了农产品品质。第四,降低了化肥成本,因为尿素目前仍然是最廉价的化肥品种之一。

模式之二,农业技术推广部门与农资企业相结合,引进推广了硝酸磷肥、硝基复合肥、硝铵磷等化肥新品种,为传统分层施肥播种机的化肥安全深施创造了可靠的物质保证。在上述化肥品种的引进、宣传、推广过程由农技、农企双方共同参加。农技中心将有关农资企业通过技术资料、培训班等形式进行重点推介。"天脊"硝酸磷肥每袋40kg含氮10.4kg,含五氧化二磷磷4.6kg,一袋即可满足小麦、大麦的高产需肥量。其氮磷比例1:0.44,含有硝态和铵态氮、水溶和枸溶性磷,属酸性复合肥,适合于景电灌区灰钙土土壤环境和养分状况,也适合于各种分层施肥播种机。硝酸磷肥适当搭配钾肥后也是玉米、胡麻等作物的基础配方肥。通过宣传推广,该肥料受到种植户一致好评,可称之为"现成、理想的配方肥"。

六、主要技术改进与创新

(一)麦类作物一次性施肥技术

就是把麦类高产的氮磷化肥全部作为基底肥一次性全部施入,生育期不再追肥。

我县麦类追肥分析:景电灌区麦类作物生育期达到三叶一心期的日期为4月20~25日,而正式头苗水供应时间为5月1~15日。景电灌区头苗水灌水时间过迟,导致追肥时间整体过迟,从而产生一系列问题。第一,浇水越迟,造成随水追肥对麦类株高的激增作用越明显,抗倒能力下降。第二,追肥越迟,则贪青晚熟现象越明显,作物抗干热风、抗条锈病能力随之下降。当前尿素追施量过大又进一步放大了上述不良后果。在尿素主导氮肥市场的形势下,农户为了片面追求施肥安全性和简便,一般将60%~80%的氮肥随头苗水追施。追施尿素几乎都是人工撒施,其不均匀现象甚至在灌浆期仍然清楚可见,这无疑使得大量追施尿素带来不良反应得到了再次放大。第三,追施尿素的利用率也因浇水时间的大幅变化而存在很大的不确定性。一般浇水越迟,则灌水量也越大,氮肥淋失自然也就越明显。田间测量表明,头苗水灌水70~90m³/667m²完全适用于大部分地块,而实际的灌水量达到了110~120m³/667m²。综上所述,"时间迟、数量大、不均匀、灌水多",以及"不抗倒、不抗锈、不抗干热风",基本就是描述当前麦类作物追肥问题的关键词。

一次性施肥技术的主要依据:景泰县连续两年(1998~1999年)进行了大样本农户调查

及回归分析,结果一致显示,追施尿素对小麦产量呈负效应。一般认为,麦类属于"胎里富",意即施足底肥是高产关键。我们认为,一次性施肥技术是"胎里富"施肥的一个典型状态。

一次性施肥技术在生产上的三个意义:一是实现了"水肥分离投入",彻底避开了灌水时间对施肥时间的制约;二是显著增加了化肥在土壤中的有机化转化时间,这一时间包括播肥到浇头水的55d左右时间,有助于减少氮肥淋失,均衡供氮强度,也解决了当天追氮当天浇水存在的种种弊端;三是可通过机械化一次性施肥,实现均匀和精准施肥。

一次性施肥的三种主要模式:一是先用马拉机深播化肥,3~4d后播种,一般施磷二铵10~15kg/667m²、尿素15~20kg/667m²,此法主要被用于农户种植的小地块。二是用硝酸磷肥(N-P$_2$O$_5$:26-11.5)40~45kg/667m²,用普通分层施肥机同时完成施肥和播种作业,此法多用于规模种植户。三是用过磷酸钙40kg/667m²、尿素20~25kg/667m²,用新型的隔行分层施肥机同时完成施肥和播种作业,这是目前成本最低的施肥方案。

(二)麦类作物用硝态氮作种肥技术

就是用硝基复合肥(N-P$_2$O$_5$:32-4)7~9kg/667m²,或硝铵磷(N-P$_2$O$_5$:26-4)9~11kg/667m²,与种子直接混合播种。景泰县进行的大样本调查及回归分析显示(1999年),硝态氮作种肥是最高效的施肥技术之一。这项在1985年前后数年间本来已经大众化的施肥技术,后来随着尿素的推广和硝酸铵的禁用被逐渐遗忘长达10年之久。当前由于多种硝酸铵代用品的出现,为这项技术的恢复应用创造了条件。

关于硝态氮作种肥技术合理性的几点讨论:第一,大田生产中的硝态氮是难以避免的。众所周知,土壤中的铵态氮、酰胺态氮肥几乎都要经历硝化阶段。被认为是绿色肥料的农家肥也不可避免地含有硝态氮。第二,无土栽培蔬菜据认为是无公害程度最高的农产品之一,但其营养液配方都是以硝态氮为主要氮源。

(三)农磷肥混合秋施技术

就是结合秋耕施用农家肥1~3t和过磷酸钙40~60kg/667m²,次年不再施磷。本地研究证实(1998~1999年),这是施磷深度最理想、施磷肥效最高的施肥方法之一,且农磷肥表现了显著的正交互作用。景泰县人民政府将其作为最为重点技术和政绩考核指标在全县范围进行过推广,农户的认知度一致较高。

七、经济效益、社会效益、生态效益

2007~2009年项目实施以来我县在11个乡(镇),136个村累计推广测土配方施肥面积11.35万hm²。其中小麦7.13万hm²,玉米1.48万hm²,其它2.73万hm²。通过采取技术培训、建立示范点、测土化验、提供配方、示范推广配方肥等技术措施,确保了测土配方施肥技术的到户到田,收到了显著的经济效益、社会效益和生态效益。

(一)经济效益

据调查统计:项目配方施肥区与习惯施肥区比较,2007年,小麦每667m²平均增产16kg,增收27.2元/667m²,节肥4kg,节支20.3元,增收节支合计47.5元;玉米每667m²平均增产30kg,增收43.8元,节肥4kg,节支13.2元,增收节支合计57元;小麦玉米总增收节支1990

万元。2008年,小麦每667m²平均增产36kg,增收68.4元,节肥3.3kg,节支20.33元,增收节支合计88.73元;玉米每667m²平均增产56kg,增收67.2元,节肥4.4kg,节支14.84元,增收节支合计82.04元;其他作物每667m²平均增产95kg,节肥4.3kg,增收节支合计60元;测土配方施肥总增收节支4781.87万元。2009年,预计小麦每667m²平均增产43kg,增收68.8元,节肥1.4kg,节支6.44元,增收节支合计75.24元;玉米每667m²增产73kg,增收87.6元,节肥2.4kg,节支7.92元,增收节支合计95.52元;其他作物每667m²平均增产40kg,节肥2.2kg,增收节支40元,测土配方施肥总增收节支4508.04万元。三年累计增产7.21万t,减少不合理施肥量8300t,节本增效总额1.128亿元。

(二)社会效益

通过该项目的实施,一是加强了与甘肃农业大学、省农科院的联系与合作,提高了项目实施的水平和质量;二是通过广泛深入的科技培训和宣传,增强了农民科学施肥意识,普及了测土施肥知识;三是该项技术的推广应用,使施肥结构、方法、数量趋于合理,提高了肥料利用率,降低了生产成本,促进了节约型农业的发展;四是为农村培养了一批农民技术员;五是促进了我县农业的可持续发展;六是提高了农产品质量;七是探索出了"土壤测定、提供配方、按方购肥、指导施肥"的新模式。

(三)生态效益

通过测土配方施肥项目的实施,改善了土壤结构,培肥了地力,促进了地力平衡,提高了耕地质量,减轻了环境污染,使土壤生态系统得到了有效改善,为发展节约型、环境友好型农业奠定了坚实的基础。

八、问题与建议

我县测土配方施肥项目实施工作在省市农业项目主管部门的安排部署下,在省土肥站的具体指导下,已基本完成了项目规定的各项任务指标,取得了阶段性成效,但还存在许多问题和不足,一是由于项目工作量大,技术力量不足,使许多工作任务完成不细、不彻底;二是因受田间试验布设数量、代表区域、试验年份的综合影响,依试验所制定的施肥参数、施肥指标的准确性还有待验证,一些养分还未能确定施肥参数;三是由于不同区域、不同土壤类型乃至不同农户间土壤养分、施肥方式相差较大,尽管化验采样量很大,但制定的分区域施肥方案针对性和实用性还不强。四是专家系统的运用还不充分,还需要大量充实数据,不断提高农业技术服务的智能化水平。

今后无论在项目实施期间和项目结束后,我们将在现有工作的基础上,紧紧围绕各工作环节,进一步完善相关数据和资料,建立科学的大田施肥养分丰缺指标体系和主要农作物施肥指标体系,以快速、准确地指导大田生产,为项目结束后长期为农民提供测土配方施肥技术奠定基础。同时,进一步加大宣传培训力度,使测土配方施肥技术家喻户晓,使项目实施和测土配方施肥行动得到广大农民的积极配合和变为农民的自觉行动,从而实现粮食增产、农业增效、农民增收。